PETER H. JAMIN

OPFER!

Das Leben nach dem Überleben:
Verbrechen-Unglück-Katastrophe

Unter Mitarbeit von
Kathrin Lenzer

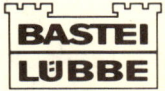

BASTEI-LÜBBE-TASCHENBUCH
Band 60364

(

Originalausgabe
© 1994 by Gustav Lübbe Verlag GmbH, Bergisch Gladbach
Printed in Germany, März 1994
Einbandgestaltung: Manfred Peters
Titelbild: Diaphor Superbild – München
Satz: Fotosatz Manfred Schöning, Wiehl
Druck und Bindung: Clausen & Bosse, Leck
ISBN 3-404-60364-8

Der Preis dieses Bandes versteht sich
einschließlich der gesetzlichen Mehrwertsteuer.

INHALT

VORWORT

GLÜCK GEHABT . . .

Sind wir ein Volk von Opfern? Ja!
Die Statistiken aus den einzelnen Opfer-Bereichen – Kriminalität, Unfall, Unglück, Katastrophe und Gesellschaft – weisen zusammengerechnet ein Millionenheer von Menschen auf. Sie leiden mal mehr, mal weniger unter Schädigungen, die Mitmenschen durch Fehlverhalten oder brutales Vorgehen, die Institutionen und Firmen durch unverantwortliches Handeln hervorgerufen haben. Oder sie werden durch zufällige Ereignisse, Naturgewalten, technische Fehler oder eigenes Verschulden zu Opfern.
Jeder, der (noch) nicht Opfer geworden ist, darf von Glück sprechen.
Ich habe das Glück gehabt, nicht das Opfer einer Schlägerbande geworden zu sein, die zur größten Kirmes am Rhein im Düsseldorfer Stadtteil Oberkassel mein Stammlokal »Prinzinger« aufsuchte, und – mit Ketten bewaffnet – Mobiliar und Gäste zusammenschlug. Als die Polizei endlich nach dreimaliger telefonischer Aufforderung 20 Minuten später eintraf, hatte sich der Schlägertrupp in aller Ruhe in ein Taxi gesetzt und war auf Nimmerwiedersehen davongefahren – Polizisten haben eben manchmal auch Angst davor, ihren Kopf für andere hinzuhalten und Opfer zu werden.

Ich habe Glück gehabt, im Gegensatz zu einem Freund, der abends mitten in der Großstadt von Unbekannten zusammengeschlagen und mit schweren Kopfverletzungen auf dem Straßenpflaster in seinem Blut liegend zurückgelassen wurde – die Prügelmeute wurde nie gefunden.

Ich habe auch das Glück gehabt, noch nicht Opfer eines Verkehrsunfalls geworden zu sein wie eine Bekannte, die, in ihrem Mittelklassewagen sitzend, von einem Lastwagen überrollt wurde. Mit geringen äußerlichen Verletzungen wurde sie in ein Düsseldorfer Krankenhaus eingeliefert, wo sie tagelang über Kopfschmerzen klagte. Doch die Chirurgen hielten es nicht für notwendig, einen Neurologen einzuschalten. Als die Patientin und ich auf eine neurologische Untersuchung bestanden, wurde uns mitgeteilt, daß der vertraglich gebundene Neurologe der Düsseldorfer Universitätsklinik in Urlaub sei – eine Vertretung sei nicht vorgesehen. Die schriftliche Beschwerde über diesen Mißstand wurde durch den Chefarzt mit dem fristlosen Hinauswurf der Patientin aus dem Krankenhaus und der Beschimpfung des Autors beantwortet.

Ich habe Glück im Unglück gehabt, als ich in einem romantischen Hafen in Südfrankreich morgens um vier die Beine locker über dem Wasser baumeln ließ und hinterrücks von zwei Franzosen erst in die Nieren getreten – und als ich mich schwerfällig aus meiner sitzenden Position aufrichtete – mit gezielten Schlägen gegen Kopf und Magen zusammengeprügelt wurde. Die junge Frau an meiner Seite rettete mich, konnte die Täter mit sanften Worten beruhigen und sie in die Dunkelheit zurückschicken.

Opfer gibt es schier unzählige. Jeder findet schnell

ein Opfer, wenn er nur hinsieht oder hinsehen will: an seiner Seite, am Arbeitsplatz oder in der Schule, in Familie oder Freizeit.

Ich habe Glück gehabt, in meinem Leben noch kein Opfer geworden zu sein – gerade darum habe ich dieses Buch geschrieben. Um Partei zu ergreifen für jene, die »Pech« gehabt haben und zu Opfern geworden sind. Um aufzuzeigen, wie wenig unsere vermeintlich humane Gesellschaft für die Opfer unter uns tut. Um darzustellen, wie der Staat und seine beamteten Vertreter im Angesicht der Opfer versagen, Mitmenschen die Augen verschließen und Firmen, Versicherungen, Organisationen und Institutionen ihre großen Portale oft ganz fest vor den Opfern verschließen.

Dem schier unüberschaubaren Heer der Opfer stehen nur wenige Helfer zu Seite, verzweifelt bemüht, die Wunden einzelner nicht noch größer werden zu lassen.

In diesem Buch lasse ich Helfer wie Opfer zu Wort kommen, damit sie hier ein Forum finden, in dem sie als Opfer ihre ganz persönlichen Wünsche und Ansichten formulieren und als Helfer ihre Forderungen an die Gesellschaft zum Ausdruck bringen können.

Ich habe dieses Buch nicht nur als nüchterne Bestandsaufnahme der Situation von Opfern in Deutschland, sondern weitgehend aus Sicht und im Sinne der Opfer und ihrer wenigen Helfer geschrieben. Erstens, weil die Opfer keine starke Lobby in unserer Gesellschaft haben. Und zweitens auch aus egoistischen Gründen: Denn morgen schon könnten Sie oder ich selbst Opfer sein.

Peter H. Jamin

OPFER IN DEUTSCHLAND

ZAHLEN UND FAKTEN

Die Zahl der Straftaten ist auf jährlich fast 6,3 Millionen angewachsen... über 250.000 Bundesbürger werden nach Feststellung des »Weissen Rings« pro Jahr Opfer von Gewalttaten... alle elf Stunden ereignete sich nach der Kriminalstatistik 1991 ein Mord, alle 15 Minuten ein Sexualdelikt, alle 14 Minuten ein Raubüberfall, alle sieben Minuten ein Kfz-Diebstahl, alle drei Minuten ein Wohnungseinbruch, alle 2,5 Minuten eine Körperverletzung... in der ersten Hälfte des Jahres 1993 registrierte das Bundesamt für Verfassungsschutz 1.007 rechtsradikale Gewaltdelikte, 42 Prozent mehr als im entsprechenden Zeitraum des Vorjahres... im ersten Halbjahr 1993 wurden – so die Statistik des Innenministers Schnoor – allein in Nordrhein-Westfalen sechs Ausländer getötet und 198 verletzt.. von 10.000 Stasi-Opfern, die möglicherweise Anspruch auf Entschädigung haben, geht die »Stiftung für ehemalige politische Häftlinge« aus... hunderttausende Angehörige von jährlich rund 100.000 bei der Polizei als vermißt gemeldeten Bundesbürgern stehen von einer Stunde zur anderen ohne Hilfe da und müssen mit außergewöhnlichen psychischen Belastungen fertig werden.. über 200.000 mal wurde 1992 in Wohnungen und Häuser eingebrochen; bei vielen

Opfern sind die psychischen Langzeitfolgen erheblich.

Rund 150.000 Kinder werden nach Feststellung des Kriminologischen Forschungsinstituts in Niedersachsen jährlich in der Bundesrepublik körperlich mißhandelt, zu 95 Prozent vom Vater, dem Onkel oder Nachbarn... tausende Kinder werden als Darsteller für Kinderpornographie benutzt... von rund 300.000 Kindern zwischen neun Monaten und vierzehn Jahren, die nach Schätzungen des Landesrats Prof. Wolfgang Gernert (Landschaftsverband Westfalen-Lippe) jährlich sexuell mißbraucht werden, werden ca. 130.000 während der Tat mit einer Videokamera gefilmt... in Deutschland arbeiten etwa 30.000 minderjährige Prostituierte, weltweit insgesamt rund zehn Millionen... 82.000 Mädchen werden jährlich sexuell mißbraucht... jedes dritte Mädchen macht wissenschaftlichen Untersuchungen zufolge Erfahrungen mit sexueller Gewalt, bevor es erwachsen wird... das Bundeskriminalamt schätzt, daß 25 Prozent der erwachsenen Frauen in ihrer Kindheit sexuelle Gewalttaten erlitten haben, also rund zehn Millionen Frauen in Deutschland... vier von fünf Drogensüchtigen, also achtzig Prozent aller Fixerinnen, sind Opfer sexueller Gewalt... drei von vier Frauen, die in der Psychiatrie behandelt werden, sind Opfer sexueller Gewalt... hunderte von Frauen werden von Psycho- und Verhaltenstherapeuten bei der Behandlung sexuell mißbraucht... 17,2 Prozent aller Ehen werden wegen Gewalttätigkeit des Partners, 13,5 wegen Gewaltandrohung geschieden... in vermutlich mehreren tausend Fällen werden jährlich Kinder und Ehe-

bzw. Lebenspartner die Opfer von Kindesentziehung...

Über 100.000 Bundesbürger sterben nach Schätzungen des Deutschen Gewerkschaftsbundes jährlich an den Folgen von Erkrankungen, die durch Arbeitsstoffe verursacht sind... jeder dritte Arbeitnehmer wird zum Frührentner... 1992 wurden beim Hauptverband der gewerblichen Berufsgenossenschaften allein 1.819.294 Arbeits- und Wegeunfälle gemeldet; darunter 2.060 tödliche Unfälle... über 3.800 Frauen starben 1990 bei einem Unfall im Haushalt, 3.300 davon durch einen Sturz... rund 75.000 meldepflichtige Unfälle ereignen sich, so die Verwaltungs-Berufsgenossenschaft, jedes Jahr in den deutschen Büros... über 350 Polizeibeamte wurden seit 1945 im Dienst erschossen... jeden Tag werden nach Mitteilung der Generaldirektion Deutsche Bundespost Postdienst zwölf Briefträger von einem Hund gebissen.

Bei Autounfällen wurden 1992 in Deutschland 10.643 Menschen getötet und 515.960 Menschen verletzt... 1991 ereigneten sich über 40.000 Unfälle unter Alkoholeinfluß der Fahrer; über 2.200 Menschen kamen dabei ums Leben, über 56.000 Personen wurden verletzt... jährlich verunglücken rund 70.000 Radfahrer; 25 Prozent von ihnen werden schwer verletzt... 53.000 Kinder verunglückten 1992 im Straßenverkehr; 14.000 von ihnen wurden schwer verletzt, 474 Kinder kamen ums Leben... über 30.000 Schülerinnen und Schüler verunglücken jährlich auf dem Weg zur Schule... in den vergangenen fünfzehn Jahren wurden bei ungefähr 5.000 Schiffskatastrophen rund 7.000 Menschen getötet... 1.422 Menschen kamen 1992 bei 45 Flugzeugunglücken weltweit ums Leben...

Jährlich kommen nach Feststellung der Bundesinteressengemeinschaft Geburtshilfegeschädigter über 40.000 Kinder behindert zur Welt, viele Behinderungen wären vermeidbar gewesen... zehn Millionen Menschen leiden in der Bundesrepublik an einer Behinderung... rund 1.000 Menschen erleiden jedes Jahr eine Querschnittslähmung und bleiben ihr Leben lang an den Rollstuhl gefesselt... rund 100.000 ärztliche Kunstfehler ereignen sich, so der »Stern«, nach Schätzungen von Medizinern und Patientenschutz-Organisationen jährlich in der Bundesrepublik; 25.000 überleben die Folgen nicht... rund 30.000 Patienten fordern nach Schätzung der Haftpflichtversicherer Schadenersatz für ärztlichen Pfusch... in Deutschland leben rund 350.000 Rollstuhlfahrer und rund fünf Millionen Menschen mit unterschiedlichen Behinderungen... jedes Jahr fallen rund 3.000 Menschen ins Koma... in Deutschland sterben nach Schätzungen des Deutschen Krebsforschungszentrums in Heidelberg jährlich rund 400 Nichtraucher an Lungenkrebs durch Passivrauchen... bundesweit sind etwa 100.000 Menschen durch Asbest-Staub erkrankt... über 2.000 Bluter wurden durch Blutgerinnungsmittel mit Aids infiziert; über 400 Betroffene sind bereits gestorben und jede Woche stirbt ein weiterer Kranker... jedes Jahr werden nach ärztlichen Fehlbehandlungen – sogenannten Kunstfehlern – nach Feststellung des Allgemeinen Patienten-Verbandes in Marburg ca. 6.000 Schadensfälle bei den ärztlichen Haftpflichtversicherungen gemeldet; Hochrechnungen zufolge sind jährlich allein 25.000 Todesunfälle als Folge von medizinischen Fehlern zu beklagen... rund 30.000 Streitfälle wegen ärztlicher Fehlbehandlungen gibt es nach Feststellung der Stiftung Warentest jährlich; allein 8.000 Anzeigen wegen ärztlicher Behandlungsfehler gehen jährlich bei den Staatsanwaltschaften ein.

1. KAPITEL

OPFER WERDEN IST NICHT SCHWER . . .

Es sollen bei 38 Grad Celsius, blauem Himmel und türkisblauem Wasser die schönsten Wochen des Jahres werden. Doris Lachner, Verkäuferin aus München, und Nikolaus Kraus, Kaufmann aus Frankenthal, machen Urlaub in Antalya, dem Touristenparadies an der türkischen Riviera. Doch am letzten Juni-Wochenende des Jahres 1993 geht der Spaß mit einem unbeschreiblichen Donnerhall zuende: Da explodiert abends gegen 21.30 Uhr eine Bombe im Restaurant »Locatella« an der Atatürk-Chaussee in der Stadtmitte, und wenig später befinden sich die Urlauber schwerverletzt im Krankenwagen auf dem Weg ins nächste Hospital.

»Es gab einen Knall, dann spürte ich einen Stich im Rücken. Ich bekam keine Luft mehr und hustete Blut«, erinnert sich die 28jährige Münchnerin. »Seine Verletzungen waren lebensgefährlich. Ihm mußte die Milz entfernt werden«, berichtet der Arzt Dr. Abdur Rahman Yildirim später über den 27jährigen Urlauber Kraus.

Doris Lachner und Nikolaus Kraus sind unschuldig zwischen die Linien der türkischen Regierung und der PKK geraten. Die kurdische Arbeiterpartei PKK zielt zeitweise im Terrorkampf um Anerkennung und Unabhängigkeit auch auf die jährlich rund 1,5 Millionen deutschen Urlauber in der Türkei.

Die Urlauber haben den Terroranschlag im Strandparadies überlebt. Beide sind jetzt Opfer wie hunderttausende Bundesbürger, denen jedes Jahr oft ungeheure, nicht vorstellbare Schäden an Leib und Seele zugefügt oder die gar getötet werden. Opfer, die in unserem Land manchmal gut und meist mehr schlecht als recht von Staat und Gesellschaft behandelt werden.

Menschen werden bei Banküberfällen als Geiseln genommen, Kinder werden von Eltern mißhandelt, Frauen von Ehemännern geschlagen. Menschen werden Opfer von Umweltverschmutzung, Medikamenten oder Ärztepfusch. Bürger erleiden Torturen bei Raubüberfällen, Polizisten überleben mit knapper Not eine Täterfestnahme, Ausländer einen Brandanschlag, Politiker ein Attentat. Im Haushalt werden Kinder wie Erwachsene Opfer der Technik, am Arbeitsplatz stehen viele Tausende mit einem Bein im Krankenwagen. Im Straßenverkehr geht die Zahl der Opfer in die Hunderttausende, andere fahren im Zug dem Verhängnis entgegen, wieder andere fliegen mit 900 km/h in die Katastrophe.

In Köln ermordet ein Jugendlicher seine Eltern und vergräbt die Mutter unter Sand in der Badewanne und den Vater im Garten. In Heilbronn schießen Unbekannte aus einem fahrenden Auto wahllos auf Passanten – acht Menschen werden durch die Schüsse verletzt. Ein sechsjähriger Junge aus dem ehemaligen Jugoslawien wird in München mit schweren inneren Verletzungen im Magen- und Darmbereich ins Krankenhaus gebracht, nachdem ihn drei Jugendliche im Alter von 13 bis 15 Jahren zusammengeprügelt haben; der Kleine hatte sich geweigert, den Tätern die Schuhe zu küssen. Um an das Ersparte zu kommen, genau 2.300 DM, fesseln drei Männer in München einen Krankenpfleger an Händen und Füßen, stecken ihm ein Taschentuch als Knebel in den Mund und zwingen ihn, 33 Stunden lang in einer Badewanne auszuharren.

10.000 Kleinanleger wurden innerhalb von drei Jahren von einem Düsseldorfer Anlageberater mit dem Pseudonym Paul Dean Martin um rund 27 Millionen DM betrogen – manche der Opfer treibt das an den Rand des wirtschaftlichen wie psychischen Ruins. In einem kleinen Ort bei Chemnitz bereiten eine Frau und zwei Männer einer 18jährigen unvorstellbare Qualen: Sie sperren die junge Frau ein, verprügeln und fesseln sie und zwingen sie zu sexuellen Perversionen. In der Nähe von Freiburg kidnappt ein Gangster, der für Entführung und Geiselnahme von zwei Frauen bereits 11 Jahre Gefängnis abgesessen hat, eine Musikstudentin. Erst liest er ihr Gedichte vor, dann klemmt er ihr ein Messer an die Kehle und hält sie sieben Tage und Nächte gefangen.

Furchteinflössende Horror-Storys gibt es ohne Ende: Um sich und ihre zwei Kinder umzubringen, wirft eine Mutter einen Haarfön in die Badewanne; das zweijährige Mädchen stirbt, der fünfjährige Junge und die Mutter überleben. Das Car-Jacking, der Raub von Autos samt Fahrer, ist erst in den USA in Mode gekommen und kommt nun auch in Deutschland vor. Ein Beispiel von mehreren: Eine Frau in Hamburg spürt auf einem Parkdeck plötzlich ein Messer im Rücken, sie wird in ihren Mercedes 500 gestoßen und erleidet einen halben Kilometer Autofahrt lang Todesangst – dann wird sie aus dem Wagen geworfen.

Brutal, brutaler, bestialisch: 80 indische Sikhs sollten in einem nur zwölf mal 2,5 Meter großen Schiffscontainer auf dem Seeweg nach Kanada gebracht werden. Ein deutscher Kaufmann betätigte sich als Menschenhändler und muß sich dafür vor einem Gericht verantworten – die Staatsanwaltschaft in Lüneburg geht davon aus, daß die Inder, die sich im letzten Moment befreien konnten, die Seefahrt in dem Gefängnis nicht überlebt hätten – sie wären erstickt, erfroren, verdurstet oder verhungert.

Mitmenschen neigen zur Verharmlosung

Es gibt viele Arten von Opfern: Opfer von Verbrechen und Katastrophen, Unglücken und Unfällen in Freizeit, Schule und Beruf. Es gibt Opfer, die zu Tätern werden und Täter, die Opfer sind. Es gibt Opfer, die im Dschungel unseres Rechtssystems verzweifeln, die sich gegen die Willkür von Behörden und Institutionen nicht wehren können und nicht zuletzt produziert unser Gesundheitswesen Opfer am Fließband als Folge von Ärztepfusch und medizinischer Fahrlässigkeit.

Doch was ist nun ein Opfer? Wissenschaftlich ausgedrückt, liest sich das (beim Diplom-Psychologen Hans Joachim Schneider in »Viktimologie«) so: »Der Opferbegriff wird in der Kriminologie unterschiedlich definiert. Nach Heinz Zipf ... sind alle durch eine Straftat Betroffenen Opfer, unabhängig davon, ob sie als Träger des verletzten Rechtsgutes oder als strafantragsberechtigt oder als verletzt im Sinne des Prozeßrechts gelten können. Opfer ist nach Fritz R. Paasch ... eine Person, die den Interessen eines anderen geweiht ist: Opfer im Sinne der Kriminalwissenschaft ist diejenige natürliche oder juristische Person, die in einem von der Rechtsordnung geschützten Rechtsgut verletzt wird. Hans von Hentig hatte bereits früher ... die Person als Opfer charakterisiert, die objektiv in Gestalt eines geschützten Rechtsgutes verletzt ist und die subjektiv diese Verletzung mit Unlust oder Schmerz empfindet. Nach Willem Hendrik Nagel ... ist Opfer jemand, der von seinem Mitbürger einer ungesetzlichen Verletzung von solcher Schwere unterworfen worden ist, daß das Rechtssystem gegen den Täter reagieren wird. Als Opfer kann man schließlich denjenigen benennen, dessen Person und Eigentum ohne seine Zustimmung vorsätzlich verletzt oder ausgebeutet wird.«

Offensichtlich ist es kein einfaches Unterfangen, ein Opfer, das jeder normal denkende Bundesbürger als Opfer bezeichnen würde, auch juristisch und psychologisch als solches zu definieren. In seinem Buch »Viktimologie«, das bereits 1975 erstmals veröffentlicht wurde, aber noch immer zur Standardausstattung unserer Universitäten gehört, folgert Schneider »es ist notwendig, den Opferbegriff konkreter zu fassen. Wer auf das geschützte Rechtsgut abstellt, denkt in der Kriminologie zu legalistisch. Auf die Empfindungen und Willensäußerungen des Opfers, Unlust, Schmerz und fehlende Zustimmung, kann es für die Definition des Opferbegriffs nicht ankommen. Das Opfer darf auf keinen Fall in dem Sinne personalisiert werden, daß man unter Opfer ausschließlich ein individuelles menschliches Wesen versteht. Es kann auch kollektive und abstrakte Opfer geben: soziale Gruppen, die Gesellschaft und ihre Ordnung, den Staat,

die Rechtspflege und die ›schlichte einfache Handha-
bung des demokratischen Prozesses‹ (so Hans von
Hentig …). Soziale Gruppen können andere soziale
Gruppen opfern, Nationen, Minderheiten, Nationen
aber auch andere Nationen oder Teile von ihnen in
besetzten Gebieten. Delikte gegen die öffentliche
Ordnung schaffen ein abstraktes Opfer. Betrunken-
heit in der Öffentlichkeit, grober Unfug, Exhibitio-
nismus, rücksichtloses Fahren, Besitz von Dieb-
stahlswerkzeug, Fahren ohne Führerschein und ohne
Einhaltung der Geschwindigkeitsbegrenzung sind
Beispiele. Es gibt keine Straftaten ohne Opfer (so
aber Edwin M. Schnur): Immer muß irgend jemand
oder irgend etwas gefährdet, geschädigt oder zerstört
sein. Abtreibung, Homosexualität und Rauschmittel-
konsum sind in diesem Sinne keine Rechtsbrüche ohne Opfer. Es gibt Service- und Konsumverbrechen:
Verkauf geschmuggelten Alkohols, Rauschgifts und
pornographischer Schriften, Gewähren illegaler
Dienste gegen Entgelt, z. B. Prostitution und illega-
les Spiel. Auf die Zustimmung und Mitwirkung des
Opfers kommt es nicht an. Es ist auch irrelevant, ob
das Opfer sich geschädigt fühlt und ob es das Delikt
anzeigt oder nicht. Das Opfer kann sogar wirtschaftlichen Nutzen mit aus der strafbaren Handlung ziehen.
Es ist also verfehlt, von einer sich ›verflüchtigenden
Opfereigenschaft‹ bei Wirtschaftskriminalität, bei
Ladendiebstahl und Betriebskriminalität zu sprechen
(so aber Günther Kaiser…). Kollektives und unent-
decktes Opferwerden kommen vor. Beide untersucht
die Viktimologie. Opfer ist eine Person, Organisation, die moralische oder die Rechtsordnung, die
durch eine Straftat gefährdet, geschädigt oder zerstört wird…«

Die »Hanauer Hilfe«, seit 1984 tätig und die erste deutsche Beratungsstelle für Opfer und Zeugen von Straftaten in Deutschland, befaßt sich mit den Folgen für die Opfer und formuliert schließlich ihr Opfer-Bild so: »Viele Opfer krimineller Handlungen erleiden häufig einen Vertrauensverlust in die Funktionsfähigkeit gesellschaftlicher Instanzen, die ein Schutzgefühl vermitteln sollen und erfahren eine massive persönliche Verunsicherung und Veränderung der eigenen Lebensperspektive. Je nach Schwere und Delikt sind die Auswirkungen bei den betroffenen Opfern sehr unterschiedlich. Neben den materiellen und körperlichen Schädigungen, zählen die psychischen Verletzungen zu den gravierendsten Folgen einer Straftat.

Gerade Opfer schwerer Gewalttaten, die von einem starken Macht – Ohnmachtsgefälle zwischen Täter und Opfer geprägt sind, leiden eher und nachhaltig andauernder unter emotionalen Traumata. Viele Opfer haben unter Angstzuständen und -träumen, Schlafstörungen und allgemeiner Nervosität bis hin zu Konzentrationsstörungen und Erschöpfungszuständen zu leiden. Sie haben Angst, alleingelassen zu sein, fühlen sich gedemütigt, erleben sich als hilflos und entwickeln Scham- und Schuldgefühle.

Wenig hilfreich sind häufig Reaktionen der Gesellschaft und des sozialen Umfelds, die von Verständnislosigkeit und Verharmlosung, aber auch von Überforderung und Hilflosigkeit geprägt sind. Die Unwissenheit über die Umgehensweise mit den Folgen einer Straftat verstärken bei den betroffenen Opfern Gefühle von Unsicherheit und Instabilität.«

Die Helfer wissen, wovon sie sprechen: Die Menschen, die in den letzten Jahren die Beratungsstelle der »Hanauer Hilfe« aufsuchten, waren schwerpunktmäßig von Gewaltstraftaten (36,7%), Sexualstraftaten (23,4%), Straftaten gegen die persönliche Freiheit (15,3%) und von Vermögensdelikten (20%) betroffen.

Das Faustrecht am Arbeitsplatz

Opfer wird man nicht nur durch die Schuld von Gaunern und Verbrechern. Opfer wird man beispielsweise auch durch leichtsinniges oder agressives Handeln und Hänseln von Kollegen. Beim Psychokrieg im Job, so schätzt der Psychologe Karl Surdyk, Mobbing-Experte einer Klinik für Mobbing-Opfer in Bad Lippspringe, bleiben 3,5 bis 4 Prozent aller Beschäftigten auf der Strecke. Die Opfer werden von Kollegen geschnitten, von wichtigen Informationen am Arbeitsplatz ausgeschlossen, als Versager gehänselt, mit ungerechten Urteilen abgestempelt oder als Miesmacher gehetzt. Die Folgen davon sind Krankheiten vom Kopfschmerz über Schlafstörungen bis zum Magengeschwür. Manche Mobbing-Opfer (Mobbing kommt aus dem Englischen »to mob« wie anpöbeln) werden fast in den Selbstmord getrieben. Um den Opfern mit Rat und Tat gegen das Faustrecht am Arbeitsplatz beizustehen, organisiert der Deutsche Gewerkschaftsbund sogar Telefonaktionen. Ein Drittel der 25 Millionen Beschäftigten in der Bundesrepublik leiden nach einer Infas-Untersuchung des Bundesverbandes der Betriebskrankenkassen unter schlechtem Betriebsklima.
Überhaupt: Immer mehr Bundesbürger werden durch den Beruf zum Opfer. Immer mehr Menschen

leiden an einer Berufskrankheit, stellt 1993 der NRW-Gesundheitsminister Müntefering fest. Seit 1973 hat sich die Zahl der Erkrankungen von 3.000 auf 7.500 erhöht. Die Gründe dafür sieht der Minister in der zunehmenden Verwendung von Gefahrenstoffen und einem steigenden Leistungsdruck.

Bei manchen Jobs gehört das Opferwerden schon fast mit zur Tagesordnung. Jeden Tag werden zwölf Briefträger von Hunden gebissen; allein 1992 registriert die Generaldirektion Postdienst 3.248 Hundebiß-Unfälle. »Wenn Waldi, Hasso oder Rex wachsam ihre Pflicht erfüllen, dann ist es oft nur eine Frage der Zeit, wann der Interessenkonflikt zwischen Haushund und örtlichem Briefzusteller eskaliert«, stellt die Generaldirektion fest.

»Ich wußte von Anfang an, daß es mit dem Berner Sennenhund Schwierigkeiten geben wird«, erzählt Uschi Immler vom Postamt Friedberg bei Augsburg. Als die junge Frau eines Tages das Gartentor eines Einfamilienhauses in ihrem Zustellbezirk Ottmaring öffnet, um die Post zur Haustür zu bringen, schnappt der Hund zu – eine kaputte Hose und ein Schreck in der Morgenstunde sind das Ergebnis.

Nicht immer gehen die Begegnungen von Postboten mit Hunden so glimpflich aus. In England gründet ein Postbediensteter, dessen Gesicht durch einen Pitbull vollständig zerfleischt worden war, vor Jahren eine Aktionsgruppe. In der Bundesrepublik versucht man derartige Angriffe noch mit Vorbeugungsmaßnahmen zu verhindern. Das funktioniert nicht immer: Eine Kollegin von Uschi Immler aus Friedberg, die Aushilfs-Zustellerin Reinhilde Koppold-Redzipi, wurde während einer Tour von einer Dogge derart in den Oberschenkel gebissen, daß sie für mehrere Wochen zur ärztlichen Behandlung in ein Krankenhaus mußte.

Mehrkosten in Höhe von 15 Millionen DM entstehen der Bundespost jährlich durch diese Übergriffe der Vierbeiner. Vor allem in den neuen Bundesländern haben sich die Unfallzahlen drastisch erhöht. Während 1991 zwischen Rostock und Zwickau 235 Zwischenfälle registriert wurden, stieg die Zahl der Opfer im darauf folgenden Jahr auf 508 an.

»Schon wegen der wechselnden Gerüche, mit denen die Zusteller durch die Sortierung unterschiedlichster Sendungen im Amt behaftet sind, werden geruchssensible Hunde irritiert und schnappen schon mal zu. Zudem wollen manche auch ihr Revier verteidigen«, erklärt Bernd Großmann, Postdienst-Pressesprecher in Hamburg, das Verhalten der Tiere. Das Pfefferspray, mit dem Briefzusteller zum Schutz vor Beißattacken ausgerüstet sind, hilft auch nicht immer. »Bis ich die Spraydose in der Hand halte, ist es vielfach schon zu spät«, beschreiben Zusteller ihre Notsituation. Ein kräftiger Wind, und der Pfeffer verteilt sich in alle Himmelsrichtungen.

»Die Vorbeugung muß bei den Besitzern ansetzen«, meint auch Doris Feddersen-Petersen vom Institut für Haustierkunde an der Universität Kiel. »Je höher ein Hund in der Familien-Rangordnung steht, desto schlechter erzogen und angriffsbereiter ist er.« Die Wissenschaftlerin empfiehlt, das Ritual der Hunde, Scheinangriffe auzuführen, um Kraft und Stärke zu beweisen, durch gemeinsame Begegnungen von Hund, Halter und Briefzusteller zu unterbinden. »Dann wird der Postbote nicht als Eindringling betrachtet, denn das Wiedererkennungsvermögen der Hunde ist zumal bei regelmäßigen Besuchern sehr groß.«

Um auch Vertretungs- und Aushilfskollegen vor angriffslustigen Hunde zu warnen, informieren sich die Zusteller in den Postämtern durch Hundewarnkarten. Die Karten in Geschäftsbriefgröße, die in die jeweiligen Sortierfächer gelegt werden, bereiten den Neuling rechtzeitig auf die bissige Gefahr am Arbeitsplatz vor.

Bei allen Schmerzen: Die Zusteller können den Hunden recht schnell verzeihen. Sie wissen, daß der Angriff selten auf Böswilligkeit, sondern auf mangelnde Erziehung des Hundes zurückzuführen ist, heißt es beim Postdienst. Doggen-Opfer Reinhilde Koppold-Redzipi kaufte sich sogar anschließend einen Schnauzer-Mischling – daß ihr Kollege von der Postzustellung nicht auch wie sie einen »Berufsunfall« erleidet und vom Hund gebissen wird, dafür will sie sorgen.

Aggressives Klima für Behinderte

Was Hunde, Beruf oder Verbrecher nicht schaffen, das leistet tausendfach beispielsweise der Straßenverkehr: Allein mehr als 30.000 Kinder verunglücken jährlich auf dem Weg zur Schule. Der Leiter der Kinder- und Poliklinik der Universität Köln, Professor Dr. Dietrich Michalk, bezeichnet Fahrrad-Unfälle als häufigste Unfallursache bei Kindern. »Nach neuesten Untersuchungen aus den USA und Schweden«, so weiß der Arzt im Juni 1993 zu berichten, »ist zukünftig sogar damit zu rechnen, daß jährlich ein Kind von 100.000 an den Folgen eines solchen

Unglücks stirbt«. 8.000 Kinder erleiden seiner Meinung nach jährlich auf der Straße Dauerschäden – Lähmungen, Krampfanfälle oder Verhaltensstörungen.

So wird das Heer der Opfer größer und größer, und täglich reihen sich neue Leidende ein, manchmal aus eigener Schuld, meist durch die Schuld anderer in diese Situation gebracht.

Wie all jene Behinderte, die nicht nur unter ihren Behinderungen zu leiden haben, sondern zusätzlich Opfer von besonders verabscheuungswürdigen Tätern werden. »Behinderte werden zunehmend Opfer radikaler Gewalttäter, müssen sich üble Drohungen oder Beschimpfungen anhören«, stellt der Präsident des Verbandes der Kriegs- und Wehrdienstopfer, Behinderten und Sozialrentner (VdK), Walter Hirrlinger fest, »das Klima ist deutlich aggressiver geworden.« Und NRW-Innenminister Herbert Schnoor warnte im August 1993 besorgt davor, daß nicht nur Ausländer, Asylbewerber und Obdachlose, sondern auch Behinderte zunehmend brutalen Straftaten ausgesetzt sind. Kaum gesagt, überfallen im hessischen Dillenburg zwei Jugendliche einen Behinderten, der an Gehhilfen durch einen Fußgängertunnel geht. »Na, hast Du Geld?«, fragen sie ihn, zerren ihn zu Boden, zerreißen seinen Schwerbehindertenausweis und rauben ihm die Brieftasche mit 120 DM.

In Köln schützen Passanten einen 25jährigen Behinderten vor den Pöbeleien von Skinheads: »Dich haben sie wohl in Dachau vergessen.« In Großburgwedel bei Hannover wird ein Behinderter von Jugendlichen angeschrien: »Unter Hitler wärst Du schon lange vergast worden.« Das Opfer, Günter Schirmer, wird bespuckt, gebissen und eine U-Bahntreppe hinuntergestoßen. Die Beleidigungen und Tätlichkeiten gehen über seine Kraft, und er nimmt sich, gerade 46 Jahre alt, das Leben. Schirmer war seit 1979 nach einem schweren Verkehrsunfall an den Rollstuhl gefesselt. »Behinderte haben in dieser Welt wohl nie mehr eine Chance«, schreibt der frühere Sport- und Mathematikstudent in seinem Abschiedsbrief.

Überfälle auf Behinderte sind nicht neu. »In einem Oberhausener Heim zum Beispiel haben die Bewohner Angst vor die Tür zu gehen«, stellt der Diözesan-Referent für die Behindertenhilfe im Bistum Essen, Georg Satorius, fest: »Unsere Einrichtungen haben uns deutlich zu verstehen gegeben, daß sie sich Sorgen machen.« Annemarie Griesinger, Bundesvorsitzende der Bundesvereinigung Lebenshilfe für geistig Behinderte in Marburg, wendet sich gar an Bundeskanzler Helmut Kohl: »Angst machen vor allem Mord- und Bombendrohungen gegen Schulen für behinderte Kinder. Menschen mit Behinderungen werden überfallen, gequält, sogar angezündet.«

Im Juni 1992 verurteilt das Frankfurter Landgericht einen 25jährigen Koch zu einer dreijährigen Gefängnisstrafe. Er hat sich an einer querschnittsgelähmten Frau vergangen und diese, im Rollstuhl sitzend, eine Treppe hinuntergestoßen. Die 31 Jahre alte Sekretärin lernt den Täter in einer Frankfurter Diskothek kennen, wohin sie des öfteren zum Rollstuhltanzen fährt. Auf dem Nachhauseweg teilen sie sich ein Taxi. Unterwegs bemerkt die Frau, daß sie ihre Handtasche mit einem dringend benötigten medizinischen Gerät in der Diskothek vergessen hat. Der Mann bietet ihr an, sie könne von seiner Wohnung aus telefonieren. Dort angekommen, wirft er die Behinderte aufs Bett und zwingt sie zum Oralverkehr. Als sich die Frau wehrt und ihn beißt, setzt er sie in ihren Rollstuhl und stößt sie die Treppe hinunter. 18 Stufen tiefer bleibt die Behinderte bewußtlos am Boden liegen. So wird sie von Nachbarn gefunden. »Steigende Gewalt gegen Behinderte hat nicht nur radikale, sondern auch soziale Ursachen. Hier ist der Rechtsstaat gefordert, auch die notwendige Härte des Gesetzes. Oftmals sind die Übeltäter noch sehr jung, manche ohne Beruf und Ausbildung, viele stammen aus zerrütteten Verhältnissen. Mehr noch als mit den Gewalttätern wird man sich mit den Ursachen der Gewaltbereitschaft befassen müssen«, sagt der VdK-NRW-Vorsitzende Berthold Holzgreve. Und VdK-Bundeschef Walter Hirrlinger fordert: »Überfälle, Pöbeleien – wir dürfen das nicht laufen lassen. Die Gewalt richtet sich im Moment ganz generell gegen alle Schwachen. Eins muß doch jedem klar sein: Jeder kann, zum Beispiel nach einem Unfall, plötzlich selbst zu den Behinderten gehören. Jeden Tag, in jeder Sekunde.«

Schicksalsschlag durch die Todesgondel

Eine, die von einer Sekunde zur nächsten zum Opfer wurde, ist Ruth Palscha (ihr Name wurde vom Autor geändert) aus Moers am Niederrhein. Sie gehört zu jenen Opfern, die unbestritten nichts dafür können, daß sie heute Opfer sind, und die trotzdem mit der ganzen Unmenschlichkeit unserer Gesellschaft bestraft sind: Ihre Tochter Manuela ist tot, ihr Enkel Stefan und sie selbst wurden bei einem Kirmes-Unglück schwer verletzt und sind heute behindert. Unvorstellbar bei diesem Leid: Eine Entschädigung oder ein Schmerzensgeld wurde nie gezahlt.

Ruth Palscha hat – ganz simpel – zur falschen Zeit am falschen Ort gestanden. Die Todesgondel, die ihr Leben und das ihrer Familie zur Tragödie macht, stürzte in einem Augenblick in ihr Leben, als niemand damit rechnen konnte: Am 1. September 1990 besuchte Ruth Palscha zusammen mit ihrer verheirateten Tochter Manuela und dem Enkelkind Stefan die Kirmes in Moers. »Wir standen zwischen dem Skylab-Karussell und einem Bierstand, und ich sprach mit meiner Tochter darüber, auf welches Karussell die Kinder zuerst draufwollen«, erzählt Ruth Palscha, »von da an weiß ich nichts mehr.«

Keine Erinnerung an das schreckliche Unglück, bei dem ein Mensch getötet und zwölf Personen zum Teil schwer verletzt wurden: Gegen 17 Uhr löst sich eine 400 Kilogramm schwere Gondel aus der Verankerung und rast wie ein Geschoß in die Zuschauermenge. Die 38jährige Tochter von Ruth Palscha stirbt noch am Unfallort, der zwölfjährige Enkel erleidet schwerste Verletzungen. Drei Wochen liegt der Junge im Koma, monatelang muß er in einer Rehabilitationsklinik behandelt werden, danach besucht er eine Schule für Behinderte in Duisburg Neumühl.

Ruth Palscha selbst ist drei Monate lang im Krankenhaus ans Bett gefesselt. Schädelbasisbruch und die totale Zertrümmerung des Oberkiefers sind die schwersten der zahlreichen Verletzungen. Mehrmals wird sie operiert, zuletzt setzen die Ärzte ihr einen künstlichen Gaumen ein. Ihre linke Gesichtshälfte bleibt jedoch taub, ihr linker Arm ist nach einem

Trümmerbruch nicht mehr voll funktionstüchtig. Und umfangreich sind auch die psychischen Schäden: »Ohne Tabletten und Beruhigungsmittel kann ich nicht mehr leben.«

Keine Entschädigung für die Familie

Solch ein zerstörtes Leben, das sagt jedem der gesunde Menschenverstand, hat Wiedergutmachung verdient. Zurückzudrehen ist die Uhr des Schicksals nicht, doch sollten wenigstens finanzielle Entschädigungen das Los der Betroffenen etwas erleichtern. Die Familie hat neben den rund 5.000 DM, die mildtätige Schausteller der Kirmes nach dem Unglück spontan gesammelt haben, keinen Pfennig erhalten. Nicht vom Betreiber des Todes-Karussells, nicht vom Staat, nicht einmal von einer Versicherung. Ruth Palscha: »Das glaubt mir kein Mensch.«

Der Skylab-Besitzer geht straffrei aus und muß bislang keine Entschädigung an die Opfer zahlen, weil die Staatsanwaltschaft kein schuldhaftes Verhalten entdecken kann. Der Unfall habe sich nach Meinung der TÜV-Sachverständigen aufgrund eines Schwingbruchs an einer Befestigungsschraube ereignet; diese Schraube sei konstruktionsbedingt von außen nicht sichtbar gewesen.

Auch keine Hilfsorganisation – wie die für Straßenverkehrsopfer aktive »Verkehrsopferhilfe« oder der bei Verbrechens-Opfern aktive »Weisse Ring« – steht den Opfern zur Seite. Ruth Palschas Rechtsanwalt Manfred Fink fordert denn auch: Für diese Extremfälle der Gefährdungen muß es eine Opfer-Hilfe-Einrichtung geben. Schließlich passieren immer wieder Unfälle mit hochmodernen, oft computergesteuerten Kirmesgeräten – in Düsseldorf stolperten beispielsweise die Benutzer einer neuen Looping-Achterbahn gleich reihenweise mit Schädeltrauma, Hals- und Kopfverletzungen aus den Karussellwagen.

Selbst um Prozeßkostenhilfe – finanzielle Unterstützung, die sie für die Durchsetzung möglicher Ansprüche vor Gericht dringend benötigt – mußte Ruth Palscha noch streiten. Das Landgericht in Kleve lehnte ihren Antrag ab, erst beim Düsseldorfer Oberlandesgericht wurde ihm stattgegeben.

Hilfe ist in solch ungewöhnlichen Fällen, die nicht nach 08/15 abgehandelt werden können, selten vorgesehen. Im Gegenteil, dem Opfer werden bei dem verzweifelten Versuch Ansprüche durchzusetzen, auch noch »die Hände gebunden«. Der für unseren fortschrittlich genannten Rechtsstaat beschämende Beweis: Die Strafverfolgungsbehörden ermitteln zwar – sie sehen jedoch keine Erfolgschancen für einen Prozeß, weil sich der Betreiber ihrer Meinung nach keines Fehlverhaltens, keiner Fahrlässigkeit schuldig gemacht hat. Das Ermittlungsverfahren wegen des Verdachts der fahrlässigen Tötung wird von der Staatsanwaltschaft eingestellt, weil »nicht festgestellt werden konnte, daß ein vorwerfbares Verhalten irgendeiner Person zu dem Unfall beigetragen hat«.

Doch der Opfer-Gang der Ruth Palscha ist damit nicht zu Ende: Mehrere Rechtsanwälte, die die Frau um Unterstützung bittet, lehnen es grundsätzlich ab, sie überhaupt zu vertreten. Wo kein Erfolg in Sicht ist, stehen die Opfer unserer Gesellschaft leider meist allein. Und wo es nichts (und sei es auch nur sich selbst) zu Feiern gibt, da klopfen auch keine Politiker – Ratsherren, Bürgermeister oder Bundestagsabgeordnete – an die Haustür und fragen, ob sie dem Opfer vielleicht irgendwie helfen können.

Opfer sind meist allein, und auch die Stadt Moers und ihre beamteten Verwalter, die ja die Kirmes zur Gaudi ihrer Bürger veranstalten, zeigen wenig Pflichtbewußtsein und soziales Engagement. Vermutlich aus grundsätzlichen Erwägungen und um keinen Präzedenzfall zu schaffen, sind sie zu einer freiwilligen finanziellen Hilfe nicht bereit. Ruth Palscha: »Meine Familie, mein Leben ist kaputtgemacht worden, und niemand interessiert sich dafür.«

Neues Recht in der Gefährdungshaftung

Der Moerser Rechtsanwalt Fink erscheint da im Kreis der Robenträger und Bürgervertreter wie ein rettender Engel. Er übernimmt nicht nur die Vertretung von Ruth Palscha und die des Ehemanns der tödlich verunglückten Frau und des 12jährigen Jungen, er versucht sogar, das Unmögliche möglich zu machen und eine sogenannte »Rechtsfortbildung« zu erreichen: »Im Straßen-, Flug- und Schienenverkehr u.a. gibt es eine sogenannte Gefährdungshaftung, weil der Gesetzgeber davon ausgeht, daß diese Fortbewegungsarten ein gewisses Risiko in sich bergen. Ich bin der Meinung, daß die in Sondergesetzen geregelte Gefährdungshaftung ergänzt werden muß. Unsere technische Entwicklung ist meiner Meinung nach so verfeinert, daß die Gefährdungstatbestände zum Beispiel auf Fahrgeschäfte wie technisch hochwertige Kirmes-Karusselle, die mit außergewöhnlich hohen Geschwindigkeiten fahren, ausgeweitet werden müssen. Das sind Fahrgeräte, die in den letzten Jahren entwickelt worden sind und solche Gefahren bergen, daß man juristisch gesehen von einer Gefährdungshaftung ausgehen muß. Der Gedanke der Haftung bei Unfällen durch solch hochtechnisierte Geräte muß endlich neu geregelt werden. Wenn man sich nur anhört, mit welchen Attributen die Geräte beschrieben werden – Nervenkitzel, Attraktion, furchterregend, aufregend oder gigantisch – dann rechtfertigt das, umzudenken.«

Darüber hinaus wird Fink versuchen, nicht nur Wiedergutmachung für materielle, sondern vor allem auch für immaterielle Schäden zu erreichen – ihm ist bewußt, daß letzteres, die Entschädigung u.a. für psychische und physische Benachteiligungen, nur schwer vor einem deutschen Gericht zu erreichen ist.

Ein langer Weg, das durchzusetzen, aber – so Fink – »hier muß endlich etwas geschehen«. Zwei Jahre wird der Prozeß durch die Instanzen – Landgericht, Oberlandesgericht und Bundesgerichtshof – nach Finks Schätzung mindestens dauern. »Beim Landgericht Kleve, in der ersten Instanz, werde ich diese Forderung vermutlich nicht durchsetzen können. Damit müssen wir voraussichtlich bis zum höchsten Gericht gehen. Ein Ziel unseres Prozesses ist es, eine Plattform zu schaffen, daß man sich Gedanken macht, die Gefährdungshaftung in Zukunft nicht nur auf Straßenverkehr, Eisenbahn und Atombetrieb zu beschränken, sondern auch auf technische Neuentwicklungen wie hochmoderne Kirmesgeräte auszuweiten. Frau Palscha opfert sich, wenn man so will, noch zusätzlich, um nächsten Generationen eine neue Rechtssprechung mit auf dem Weg zu geben.«

Ruth Palscha hat sich inzwischen in ihr Schicksal ein-, nicht aber damit abgefunden. »Es geht mir nicht um Schmerzensgeld«, sagt die 61jährige Rentnerin leise, »aber es kann doch nicht sein, daß einem soviel Schreckliches geschieht, und niemand sich darum kümmert.«

Dabei geht das Opfer auch noch ein finanzielles Risiko ein. Die Rentnerin, die ohnehin nur über wenig Geld verfügt, muß schließlich damit rechnen, den Prozeß quer durch die Instanzen zu verlieren – einige tausend Mark an Gerichts-, Gutachter- und Anwaltskosten kommen da schnell zusammen. Einen Teil bezahlt die Prozeßkostenhilfe, ein anderer Teil muß sie auf jeden Fall selbst tragen.

Anwalt Fink ist nicht nur guten Mutes, mit seiner Klage Erfolg zu haben. Er hat sich eine intelligente Doppelstrategie einfallen lassen, die das Risiko des Verlierens wenigstens minimiert. Einerseits versucht er, wegen neuer Technik neue Rechtsprechung auf dem Gebiet der Gefährdungshaftung zu fordern, andererseits im Prozeß doch noch einen Schuldigen für das Unglück nach geltendem Recht zu finden. Fink: »Wir haben Zeugen ausfindig gemacht, die knapp eine Stunde vor dem Unfall krachende und knirschende Geräusche sowie starkes Schaukeln an einer Gondel des Karussells wahrgenommen und dies dem Kassierer mitgeteilt haben. Jetzt bleibt vor Gericht die Frage zu klären, ob dieses Krachen und Knirschen für die fehlerhafte Beschaffenheit der Schraube und damit für den Unfall insgesamt ursächlich war.«

Vielleicht werden dem Karussellbetreiber so doch noch Fahrlässigkeiten nachgewiesen. Fink hat immerhin schon – trotz Einstellung des staatsanwaltschaftlichen Ermittlungsverfahrens – geschafft, daß ein Prozeß im Sinne des Opfers stattfinden wird. Der Karussellbetreiber hat sich im übrigen auch nicht persönlich gerührt oder Ruth Palscha unterstützt, sondern die Regelung der Angelegenheit ganz seiner Haftpflichtversicherung überlassen. Und die hält sich, was Menschlichkeit und Entgegenkommen betrifft, wie im Opfer-Kreislauf gewohnt, bedeckt.

Große Angst vor Verkehrsunfällen

Angesichts der Horrorvisionen, die uns das Leben und die Medien tagtäglich in Farbe und schwarz-weiß präsentieren, steckt in den meisten Bundesbürgern die stille Angst, selbst einmal Opfer eines Verbrechens, eines Unglücks, einer Katastrophe, eines Mißstands oder einer Fahrlässigkeit eines Mitmenschen zu werden.
Das Bielefelder Meinungsforschungsinstitut Emnid will es 1993 genau wissen und fragt im Auftrag des Bundesministeriums des Innern, wie hoch die Menschen in Ost- und Westdeutschland ihre persönliche Gefährdung einschätzen. Spitzenreiter dieser Befragung zur inneren Sicherheit sind der Straßenverkehr (Platz 1), Einbruch und Diebstahl (Platz 2) und Umweltverschmutzung (Platz 3). Schon weniger Bundesbürger haben Angst davor, Opfer eines Raubüberfalls zu werden, fürchten sich vor Datenmißbrauch oder fühlen sich von Punkern oder Skins be-

droht. Auf Platz 8 rangiert schließlich die Angst vor Betrügern, auf Platz 9 die Sorge der Frauen, vergewaltigt zu werden. Weiterhin haben die Befragten Angst vor Schlägereien, Stadtstreichern, Rauschgift und Demonstrationen.

Allerdings ist die Blickrichtung je nach Alter und Lebensraum (Ost- oder Westteil der Republik) unterschiedlich. Die Jungen bis zum Alter von 29 Jahren fürchten sich mehr vor Umweltgefahren, Punkern und Skins, Schlägereien und gewalttätigen Demonstrationen. Die Älteren ängstigen sich mehr vor Raubüberfällen, Diebstählen oder Einbrüchen. Ostdeutsche vermuten außerdem eine höhere Gefährdung in bezug auf Verkehrsunfälle, sehen den Gefahren durch Umweltverschmutzung oder der Schädigung durch radioaktive Strahlen dagegen gelassener entgegen.

»Fragt man die Bundesbürger nach den Hauptproblemen im Bereich der inneren Sicherheit im allgemeinen, sehen sie die größte Gefahr in der Drogenkriminalität, gefolgt von Ausländerkriminalität, der Ausbreitung des organisierten Verbrechens und den Gewalttätigkeiten gegen Ausländer und Fremde«, stellt das Innenministerium fest, »den Bürgern im Osten Deutschlands bereiten insbesondere die Jugendkriminalität, die Gewalttätigkeiten gegen Ausländer sowie eine mangelhafte Polizeipräsenz und eine unzureichende Ausrüstung der Polizei Sorgen.«

Als Hauptursache für einen Anstieg der Kriminalität, insbesondere im Diebstahlsbereich, werden – so die Untersuchung – gesellschaftliche und soziale Faktoren angesehen. Hier wird der »steigenden Arbeitslosigkeit« die größte Bedeutung zugeschrieben. Ähnliche Bedeutung haben »zu viele Gewaltdarstellungen« im Fernsehen. Für die Befragten im Osten Deutschlands sind auch »fehlende Freizeiteinrichtungen für Jugendliche« und »zu wenig Polizei« wichtige Ursachen für den Anstieg der Kriminalität. Einig sind sich die Befragten in Ost und West in der hohen Einschätzung der Rolle der »zu wenigen und zu geringen Strafen« und des »nachlassenden Rechtsbewußtseins« als mögliche Ursachen steigender Kriminalität.

Horrorvisionen der Katastrophen-Art

Nicht gefragt wird bei dieser Untersuchung nach den Ängsten vor Katastrophen oder Schwerstunglücken, vor Terroranschlägen oder Geiselnahmen oder auch nur nach der Furcht vor Haus-, Freizeitoder Berufsunfällen. Dabei dürfte auch hier ein dikkes Bündel von Sorgengefühlen freiwerden – Horrorvisionen gibt es schließlich genug: Eine Verkettung unglücklicher Umstände ist beispielsweise – so die Bundesbahn – Ende 1992 für ein schweres Zugunglück in Northeim bei Hannover verantwortlich; elf Fahrgäste sterben, 50 werden zum Teil schwer verletzt. Sechs Bundesgrenzschutzbeamte stürzen im März 1993 mit ihrem Flugzeug bei Skopje ab. Drei Beamte sterben, einer der Überlebenden, Matthias Huber aus Hohebach in Baden-Württemberg, berichtet später: »Es hat stark geschneit. Die Maschine ist normal gestartet. Sie war 200 Meter in der Luft, dann geriet sie ins Trudeln. Beim Aufschlag bin ich aus der Maschine geschleudert. Das hat mir das Leben gerettet.«
Überlebt hat auch Heinz Marten von der Ostsee-In-

sel Rügen. Er fährt 1993 auf der Polen-Fähre »Jan Heweliusz« zur See. Ein »schwimmender Sarg«, wie sich herausstellt, nachdem das Schiff im Januar 1993 vor Norddeutschland in einen Orkan gerät, der mit 160 Kilometern Geschwindigkeit pro Stunde über die Ostsee fegt. Bis zu fünf Meter hohe Wellen bringen das Schiff erst ins Schlingern, dann lösen sich in den Laderäumen die Eisenwaggons aus den Verankerungen. Die tonnenschweren Fahrzeuge werden regelrecht durchs Schiff geschleudert. Es kentert. Und zwar so schnell, daß der Besatzung nicht einmal mehr die Zeit bleibt, die Rettungsboote zu Wasser zu lassen. 39 Passagiere und 29 Matrosen der Besatzung greifen zur Schwimmweste und springen in die gerade wenige Grad über Null kalte See – fast alle sterben innerhalb weniger Minuten den Kältetod. Der überlebende Marten nach seiner Entlassung aus dem Klinikum in Stralsund: »Es ist wie ein Wunder, daß ich noch lebe. Bei den Temperaturen klappt man doch sofort ab. Wie ein nasser Sack.«

Unvergessen ist auch die Tragödie von Ramstein, als im August 1988 ein italienischer Düsenjäger bei einer Flugshow wie eine Bombe in die Zuschauermassen einschlägt. Dreihunderttausend Besucher sind gekommen, um das Luft- und Lärmspektakel über dem US- Luftwaffenstützpunkt zu verfolgen. Da kollidieren die drei Maschinen der italienischen Flugstaffel »Frecci Tricolori« und stürzen brennend vom Himmel. Fast fünfzig Zuschauer sterben durch das Flammeninferno, knapp vierhundert Menschen müssen in den Krankenhäusern stationär behandelt werden, viele von ihnen schweben in Lebensgefahr.

Ganz München trauert, als 1980 das weltberühmte Oktoberfest auf der Theresienwiese jäh durch eine

Bombendetonation unterbrochen wird. Dreizehn Menschen sterben in dem Inferno, über 250 Festbesucher werden zum Teil schwer verletzt. Der mutmaßliche Attentäter, ein dem rechtsextremen Lager nahestehender Student, wird selbst ein Opfer seiner Tat. Der Sprengsatz wird von ihm in einem Papierkorb an einem Ausgang der Festwiese deponiert – möglicherweise wird der Täter von seiner eigenen Bombe zerrissen, als sie zu früh zündet.

Die Folgen dieses Bombenanschlags schlagen sich in den Medien nieder wie eine Kriegsberichterstattung. Von einer »Schreckensnacht in den Krankenhäusern« berichtet zum Beispiel die Süddeutsche Zeitung. In 24 Kliniken der Stadt und in der Umgebung Münchens werden die Katastrophenopfer behandelt. Doch kaum ist der Pulverdampf verraucht, begibt sich die Stadt wieder zur Tagesordnung. Kurz noch diskutieren die Politiker im Rathaus, ob die Wies'n möglicherweise bis zur Trauerfeier für die Opfer vier Tage lang geschlossen bleiben sollte, doch dann beugt man sich offensichtlich dem wirtschaftlichen Druck der Schaustellerindustrie und der Vergnügungssucht der Bevölkerung. Ganze 24 Stunden wird der Kirmestrubel unterbrochen. Dann gibt man sich auf der Wies'n wieder fröhlich und optimistisch: »Man kann nicht immer an das Chaos denken«, lacht ein junger Mann.

Nur einige hundert Menschen – die Opfer und ihre Angehörigen – können nicht so schnell zur Tagesordnung übergehen. Der Münchner Eisenhändler Ignatz P. verliert zum Beispiel seine beiden jüngsten Kinder, die drei anderen sind schwer verletzt und auch die Ehefrau schwebt noch in Lebensgefahr. »Das Leid war unbeschreiblich«, erinnert sich ein

Polizeibeamter: Einer Frau werden durch die Detonation beide Beine weggerissen. Ein 10jähriges Mädchen liegt tot neben seiner Mutter, deren Fuß zerfetzt ist. Einem Jungen – der letzte in der Reihe der Toten dieses Terrorereignisses – ist ein Stück Metall ins Gehirn gedrungen, anderen müssen Arme und Beine amputiert werden. »Es ist die reinste Kriegschirurgie«, stellt ein Oberarzt des Klinikums rechts der Isar entsetzt fest.

Zwei Monate später hat die Stadt München schließlich auch ein Verteilsystem für die knapp zwei Millionen DM an Spenden entwickelt. Das Geld, zunächst eine Million DM, soll nach einem Punktesystem an die Betroffenen ausgezahlt werden. Jeder Punkt entspricht 627 DM. Je nach Schwere der Schädigung erhalten die Opfer beziehungsweise ihre Angehörigen zwischen einem und 14 Punkten. Schwerverletzte erhalten sieben, leicht Verletzte bis fünf Punkte, Vollwaisen vierzehn, Halbwaisen acht und Witwen und Witwer acht Punkte, Eltern tödlich Verunglückter sieben und von besonderen sozialen Härten Betroffene bis zu zehn Punkten. Vom restlichen Geld, das nicht direkt an die Opfer ausgezahlt wird, sollen Langzeitmaßnahmen finanziert werden, zum Beispiel behindertengerechte Wohnungen, Umschulungen oder nicht vorhersehbare, außergewöhnliche Belastungen der Betroffenen. 102 der Opfer erhalten schließlich auch Unterstützung vom staatlichen Versorgungsamt, andere städtische Leistungen aus den Sozialhilfefonds. Und schließlich setzt das Sozialreferat der Stadt auch ein Team von Psychologen ein. Gesprächstherapeuten sollen den Opfer helfen, die Alpträume zu bewältigen. Ein 39jähriger Familienvater: »Ich kann einfach das Bild nicht vergessen, wie ich meine Därme festhielt, die mir aus dem Bauch quollen. Und neben mir eine zerissene Leiche, die aussah wie eine Geisterbahnpuppe.«

Opfer bitten um Nachsicht

Opfer werden ist nicht schwer ... Opfer sein dagegen sehr. Wer erst einmal Opfer wird, muß fortan einen ungewöhnlichen Kampf aufnehmen, ganz gleich, ob er will oder nicht: Um seine Rechte streiten, um Entschädigungen fechten, um Verständnis, Nachsicht, Unterstützung oder aktive Hilfe bitten, sich im Behörden- und Organisations-Wirrwarr zurechtfinden, allein – von Freund und Feind verlassen – mit Schmerz und Leid fertigwerden, sich vor Gerichten nicht als Opfer, sondern manchmal eher wie ein Täter vorkommen. Unfähig zu sein, sein altes Leben wieder aufzunehmen, von Helfern in Stich gelassen zu werden, in den Medien mit allen Gefühlsschwächen bloßgestellt zu werden – das alles und noch vieles mehr gehört heute zum Opfer-Dasein.
Die wenigen professionellen Helfer – selbst eine so schlagkräftige Truppe wie die Helfergemeinschaft des »Weissen Rings« sind angesichts der Opfer-Zahlen nur ein kleiner Verein – müssen schon aus Selbstschutz die Augen vor (zu) vielen Problemen schließen. Die Hilfe für die Opfer geht eben über aller Kräfte...

2. KAPITEL

TERROR FÜR DIE SEELE

Im August 1993 bangt ganz Deutschland tagelang fast geschlossen um das Leben des kleinen Tobias Hofmann aus Bamberg. Der 18 Monate alte Junge ist, so die Schreckensnachricht, am hellichten Tag aus einer Einkaufsstraße in der Innenstadt entführt worden. Mehrmals tritt der Vater des Jungen vor Fernsehkameras und bittet den oder die Entführer mit Tränen in den Augen, der Familie das Kind zurückzugeben. Eine 18köpfige Sonderkommission geht über zwei Wochen lang den Hinweisen nach, die aus allen Regionen Deutschlands bei der Kripo in Bamberg eingehen.

Dann, von einer Stunde zur anderen, schlägt das Mitleid in Haß um: Gisela und Frank Hofmann haben – so die überraschenden Recherche-Ergebnisse der Polizei – die Entführung nur vorgetäuscht. Das Kleinkind ist offensichtlich erst von der eigenen Mutter mißhandelt und dann einem quälenden Todeskampf ausgesetzt worden – den Leichnam haben die Eltern anschließend in einem Müllsack zum Abfall eines Campingplatzes geworfen.

Mehr noch als die Lügengeschichten der Eltern sollte der Leidensweg des kleinen Tobias bis zu seinem Tod zu denken geben. Recherchen der Kripo zufolge ist die 21jährige Mutter schon länger mit ihrem

Kindersegen – Tobias, Sascha und Jasmin – nicht zurechtgekommen. Mehrmals schon ist Tobias offensichtlich mißhandelt worden. »Mal hatte Tobias einen gebrochenen Arm, weil er angeblich aus dem Kinderwagen gefallen war. Mal mußte er mit gebrochenem Bein in die Klinik, mal mußte am Kopf eine Platzwunde genäht werden. Er sei gestürzt, hieß es. Und als er ein geschwollenes Auge hatte, war angeblich ein Bienenstich schuld«, recherchierte das Magazin »Stern« den Leidensweg des Kindes.

Am Todestag von Tobias hat Gisela Hofmann dem Kind offensichtlich in einem Wutanfall einen Tritt in den Bauch gegeben. Der Junge krümmt sich vor Schmerzen, in den Stunden danach verschlechtert sich der Gesundheitszustand zusehends. Er röchelt und schnauft aufgrund innerer Verletzungen. Doch die junge Frau, die in ihrer Kindheit selbst zusammen mit Mutter und Geschwistern vom Vater terrorisiert und geschlagen worden war, geht nicht mit dem Kind zum Arzt, allein aus der Sorge, daß das Jugendamt ihr wegen Kindesmißhandlung die Kinder wegnehmen könnte.

Mit Tobias Tod erwacht die Nation

Der Tod des kleinen Tobias ist – so traurig das klingt – nicht umsonst gewesen. Er stirbt für seine vielen Schicksalsgenossen – mißhandelte und sexuell mißbrauchte Kinder –, deren Leidensbeschreibungen von einem Tag zum anderen wie ein Taifun durch die Medien wehen und Bürger wie Politiker aufrütteln.

Tobias' Tod sensibilisiert die Bevölkerung auch für

zwei Vorstöße, die die Ministerinnen Sabine Leutheusser-Schnarrenberger und Angela Merkel Ende
August 1993 unternehmen. Die Justizministerin
setzt im Bundeskabinett durch, daß körperliche und
seelische Mißhandlung von Kindern im Bürgerlichen Gesetzbuch verboten wird, und die Jugendmi-
nisterin tritt mit einer Kampagne »Keine Gewalt gegen Kinder« an die Öffentlichkeit. Justizministerin
Leutheusser-Schnarrenberger sagt, daß die bisheri-
gen Grenzen des elterlichen Erziehungsrechts, nach
denen lediglich »entwürdigende Maßnahmen« unzu-
lässig waren, Kinder nicht ausreichend vor elterli-
cher Gewalt geschützt hätten. So habe ein Gericht
sogar das Schlagen eines Mädchens mit einem Was-
serschlauch für zulässig gehalten. Die Ministerin:
»Gewalt beginnt nicht erst, wenn es weh tut.«
Der Terror in den deutschen Kinderstuben ist Politik, Sozialarbeit und deutscher Öffentlichkeit eigentlich schon lange bekannt. Warnungen hat es
viele gegeben. Zahlen und Statistiken beweisen die
Misere in den Familien immer und immer wieder –
nur an Hilfe hapert es weitgehend. Mitten auf dem
Höhepunkt der Diskussion um mißhandelte Kinder
platzt sogar die Ankündigung der Kölner Beratungsstelle für Kindesmißhandlung, man könne wegen
Arbeitsüberlastung ein Jahr lang keine neuen Fälle
mehr annehmen. Bundesjugendministerin Angela
Merkel erteilt daraufhin den Kölnern prompt eine
Schelte. Hundertfach hätte sie Rügen quer durch
die Bundesrepublik aussprechen können – in vielen
Kommunen fehlt es an Hilfe. Frau Merkel kritisiert
denn auch, daß die Städte und Gemeinden immer
weniger Mittel für die Jugendarbeit zur Verfügung
stellten.

82.000 Mädchen werden jährlich mißbraucht

Wer wissen will, unter welch einer Brutalität Kinder unter deutschen Dächern zu leiden haben, muß nicht einmal besonders aufmerksam die Tageszeitungen lesen – die Horrormeldungen sind einfach nicht zu übersehen: In München stirbt beispielsweise ein fünfjähriger Junge, weil seine Mutter ihn an einem Karabinerhaken an die Tür gehängt hat, um seine Körperhaltung zu verbessern. Als er Nasenbluten bekommt, klebt sie einen Helm mit Windeln luftdicht ab und setzt ihn dem Kind auf. Der Junge stirbt schließlich, als ihn seine Mutter würgt und er an Erbrochenem erstickt.

In einem Ort bei Dresden schnürt eine Mutter ihrer dreijährigen Tochter mit den Bändern der Mütze die Kehle zu. Bei Leipzig füttert eine Mutter ihren zweijährigen Jungen mit Götterspeise und Pflanzenschutzmittel – zwölf Stunden dauert der Todeskampf.

Der Geschäftsführer des Deutschen Kinderschutzbundes, Walter Wilken, fordert ein Verbot der Prügelstrafe gesetzlich zu verankern. »Die Grenze vom Schlagen der Kinder bis zur Mißhandlung ist fließend«, meint er. Unsichere wirtschaftliche Verhältnisse, Arbeitslosigkeit oder psychische Belastungen führten dazu, daß Eltern ihre Kinder als »Blitzableiter« benutzen.

Kein neues Thema, wie ein Blick in die vom »Weissen Ring« herausgegebene Publikation »Orientierungshilfen bei Kindesmißhandlung« von Günther Deegener beweist. »In einer Untersuchung wurden Ende der 70er Jahre 570 bundesdeutsche Familien mit Kindern im Alter zwischen 8 und 14 Jahren in

Hinblick auf die Häufigkeit harter Strafen untersucht. In diesen Normalfamilien berichteten rund ein Drittel der Eltern, ihre Kinder zu verprügeln, in zehn Prozent der Fälle geschah dies relativ häufig und unter Zuhilfenahme gefährlicher Gegenstände, Gürtel und dergleichen«, schreibt Autor Deegener. »In einer zweiten Studie wurden 38 Familien kontinuierlich über einen längeren Zeitraum untersucht: Sechzehn Prozent dieser Familien wiesen Gewaltprobleme gegenüber den Kindern auf. Dabei handelte es sich in den Studien nicht um die üblichen kleineren Erziehungskonflikte, in deren Verlauf Kinder den vielzitierten Klaps auf den Po bekommen, sondern um wiederkehrende, ausgesprochen angespannte Konfliktsituationen, in denen die Mütter sich nicht mehr zu helfen wußten und aus Ärger oder Ohnmacht ihre Kinder schlugen.«

Die Rohrstock-Prügelgeneration ist nicht ausgestorben, geschlagen und mißbraucht wird hinter den sauber gewaschenen Wohnzimmergardinen weiterhin recht kräftig. Die Mißhandlung von Kindern verteilt sich auch heute flächendeckend über die Bundesrepublik. Die Kriminalstatistik des Bundeskriminalamtes spricht für 1992 von 16.442 Anzeigen wegen sexuell mißbrauchten Kindern und 1.732 körperlich mißhandelten Kindern. Allerdings: Die Dunkelziffer ist nach Schätzungen von Bundesjugendministerin Angela Merkel zwanzigmal so groß. Fast jedes vierte Mädchen und jeder siebte bis elfte Junge werde im Laufe von Kindheit und Jugend sexuell mißhandelt.

Jedes zweite Kind wird gezüchtigt

Im Dezember 1992 veröffentlicht das Kriminologische Forschungsinstitut in Niedersachsen vorläufige Ergebnisse einer großen, repräsentativen Opferbefragung, die sich unter anderem auch mit dem Schicksal mißhandelter und sexuell mißbrauchter Kinder beschäftigt. Danach werden in der Bundesrepublik pro Jahr 82.000 Mädchen sexuell mißbraucht, 150.000 Kinder werden jährlich körperlich mißhandelt. In der repräsentativen Opferbefragung mit insgesamt 15.000 Personen in den alten und neuen Bundesländern werden 3.289 Personen im Alter zwischen 16 und 60 Jahren auch Fragen zur interfamiliären Gewalt und zu sexuellen Übergriffen gestellt.

Dabei wird – zur Erhöhung der Teilnahmebereitschaft – Anonymität für die Befragten sichergestellt: Sie erhalten einen Fragebogen ausgehändigt, den sie ohne Einfluß durch die Interviewer ausfüllen. Anschließend wird der Fragebogen in einen beigefügten Umschlag gesteckt und dieser versiegelt. Erst danach holte der Interviewer diesen Umschlag bei den Befragten ab.

Das Ergebnis ist überraschend. Zunächst einmal wird deutlich, daß die Rate der Personen, die in ihrer Kindheit körperliche Züchtigung durch ihre Eltern erfahren hat, in den letzten Jahrzehnten rückläufig ist. Ebenso ist die Rate der Personen, die von ihren Eltern körperlich mißhandelt wurden, zurückgegangen. Gleichwohl sind es in der Altersgruppe der 16-20jährigen immer noch 9,4 Prozent, in der Gruppe der 21-30jährigen 9,9 Prozent, die im Laufe ihrer Kindheit und Jugend mindestens einmal massive Gewalthandlungen seitens ihrer Eltern erlitten haben, die als Mißhandlungen zu qualifizieren sind (z. B. würgen, mit der Faust schlagen, Verbrennungen zufügen). Körperliche Züchtigungen haben in diesen Altersgruppen 68,7 Prozent bzw. 71,3 Prozent (von Ohrfeigen bis zum Schlagen mit Gegenständen) erlebt.

Es wird auch festgestellt, daß insgesamt 55,8 Prozent der Eltern irgendwann einmal ihre Kinder körperlich gezüchtigt haben. 1991 war dies nur bei 46,9 Prozent der Fall. 2,2 Prozent geben an, irgendwann einmal ihr Kind körperlich mißhandelt zu haben. 1,2 Prozent erklären, im Jahr 1991 mindestens eine mißhandelnde Verhaltensweise gegenüber dem Kind praktiziert zu haben. Die Kriminologen aus Niedersachen rechnen daraus hoch: »Bezieht man die Rate von 1,2 Prozent auf die Gesamtzahl aller Kinder unter 15 Jahren in der Bundesrepublik, so ergäbe dies eine geschätzte Anzahl von ca. 150.000 Kindern, die jährlich körperliche Mißhandlungen durch Eltern erleben.«

Zwischen 16 und 20 Prozent der Frauen in den alten Bundesländern sind in der Kindes- oder Jugendzeit mindestens einmal Opfer von sexuellen Übergriffen geworden; in den neuen Bundesländern ist diese Rate ähnlich. Für die Männer ist der Prozentsatz geringer, in den alten Bundesländern sind es zwischen sechs und neun Prozent, die ein solches Erlebnis mindestens einmal hatten.

Beschränkt man sich auf die Betrachtung von sexuellen Mißbrauchserfahrungen mit Körperkontakt, die im Alter bis zu 14 Jahren stattfanden, so finden sich in den alten Bundesländern zwischen 5 und 8 Prozent der Frauen, die als Kinder derartige Erlebnisse hatten. In den neuen Bundesländern sind es

2 bis 6 Prozent der Befragten. Erneut ist dieser Prozentsatz für Männer geringer, hier sind es zwischen 1,4 und 3,5 Prozent in den alten sowie 0,5 und 2,5 Prozent in den neuen Bundesländern.

Die Differenzen zwischen den alten und den neuen Bundesländern können – nach Meinung der Wissenschaftler – eventuell mit Unterschieden in den sozialen Rahmenbedingungen, unter denen Kinder in der früheren DDR aufwuchsen, erklärt werden. So war in der ehemaligen DDR das soziale Netz dichter, informelle wie formelle soziale Kontrolle höher und das Ausmaß der außerfamiliären Betreuung von Kindern größer.

Bei den Mädchen unter 14 Jahren sind in 21 Prozent der Fälle Väter oder Stiefväter die Täter. Fast jeder zweite Täter kommt außerdem aus dem sozialen Nahbereich des Opfers. Bei den Jungen sind Väter oder Stiefväter seltener Täter, hier ist der soziale Nahbereich der Bekannten mit 54,8 Prozent der entscheidende Faktor. Vergleicht man die Zahl der Täter aus der Familie mit bekannten Tätern außerhalb der Familie und unbekannten Tätern, so stellen die unbekannten Täter jeweils die kleinste Gruppe dar. Der größte Anteil liegt bei den Bekannten außerhalb der Familie.

Die Opferbefragung beschäftigt sich schließlich auch noch mit der Frage des elterlichen Züchtigungsrechts. Für völlige Abschaffung plädieren 25,8 Prozent. Fast jeder zweite Befragte meint, körperliche Strafen, die über einen Klaps hinausgehen, sollten nicht mehr erlaubt sein. Die Befragten in den neuen Bundesländern sind in geringerem Maße für eine absolute Abschaffung des elterlichen Züchtigungsrechts; für völlige Abschaffung sind 16,8 Prozent,

gegen körperliche Strafen, die über einen Klaps hinausgehen, sprechen sich 61,2 Prozent aus.

Immerhin: Rund 75 Prozent der Bürger in den alten
und neuen Bundesländern scheinen zumindest für
eine Einschränkung des elterlichen Züchtigungsrechts gegenüber der gegenwärtigen Rechtslage ein-
zutreten.

Sexueller Mißbrauch von Kindern

In Deutschland wird der Öffentlichkeit mit der Tötung des kleinen Tobias die Mißhandlung von Kindern spektakulär vor Augen geführt – weltweit erhalten die Kinderschützer Rückenwind, als Pop-Star
Michael Jackson kurz darauf im Herbst 1993 wegen
angeblichem sexuellen Mißbrauch ihm anvertrauter
Kindern in die Schlagzeilen gerät.

Schon länger beäugt die Erwachsenenwelt den Pop-
Star mißtrauisch, der sich auf einem Grundstück im
kalifornischen Santa Barbara erst das Kinderpara-
dies »Neverland« aufbaut und dann zu Kinder-Par-
tys en masse einlädt.

Der 13jährige Sohn eines Prominenten-Zahnarztes
bringt den Stein ins Rollen, als er sich einem Therapeuten anvertraut und von Liebkosungen des Pop-
Stars berichtet. Der Sozialarbeiter informiert Polizei
und Jugendschutz, und während sich der »König der
Kinder« auf Welt-Tournee befindet, durchsucht
man »Neverland« und Jacksons Stadtwohnung in
Los Angeles. Auf dem ersten Höhepunkt der Spe-
kulationen über das ungewöhnliche Sex-Leben des
Multi-Stars stellt sich zwar der Familien-Clan hinter
Michael Jackson und beteuert: »Michael ist das Op-

fer eines gemeinen Versuchs, Vorteile aus seinem Ruhm zu schlagen.« Aber: Immer mehr Eltern von angeblich mißbrauchten Kindern wie auch erwachsene Zeugen aus dem Umfeld des Sängers melden sich mit neuen Hinweisen zum Sex-Verhalten des 35jährigen.

»Manche Eltern der Jacko-Fans sind denn auch schwer beunruhigt«, schreibt der »Stern« und zitiert eine Mutter, die »durch die massiven Verdächtigungen unversehens in Erklärungsnotstand geriet«. »Ich habe neuerdings ein komisches Gefühl, wenn mein Sohn die Platten spielt. Da fragt mich mein Neunjähriger morgens, ›Mami, was ist sexueller Mißbrauch, das, was Michael macht?‹«

In der Tat ist das eine Frage, die sich eher die Eltern, als die Kinder stellen sollten. Die Berliner Initiative »KiZ – Kind im Zentrum e.V.«, die sozialtherapeutische Hilfen für sexuell mißbrauchte Kinder und ihre Familien anbietet, versteht darunter »sexuelle Handlungen an Kindern und Jugendlichen, die ihrem Entwicklungsstand nicht entsprechen und durch die soziale und kulturelle Tabus verletzt werden. Da die Kinder die Bedeutung und die Folgen dieser Handlungen nicht einschätzen können, kann ihnen die Entscheidung, ob sie daran teilnehmen wollen oder nicht, keinesfalls überlassen werden.

Sexueller Mißbrauch geschieht durch Erwachsene oder ältere Jugendliche, eventuell aber nicht notwendig unter Anwendung von Gewalt. Fast immer ist es eine dem Kind vertraute Person. Betroffen sind vor allem Mädchen, und die meisten Täter sind Väter, Stiefväter, Onkel, gute Freunde der Familie oder ältere Brüder (insgesamt etwa 95 Prozent der

Fälle). Es gibt jedoch auch einen überraschend hohen Anteil an Jungen, die zum Opfer werden. Manchmal sind es sogar Frauen, die auf diese Weise die Liebe und das Vertrauen von Mädchen oder Jungen ausnutzen. In aller Regel ist der sexuelle Mißbrauch kein einmaliges Ereignis, sondern entsteht in einem länger andauernden Prozeß, in dem aus manchmal zunächst harmlos erscheinenden Spielereien massive sexuelle Handlungen bis zum vollen, auch erzwungenen Geschlechtsverkehr werden können.«

Im Reigen der Jackson-Schlagzeilen wird auch bekannt, daß der Sänger offensichtlich Pyjama-Partys mit Kindern gefeiert hat. Manche Kinder haben offensichtlich mit Wissen der Eltern auch nachts in seinem Bett geschlafen – jeder angeblich auf seiner Seite. Bei einem normalen 35jährigen hätte sie schon etwas dabei gefunden, wenn der Sohn mit ihm in einem Bett schläft, meint eine Mutter, »aber bei Michael ist das etwas anderes«.

Es ist aber oft gerade eine Vertrauensperson, der Nachbar, der Freund, der gute Onkel und – wer den Kontakt hat – der prominente Star, die den Kindern an die Wäsche geht.

Der »Weisse Ring« klärt – wohl wissend um die Ahnungslosigkeit der Eltern – in seiner Vereinszeitschrift ausführlich über die Vorgehensweise potentieller Sexverbrecher auf, denn »es gibt sehr unterschiedliche Formen von sexuellen Übergriffen auf Kinder«:

1. Das Kind begegnet einem fremden Mann, der sein Glied vorzeigt.
2. Es bekommt pornographische Bilder und Filme vorgeführt.

3. Es werden ihm sexuelle Handlungen und Berüh-
   rungen aufgezwungen (viele dieser Täter sind
   Freunde, Bekannte, oder Verwandte des Kindes).
4. Das Kind wird – meist durch Bekannte, Verwandte oder den eigenen Vater – mit mehr oder
   weniger Gewalt zum Geschlechtsverkehr gezwungen.

Auch die Vorbereitung der Tat ist sehr unterschiedlich. Sie reicht von Versprechungen und Geschen-
ken über sanften Druck und das Ausnutzen von er-
zieherischen Abhängigkeitsverhältnissen bis hin zu
brutalen Mißhandlungen und sexueller Ausbeutung,
heißt es unter dem Titel »Schütz dein Kind vor Sex-
verbrechern!« weiter: »Die schwerwiegensten sexuellen Übergriffe geschehen durch Verwandte und
Familienangehörige des Kindes, weil das Kind in
solchen Abhängigkeitsverhältnissen in der Familie
machtlos ist, weil ihm häufig nicht geglaubt wird,
wenn es einen Täter aus diesem Kreis beschuldigt
und weil unter solchen Umständen die sexuellen
Übergriffe oft jahrelang unerkannt stattfinden können.«
Die Folgen solcher Taten sind für einzelne Kinder
sehr unterschiedlich und hängen auch davon ab, wie
gut ihnen beim Heilungsprozeß geholfen wird. Die
einzelnen oben genannten Sexualstraftaten wirken
aber auch generell sehr unterschiedlich auf die Kinder. Der »Weisse Ring«: »Wenn der Täter Gewalt
anwendet oder ein naher Verwandter ist, dann sind
die Verletzungen bei den Kindern in der Regel
schwerwiegend und langwierig. Im Vordergrund stehen meist die Verletzungen im Gefühlsbereich, also
im psychischen Bereich des Kindes.«

Die Opfer-Helfer aus Mainz haben ihre Warnhinweise vor allem für Eltern gemacht, die schließlich mit vernünftiger Sexualaufklärung dazu beitragen können, daß Kinder solche sexuellen Übergriffe nicht erleben oder daß die Folgeschäden möglichst gering gehalten werden. Die Tips:

1. Nehmen Sie sich viel Zeit für Ihr Kind. Sprechen sie mit ihm über seine Probleme und alltäglichen Sorgen. Das schafft Vertrauen und erleichtert es Ihrem Kind, über Erlebnisse zu reden, bei denen es Scham verspürt oder gar ein »schlechtes Gewissen« hat.

2. Klären Sie ihr Kind frühzeitig über Sexualität auf. Sprechen Sie im Rahmen der allgemeinen Sexualerziehung selbstverständlich und altersgemäß über sexuelle Vorgänge. Ihr Kind kann sich im Notfall wegen eines sexuellen Übergriffs nur an Sie wenden, wenn es bereits die Erfahrung gemacht hat, daß man mit Ihnen über »solche Sachen« sprechen kann.

3. Vermeiden Sie es, Ihrem Kind Angst vor »bösen Fremden« einzuflößen. Informieren Sie es über die möglichen sexuellen Übergriffe und vermitteln Sie Ihrem Kind, daß es gegenüber jedem Erwachsenen »nein« sagen darf, auch gegenüber Erwachsenen in der eigenen Familie. Dabei braucht das Kind aber ihre Unterstützung.

4. Achten Sie darauf, mit wem es Ihr Kind zu tun hat und wo es sich aufhält. Wenn Sie das Gefühl haben, daß es zwischen Ihrem Kind und einem Erwachsenen oder einem anderen Kind zu sexuellen Übergriffen kommt, dann bringen Sie Ihren Verdacht zur Sprache. Holen Sie bei Bedarf Rat bei einer Erziehungsberatungsstelle

oder bei den unten genannten Einrichtungen.
5. Auch wenn ein Kind über sexuelle Übergriffe
   schweigt – auffällige Verschlossenheit, aggressives oder betont sexualisiertes Verhalten, Eß- und
   Schlafstörungen, Schulschwänzen, Weglaufen
   oder ungewöhnliches Aus-dem-Weg-gehen gegenüber bisher vertrauten Personen können
   stumme Hilferufe sein.

Verjährungsfrist soll ausgesetzt werden

Was die Schlagzeilen über Musik-Mann Jackson in
den Blickpunkt der Weltöffentlichkeit rücken, ist als
Problem bei uns schon lange be- und erkannt. Im
Dezember 1992 kündigt Justizministerin Sabine
Leutheusser-Schnarrenberger bereits schärfere Gesetze gegen Kindesmißbrauch an. So werde die Verjährungsfrist aufgehoben, so daß Sexualstraftaten
bei unter 14jährigen noch zehn Jahre später ange-
zeigt werden können.
Eine ganz wichtige Gesetzesänderung, die auch
von der »Kampagne gegen Kinderprostitution« in
Osnabrück gefordert wird. Die Initiative, die vor
allem Öffentlichkeit für das Problem der sexuellen
Ausbeutung von Kindern in der Dritten Welt
durch Touristen herstellen möchte, schreibt allerdings dem Autor: »So fordern wir zum Beispiel,
daß bei Verbrechen gegen die sexuelle Selbstbestimmung von Minderjährigen die Verjährungsfrist
gänzlich ausgesetzt wird. Das Justizministerium
möchte, daß die Verjährungsfrist bei sexuellem
Mißbrauch erst ab 14 Jahren zu laufen beginnt, die
SPD möchte ein Aussetzen bis 18 Jahren. Dies lie-

ße einer Frau Zeit bis zum Alter von maximal 28 Jahren, wenn sie den Täter anzeigen möchte. Bekanntlich fällt es Opfern sexueller Gewalt in der Kindheit sehr schwer, gegen den Täter Anzeige zu erstatten. Erst zum Beispiel nach einer Therapie bringen sie die Kraft dazu auf, und sind dann häufig älter als dreißig Jahre. Vor kurzem schrieb eine heute dreißigjährige Frau, sie sei im Alter von acht Jahren von ihrem Vater mißbraucht und an andere Männer ›verliehen‹ worden. Diese Tat ist nach gültigem Recht verjährt.«

Diese Forderung macht Sinn. Immer wieder weisen Fachleute auf das Problem hin, daß sexuell mißbrauchte Kinder und Jugendliche erst nach Jahren fähig sind, sich einem anderen Menschen anzuvertrauen. Die Verarbeitung des Erlebten dauert oft Jahrzehnte.

Das zeigt sich auch in einem ganz besonders erschreckenden Fall von sexuellem Mißbrauch. Ein Pfarrer, Vorsitzender des Dekanats Bergstraße-Ost, hat zwei seinerzeit 14 und 16 Jahre alte Schwestern zwischen 1987 und 1990 bei zwei Reisen nach Rom sowie im Pfarrhaus und in einer Mühle sexuell mißbraucht. Die jungen Frauen haben die Erlebnisse trotz jahrelanger Psycho-Therapie bis zum Prozeß im August 1993 nicht überwunden. Beide habe sogar Selbstmordversuche unternommen.

Der 44jährige katholische Pfarrer wird vom Darmstädter Landgericht zu zwei Jahren Haft mit Bewährung verurteilt. Der Mainzer Bischof Karl Lehmann belegt den Priester außerdem »für lange Zeit« mit einem Verbot, als Seelsorger tätig zu sein und schickt den Priester in ein Kloster.

Erschreckend, daß sich immer wieder die mit der Betreuung der Kinder beauftragten Personen an ihren Schutzbefohlenen vergehen. In Herne mißbraucht beispielsweise eine Kindergärtnerin zwei Kinder. Mal muß sich ein 5jähriges Mädchen nackt auf zwei Stühle legen, und die Kindergärtnerin küßt es am ganzen Körper. Ein 5jähriger Junge muß sich ausziehen und die Frau küssen. Das Landgericht Herne verurteilt die Täterin zu zwei Jahren auf Bewährung.

Eine milde Strafe. Zu oft hat man das Gefühl, daß die Bestrafung der Täter keine große abschreckende Wirkung hat. Wie im Fall der Verurteilung eines Zuhälters in Bielefeld, der fünf junge Mädchen – darunter eine 12jährige – mit falschen Versprechungen von Polen und der Slowakei nach Deutschland lockt und sie hier in einem Bordell einsperrt und zur Prostitution zwingt. Der 33jährige Menschenhändler erhält nur 33 Monate Gefängnisstrafe.

Die Täter melden sich freiwillig

Vielfach findet der sexuelle Mißbrauch in den Familien selbst statt und kommt nur per Zufall heraus. Der Laborantin eines Fotogeschäftes ist es zu verdanken, daß eine 56jährige Düsseldorferin festgenommen werden kann, die von ihrer siebenjährigen Enkelin Pornofotos anfertigt. Während der Freund, ein 51jähriger arbeitsloser Handwerker, über das Kind herfällt, macht die Frau Aufnahmen von den gräßlichen Szenen. Die Fotolaborantin entdeckt die Abzüge davon bei der Entwicklung, alarmiert die Polzei, die beide Täter verhaftet. Die Mutter des mißbrauchten Kindes will von dem Martyrium ihrer Tochter nichts bemerkt haben.

Das ist in vielen Fällen ganz anders, stellt in der gleichen Stadt die Diakonie fest. In Düsseldorf läuft ein wichtiges Programm »Gewalt in der Familie«. Immer mehr Mütter melden sich dort und gestehen, daß ihre Kinder sexuell mißbraucht werden, immer mehr Väter geben hier zu, sich an ihren Kindern vergangen zu haben. Innerhalb eines Jahres werden so 329 mißbrauchte Kinder, davon mehr als die Hälfte unter 13 Jahren, gemeldet. Die Täter sind überwiegend die Väter oder die Lebensgefährten der Mutter. Fast jeder zweite Täter hat sich – wohl aufgrund der Besonderheit des Hilfsprogramms – selbst gestellt. Bei den Befragungen kommt auch heraus, daß der Mißbrauch meist ein Mehr-Generationen-Problem ist. Ein Drittel der Mütter von vergewaltigten Kindern wurde in ihrer Jugend ebenfalls mißbraucht. Beratungsstellen-Leiterin Elke Vogt: »Immer mehr Familien sind bereit, über sich nachzudenken. Sie wollen ihr Problem nicht länger verschweigen.«

Welchen Stellenwert der sexuelle Mißbrauch an Kindern und Jugendlichen in Wissenschaft und Forschung einnimmt, zeigt eine vom »Weissen Ring« in ihrer Mainzer Schriftenreihe veröffentlichte »Bibliographie zum sexuellen Mißbrauch an Kindern und Jugendlichen«: Auf rund 200 Seiten sind hier mehrere hundert Titel von Büchern und anderen Veröffentlichungen zu den Themen »Sexueller Mißbrauch an Kindern und Jugendlichen«, »Prävention bei sexuellem Mißbrauch«, »Sexueller Mißbrauch an Jungen«, »(Jugendliche) Täter und männliche Sozialisation« und »Weiterführende Literatur zum sexuellen

Mißbrauch« aufgelistet. Man kann also davon ausgehen, daß das entsprechende Fachwissen in stolzen Buchmetern gemessen werden kann.

Doch leider zeigt dieses Beispiel deutlich, wie weit Theorie und Praxis auseinanderklaffen, wenn es der Wissenschaft nicht gelingt, ihr Wissen auch der breiten Bevölkerung zu vermitteln. Und die Bundesbürger in ihrer Mehrzahl schließen schlicht und ergreifend die Augen, wenn sie bei Nachbarskindern Blutergüsse, offene Wunden und dicke Lippen als äußere Anzeichen von Mißhandlung sehen oder halten sich die Ohren zu, wenn über Sexspiele mit Kindern in der Nachbarschaft getratscht wird, gar die Schmerzensschreie mißhandelter Kinder hinüberdringen. Der Dunkelziffer-Quotient von eins zu zehn – auf einen angezeigten Fall sexuellen Mißbrauchs kommen etwa zehn nicht erkannte – fordert dazu auf, daß die Gesellschaft sensibler für die Belange der Kinder werden muß.

Als »Dorf der Kinderschänder« ist beispielsweise der 2400-Seelen-Ort Flachslanden bei Frankfurt zu trauriger Berühmtheit gelangt. Dort wird in erschreckender Deutlichkeit klar, was hinter deutschen Haustüren alles geschehen kann, wenn sich mehrere Menschen einig in ihren Interessen sind. Nachbarschaft wie Aufsichtsbehörden haben hier offensichtlich lange Zeit versagt. 20 Erwachsene werden in dem kleinen Ort festgenommen, die monatelang zwölf Kinder im Alter von zwei bis dreizehn Jahren mißbraucht haben sollen. Eltern, Tanten, Onkel und Nachbarn sollen an Sex-Orgien beteiligt gewesen sein, von denen angeblich bereits im Wirtshaus getuschelt worden ist. Erst als sich eines der Opfer einer Lehrerin anvertraut, fliegen die Machenschaften der Kinderschänder auf. Um die Schäden der kleinen Opfer zu begrenzen, entwickelt das Jugendamt Ansbach ein spezielles psychologisches Betreuungskonzept.

Frauen als Opfer von sexueller Gewalt

Wie groß das Leid der Kinder sein muß, die sexuell ausgebeutet und mißhandelt werden, kann man sich spätestens dann vorstellen, wenn man bedenkt, daß selbst erwachsene Frauen zu Tausenden und Abertausenden sexuellen Gewalttätern zum Opfer fallen – und die können sich ja, theoretisch gesehen, viel besser wehren, als kleine Kinder es je könnten.
Die Leidensgeschichte der Duisburgerin Silvia Kortz gehört zu den wohl schrecklichsten Beispielen, die die Kriminalistik im Bereich der Sexualstrafdelikte vorzuweisen hat. Silvia Kortz ist 16 Jahre alt, auf der Grenze zwischen Mädchen und Frau, als das Verhängnis beginnt.
Opfer-Dasein, 1. Teil: 1982 lernt sie über Bekannte den Unternehmer und mehrfachen Millionär Dieter Engelbrecht kennen. Sie wird von ihm als Kindermädchen angestellt, doch schon am ersten Abend fällt der 46jährige in seinem Haus in Neuss über sie her. Als sie sich wehrt, schleppt er sie in den Keller und wirft sie hier in ein Verlies unter dem Schwimmbad und kettet sie mit Eisenringen und Fußschellen an der Wand an.
Eine unvorstellbare, monatelang dauernde Tortur beginnt: Immer wieder wird das Mädchen von Engelbrecht und seiner Frau mißbraucht, zu übelsten Sexperversionen gezwungen, getreten, an der Leine

geführt – kurz: zu einem willenlosen, wehrlosen, hilflosen Geschöpf gemacht.

Die Großeltern, bei der die Jugendliche damals gewohnt hat, geben eine Vermißtenanzeige bei der Polizei auf. Aber da Silvia Kortz seit ihrer Kindheit als schwierig gilt, wird nicht intensiv nach ihr gesucht. 466 (vierhundertsechsundsechzig) Tage lang wird das Mädchen von den Engelbrechts gefangengehalten und mißbraucht. Ruhe hat sie nur, wenn die Kerkermeister oben im Haus eine Party feiern oder in den Urlaub fahren; dann wirft man ihr Lebensmittel für die Tage der Abwesenheit vor die Füße.

Nach Monaten bekommt sie ein Fernsehgerät – und sieht wie die TV-Kriminalisten jeden Fall lösen. Silvia Kortz: »Nur mich suchte keiner.«

Das Leben der Silvia Kortz ist eine Folter ohne Ende. Jeden Tag rechnet sie damit, ermordet zu werden: »Die müssen mich ja umbringen, dachte ich. Bei dem, was die mir antun, können die mich doch nicht laufenlassen. Ich hatte damals schon mit dem Leben abgeschlossen. Insofern lebe ich heute ein neues Leben.«

Doch Engelbrecht läßt sein Opfer gehen, setzt es in Hannover am Bahnhof ab und fährt zurück nach Hause. Der Sadist rechnet offensichtlich nicht damit, daß das Mädchen zur Polizei gehen und ihn anzeigen wird – und wenn: Wer würde der inzwischen 18jährigen schon eine solche Geschichte glauben? Silvia Kortz hat keinen Opferanwalt, keinen Ombudsmann (d.h. Opferfürsprecher), keinen Opferberater, wie es von Fachleuten der Opfer-Hilfsorganisationen schon seit Jahren gefordert wird, an ihrer Seite, als sie sich entschließt, erst zu einem Arzt und dann zur Polizei zu gehen. Ihr hilft niemand, und es beginnt das Opfer-Dasein, Teil 2, wie es Opfer-Helfern nur allzu bekannt ist.

Zunächst einmal glaubt ihr niemand die Story von der Entführung und der Sexfolter – die Polizei unterstellt der jungen Frau sogar, daß sie auf den Strich gegangen sei. Silvia Kortz heute: »Der Engelbrecht lief frei rum. Da bin ich ganz ausgerastet. Da muß man erst umgebracht werden, und dann wird was gemacht. Wäre ich die Tochter des Bundeskanzlers gewesen, ja, was meinen Sie, wie schnell da Leute die Villa duchsucht hätten. Also komme ich mir doch vor wie ein Mensch dritter Klasse.«

Zwei Wochen vergehen, bis sich endlich Beamte finden, die den Anschuldigungen von Silvia Kortz nachgehen, und die stellen entsetzt fest, daß ihre Aussagen stimmen. Dieter Engelbrecht gibt auch überraschend schnell zu, dem Mädchen die Narben und Tätowierungen – bis heute sichtbare Zeichen der Mißhandlung – beigebracht zu haben.

Das Opfer-Dasein nimmt seinen behördlich geregelten Lauf. Der Täter wird verhaftet, das Opfer wieder und wieder verhört. Silvia Kortz: »Aber daß mal einer zu mir kam und gesagt hat: Da haben wir verkehrt gehandelt, Entschuldigung oder so – nichts.«

Niemand von der Polizei, niemand von einer Sozialbehörde fragt: Können wir Ihnen helfen, brauchen Sie was, kommen Sie so klar – finanziell, beruflich, psychisch?

Silvia: »Die haben mir später noch Steine in den Weg geschmissen, haben mich schikaniert ohne Ende. Immer wenn ich was im Fernsehen oder in der Presse gesagt habe, dann ging das auf einmal. Ist schon merkwürdig.«

Silvia Kortz Leben nach dem Überleben ist überwiegend von neuer Pein geprägt. Sie hat keine Befreiung von ihren Qualen durch Therapie oder gute Taten beamteter oder freiwilliger Helfer, geschweige denn selbstlose Unterstützung unserer Gesellschaft erfahren. An Silvia Kortz Lebensweg zeigt die Gesellschaft ihre ganze unmenschliche Härte, und wie Opfer einfach links liegen, ja fallengelassen werden wie ein Stück Dreck.

Rechtsanwalt beleidigt das Opfer

So beginnt schließlich Teil 3 des Opfer-Daseins – der Prozeß. Die Täter behaupten, daß sich das junge Mädchen freiwillig an den sexuellen Perversionen beteiligt habe. Und der Anwalt des Angeklagten versucht alles, um diese Schutzbehauptung zu stärken. »Silvia faszinierte Sex. Bei dieser Faszination ist es nicht vorstellbar, daß sie nicht freiwillig mitgemacht hat. Sie war eine Versagerin – nur in Sachen Sex bot sie was«, fabuliert er da.

Als Dieter Engelbrecht und seine Ehefrau vor Gericht gestellt werden, bleibt die 18jährige weiterhin Opfer – diesmal das der Justiz. Niemand ist da, der sie vor den Attacken der Rechtsanwälte in Schutz nimmt. 80 Beweisanträge werden eingebracht, um die Mitschuld des Opfers zu belegen. Detektive suchen im Vorleben Silvias nach Hinweisen auf ein sexuell freizügiges Leben und präsentieren dann so lächerliche Beweise wie die Teilnahme der jugendlichen Silvia an einem Disko-Wettbewerb »Miss Busen«.

Aber wo Juristen ungestraft und ohne öffentliche

Rüge ihr unheimliches Insider-Spiel treiben, gelten eben andere Regeln – nicht die der Fairneß, Menschlichkeit und Achtung der Menschenwürde. Der Verteidiger eines Angeklagten darf heute immer noch unwidersprochen auf den Nerven und Gefühlen von Opfern herumtreten, als gelte es, das Opfer endgültig fertigzumachen.

Dann kommt das Urteil. Mit der Verurteilung von Dieter Engelbrecht zu zehn Jahren Haft (er erhängt sich) und seiner Frau zu sechs Jahren Gefängnis endet der Prozeß – doch für die junge Frau nicht das Opfer-Dasein. Die Verteidigung zieht sich in ihre feine Anwaltskanzlei zurück und tut so, als wäre nichts geschehen – kein Wort der Entschuldigung für ein Opfer, das man so barbarisch gequält und in psychische Not gebracht hat.

Teil 4 dieses Opfer-Lebens schreiben die Medien: Als »Sex-Sklavin Silvia« wird die junge Frau fortan tituliert, erlangt so in den bundesdeutschen und internationalen Medien geradezu eine traurige Berühmtheit. Eine Illustrierte kauft ihr die Rechte an ihrer Geschichte für 5.000 DM ab – so kann sie wenigstens den Anwalt bezahlen. Mit Prädikaten wie »Ruhrpott-Lolita« und »Früchtchen« wird sie in aller Öffentlichkeit diffamiert. Manchmal sind die Geschichten über ihr Leben so verdreht, daß »viele Verwandte nicht mehr mit mir gesprochen haben. Meine Mutter zum Beispiel, die hat Monate nicht mehr mit mir geredet. Die Presse hat da viel Unsinn geschrieben: Meine Mutter hätte sich nicht um mich gekümmert und, und, und.«

Opfer-Dasein, Teil 5, spielt sich schließlich in einer Ehe ab, die die Frau sehr bald nach dem Prozeß eingeht. »Ich wollte eine Familie haben, Kinder, um die ich mich kümmern konnte«, erzählt Silvia Kortz. In der Hochzeitsnacht lernt sie ihren Ehemann richtig kennen – er prügelt sie.

»Ich hatte eigentlich die Hoffnung auf eine schöne Ehe. Er akzeptierte meine Tochter, die nicht von ihm war, und so habe ich geglaubt, er liebt mich auch.« Von den sieben Jahren Ehe ist die Frau vier Jahre im Krankenhaus. Die Narben der Ehe: »Mein Kopf ist mit 32 Stichen genäht worden, ich hatte die Nase fünfmal gebrochen.« Sogar zu einer pornographischen Verfilmung ihres Lebens wird sie gezwungen. Und als sie ihn schließlich verlassen will, sperrt er sie ein. »Durch meinen Ex-Ehemann wurde ich drogensüchtig. Nachdem ich die Scheidung eingereicht habe, hat er mir Heroin gespritzt und hat mich halt so lange nicht aus der Wohnung gelassen, bis ich eben drauf war und mir das selber spritzen mußte.«

Teil 6 des Opfer-Daseins beginnt nach dieser Ehe. Zwei Entziehungskuren. Eine Verurteilung wegen Beleidigung der Polizei. Ein freiwilliger Aufenthalt in der psychiatrischen Klinik eines Landeskrankenhauses wegen inzwischen rund 20 Selbstmordversuchen.

Am 7. Teil dieses Opfer-Daseins haben schließlich Behörden wie das Versorgungsamt, aber auch Bonner Politiker ihren Anteil. Das Opfer, Silvia Kortz, würde sich »gern einen Tag lang mit einem Minister unterhalten, einen Tag nur. Wenn dabei nichts rumkommt, dann hat der se' nicht alle. Wenn der sich dann keine Gedanken darüber macht, wie man bei uns Opfer behandelt, dann hat der kein Gehirn in meinen Augen.«

Wer Silvia Kortz zum ersten Mal begegnet, glaubt

nicht, daß sie eine Frau ist, die ein solches Schicksal hinter sich hat. Viele wären daran sichtbar zerbrochen, psychisch zerstört, verbittert, menschenscheu geworden. Silvia dagegen ist offen, sympathisch, freundlich und kann lachen. Im Gespräch über ihr Schicksal spürt man allerdings das Leid aus vielen ihrer Worte – nur sind die meist sachlich formuliert. Ärger über den Staat, die Polizei, über Politiker, über all diejenigen, die ihr, dem Opfer, nicht geholfen haben.

Dabei hat sie sich eigentlich nichts anderes gewünscht als einen Menschen, der sie in den Arm nimmt und sagt: »Ich helfe Dir und ich kümmere mich darum, daß Dein Leben einigermaßen wieder in Ordnung kommt«.

Diesen Menschen hat Silvia nie kennengelernt: »Ich habe keine Therapie, keinen Arzt angeboten gekriegt, und es hat keiner gesagt zu mir: Silvia, wir lassen Dir die Narben wegmachen. Es gab auch keine Entschädigung. Wenn das mit dem Engelbrecht nicht gewesen wäre, hätte ich mit 17 eine Lehre machen können, konnte ich ja nicht.«

Die 120.000 Mark Schmerzensgeld, die ihr das Gericht zugesprochen hat, sind ihr bis heute nicht bezahlt worden: Die Firma des Täters machte pleite, der Täter beging Selbstmord und die ebenfalls verurteilte Ehefrau lebt heute irgendwo in Deutschland – angeblich ohne einen Pfennig Geld. Silvia: »Ich schätze mal, da ist viel Mist gebaut worden. Ich habe von dem Konkursverfahren in Engelbrechts Firma viel zu spät Bescheid gekriegt. Ich habe Gerichtsvollzieher losgeschickt, ohne Erfolg. Dann habe ich mich an den Staat gewandt.«

Zum Protest in die Bannmeile

In Bonn läuft sie in die Bannmeile des Bundestages und verteilt Handzettel, um auf ihr Schicksal, aber auch das der Opfer allgemein aufmerksam zu machen. Sie wird an den Petitionsausschuß verwiesen. Silvia: »Ich war da. Da war draußen Sturm und Regen, ich habe zwei Wochen im Bett gelegen anschließend. Ich hab noch vereinzelt Antwortbriefe vom Petitionsausschuß: ›Wir müssen noch beraten‹. Ein paar Monate später: ›Wir kommen noch zu keinem Entschluß‹, und, und, und. Ja, und dann haben die mich an den Weizsäcker weitergereicht und gemeint, ›So hilfsbedürftig sind Sie auch nicht‹. Und dann haben sie mir mitgeteilt, ich soll mich an den ›Weissen Ring‹ wenden. Der hat mir drei Wochen Urlaub in Spanien bezahlt.«

Es ist auch nie jemand von der Stadt Duisburg zu ihr gekommen und hat Hilfe angeboten oder versucht, gemeinsame Wege zu finden, wie sich die junge Frau in ihrem Alltag, mit ihren Kindern, im Beruf wieder zurecht finden könnte. Silvia Kortz versteht die Welt nicht mehr und hat dabei eine gute Idee: »Der Staat macht gar nichts. Der könnte mir doch zum Beispiel die 120.000 DM Schmerzensgeld vorschießen, die mir das Gericht zugesprochen hat, und sich dann bei den Tätern das Geld wiederholen. Der Staat hat doch viel mehr Möglichkeiten als ich. Aber dafür interessiert sich niemand.«

Sie ist auch zum Versorgungsamt gegangen: »Da wollte ich nach dem Opferentschädigungsgesetz Rente beantragen. Da war ich dann bei einem Arzt, der meinte: Mit den Narben, da können sie ja arbeiten gehen. Aber wie es in meinem Innern aussieht, daß ich jedes mal Streß auf der Arbeit habe, weil die mich erkennen, daran denken die nicht. Das ist denen im Grunde genommen egal.«

Die körperlichen Mißhandlungen durch die Sadisten Engelbrecht haben ihre Spuren hinterlassen, führen dazu, daß Teil 8 des Opfer-Dasein Tag für Tag präsent ist. Neben den seelischen Narben, von denen bis heute noch kein Therapeut richtig weiß, gibt es die sichtbaren. » Ich traue mich kaum zum Arzt zu gehen, weil ich ihm meine Narben von den Mißhandlungen auf der Brust nicht zeigen mag«, erzählt die Frau, »am liebsten würde ich mehrere BHs übereinander tragen«. Die Tätowierungen auf der Schulter hält sie immer sorgsam bedeckt.

Des Opfer-Daseins 9. Teil schließlich befaßt sich mit dem Versuch des Opfers, endlich zur Ruhe zu kommen. Sie hat – so scheint es – aufgegeben und hängt ihren Träumen nach. »Meine Kinder Stefanie und Dennis, sieben und acht Jahre alt, sind das einzige, was mich aufrechterhält. Sie leben zur Zeit im Kinderheim. Damit die von dem ganzen Theater nichts mitbekommen. Ich sehe sie jede Woche, und ich hoffe sie kommen bald für immer nach Hause.«

Eine Gerichtspsychologin, mit der sie gesprochen hat, meint, Silvia hätte das alles so gut verkraftet, weil sie noch so jung gewesen sei.

Aber ist das normal? Ob Tag, ob Nacht, die heute 27jährige trägt – wie andere in ihrem Alter die Puderdose – immer eine Waffe bei sich: »Ich habe immer ein Messer bei mir. Ich würde ohne mit der Wimper zu zucken zustechen, wenn mir heute jemand Unrecht tut. So fühle ich mich leichter, die haben mich so erniedrigt. Wenn ich merke, da will einer Macht ausüben, dann flippe ich aus. Dann wehre ich mich mit Händen und Füßen.«

Silvia hat auch Probleme mit den Männern, die sie kennenlernt. »Deshalb hält auch keine Beziehung länger. Und deshalb habe ich auch gesagt, ich lasse es sein. Ich habe Probleme, eine Zutrauens- und Vertrauensbasis zu schaffen. Ich habe mir auch abgewöhnt, in die Disko zu gehen, weil es ewig nur das gleiche ist.«

Eine Therapie möchte sie machen, vielleicht auch eine Kur, »damit man mal hier wegkommt«. Eigentlich möchte sie auch den Stadtteil in Duisburg, in dem sie schon seit ihrer Kindheit wohnt, für immer verlassen. »Am besten in einer ganz anderen Stadt leben, von vorne anfangen, irgendwo. Das könnte man machen. Also das wäre praktisch wie eine neue Identität, daß man wieder so in eine neue Haut schlüpfen kann und wieder von vorne neu anfangen kann.«

Sie weiß nicht, ob sie Hoffnung haben kann, daß sie ihr Leben einmal in den Griff bekommt. »Ich weiß es nicht, ich bin ja für ewig geprägt. Das ist ja nicht damit getan, daß ich das miterlebt habe, sondern ich kann keine vernünftige Beziehung führen, ich habe keine vernünftige Arbeit und, und, und.«

Opfer-Dasein, Teil 10, kann noch nicht geschrieben werden. Hoffentlich gelingt dem Opfer nicht eines Tages einer ihrer Selbstmordversuche, mit denen sie offensichtlich – »vielleicht unbewußt« – auf ihr Schicksal aufmerksam machen möchte. Es ist anzunehmen, daß niemand der Behördenvertreter, Sozialarbeiter, Politiker und Polizisten an ihrem Grab stehen und sagen würde: Daran haben wir auch einen Teil Mitschuld...

Eine kaputte Jugend. Ein 466 Tage dauerndes Martyrium. Eine verhängnisvolle Ehe. Keine richtige Ausbildung, kein richtiger Job. Eine erbarmungslose Presse. Menschenunwürdige Gerichtsverhandlungen. Monate der Sucht. Immer wieder Nächte voller Alpträume. Und eine große Sehnsucht nach der helfenden Hand. Das ist das Leben der Silvia Kortz bis zum heutigen Tag. Wer mag ihr noch helfen?

In einer Fernsehsendung fragte der Moderator Silvia Kortz: »Gibt es denn jetzt jemanden, der sich um Sie kümmert, der Sie stärkt?«

Silvia: »Nein, das einzige, was ich habe, sind die Kinder, und mit dem Rest muß ich alleine fertig werden.«

Eigentlich möchte sie ein ganz normales Familienleben führen, nichts besonderes. Vielleicht einen Kiosk oder eine Trinkhalle besitzen oder irgendetwas anderes. Eine recht bürgerliche Existenz möchte sie leben, vor allen Dingen mit ihren beiden Kindern. Silvia: »Ich weiß nicht, irgendwas einfaches möchte ich mir aufbauen. Auf einem kleinen Dörfchen, wo mich keiner kennt, auch wenn es eine kleine einfache Hütte ist. Da würde ich mit meinen Kindern leben, meinen Frieden, Feierabend haben. Mehr will ich gar nicht. Ich will gar nicht reich sein. Normal will ich leben, meine Ruhe haben, wie jeder andere Mensch auch. Aber das ist wohl nicht mehr möglich.«

Was mag nur in einer Frau wie Silvia Kortz vorgehen? Welches ungeheure Leid hat sich in ihr angesammelt? Nachempfinden können das vermutlich nur Menschen, die selbst Opfer geworden sind und unter den Folgen zu leiden haben.

»Die Todesfallen der modernen Frau: U-Bahn,

Park, Telefonzelle«, titelt die Zeitschrift »Bunte« im Juli 1993 und zitiert Opfer, die Übergriffe überlebt haben, und beschreibt, welche Konsequenzen das für ihr Leben hat. Eine 30jährige Frau aus Berlin wird in einer Mai-Nacht von einem jungen Pärchen überfallen, zu Boden geworfen, ins Gesicht geschlagen und beraubt: »Der Mann trat mir mit seinen Cowboy-Stiefeln so lange in den Bauch, bis ich meine Handtasche losließ. Seitdem gehe ich abends nicht mehr allein vor die Tür.« Eine 31jährige aus Frankfurt wird nachts in einem S-Bahn-Tunnel von drei Männern überfallen: »In der Mitte des Tunnels blieben sie stehen. Einer knöpfte seine Hose auf und pinkelte mir vor die Füße. Es war widerlich. Trotzdem blieb ich cool, sagte: Was soll das, du Ferkel? Er sagte nichts, holte nur kurz aus und schlug mir die Faust ins Gesicht. Ich rannte, so schnell ich konnte. Seitdem fahre ich nur noch Auto.«
Eine 24jährige wird in Bonn von einem Sexualtäter in einer Telefonzelle eingesperrt. Ein vorbeigehender Rentner mit einem Schäferhund rettet die Frau. Ein Unbekannter vergewaltigt eine 44jährige Frau abends in einem Aufzug eines Kreuzberger Hauses in Berlin. Zwischen dem zweiten und dritten Stock drückt der Mann, der mit seinem Opfer den Lift benutzt, auf den Nothalt, reißt ihr die Kleidung auf und fällt über sie her. »Dabei hielt er mir ein Klappmesser an die Kehle. Seitdem fahre ich nicht mehr Fahrstuhl. Ich werde das Gefühl, jemand steht hinter mir, nicht mehr los.«

Mißhandlung im eigenen Schlafzimmer

Nicht nur Fremde fallen über Frauen her. Schon 1990 meldete die »Frankfurter Rundschau«: In den Schlafzimmern wird oft häufiger geprügelt als geliebt. Die Zeitung legt damit ein Problem offen, über das nicht gern gesprochen wird: Mißhandlung und Vergewaltigung in der Ehe.
Nicht ohne Grund gibt es heute in der Bundesrepublik mehrere hundert Frauenhäuser, in denen die Opfer wenigstens vorübergehend Sicherheit und Ruhe vor ihren rabiaten Männern finden können. Die meisten der Frauen sind Mütter, die sich mit ihren Kindern in die Frauenhäuser retten. Eine Untersuchung der Düsseldorfer Landesregierung im Jahre 1990 ergibt, daß nicht nur die Frauen mißhandelt werden, sondern daß auch mehr als jedes zweite Kind körperlich und seelisch mißhandelt, vernachlässigt oder sexuell mißbraucht wird. Darüberhinaus haben 80 Prozent der Kinder fast täglich miterleben müssen, wie ihre Mütter gedemütigt und mißhandelt werden. Das führt bei den Kindern zu Schlaf- und Eßstörungen, Verzögerungen in der Sprachentwicklung, hoher Krankheitsanfälligkeit und zu auffälligen Verhaltensstörungen. Ilse Ridder-Melchers, die NRW-Gleichstellungsbeauftragte, stellt gleichzeitig fest, daß in den meist völlig überfüllten Frauenhäusern, die von den Behörden eher geduldet als großzügig gefördert werden, diese Entwicklungsschäden nicht zu heilen seien: »Die finanzielle Ausstattung der Frauenhäuser läßt in der Regel gezielte pädagogische Maßnahmen nicht zu.«
Seitdem ist es in den deutschen Frauenhäusern und bei den Opfer-Hilfsorganisationen – zumindest fi-

nanziell – nicht unbedingt besser geworden. Die allgemein schlechte Haushaltslage der Kommunen führt verstärkt dazu, daß die Sozial-Budgets gekürzt werden – oft zum Nachteil der Opfer-Helfer. Dabei sind gerade sie der letzte rettende Anker, wenn einen Menschen die volle Härte eines Verbrechens trifft wie im Fall Silvia Kortz, oder wenn psychotherapeutischer wie praktischer Beistand für mißhandelte, mißbrauchte, vergewaltigte Frauen angesagt ist. Wenn Fachleute sich um die Betroffenen kümmern, können sie sinnvoll Hilfe leisten und aus den Opfern Handelnde machen, die das Erfahrene aktiv zu bewältigen versuchen.

Zahlreiche Opfer von Sexualdelikten trauen sich nicht, zur Polizei zu gehen. Viele erstatten erst nach Wochen der Angst, Zweifel und Trauer eine Anzeige gegen den Täter. Dabei treffen sie nicht selten auf Polizeibeamte, die auf die Vernehmung von Vergewaltigungsopfern nicht vorbereitet, dafür nicht geschult sind. Bis zu vier nervenaufreibende Vernehmungen muß ein Opfer oft über sich ergehen lassen – die letzte findet vor Gericht statt, wobei nicht selten erbarmungslos in der Seele des Opfers gewühlt wird. Im Angesicht des Peinigers, meist ganz allein auf sich gestellt, muß das Opfer noch einmal alle Details des Ablaufs der Vergewaltigung wiederholen.

Vom Ex-Freund vergewaltigt

Hilfsangebote gibt es jedoch zu wenige. Die »Hanauer Hilfe«, eine Beratungsstelle für Opfer und Zeugen von Straftaten, schildert beispielsweise in ei-

nem Jahresbericht, wie sie einer 30jährigen Frau, die von ihrem früheren Freund vergewaltigt worden war, geholfen hat: »Eine Frau, ca. 30 Jahre alt, sucht die Beratungsstelle auf. Sie wirkt sehr unsicher und deutet an, sie wisse nicht mehr weiter. Im Verlauf des ersten Gesprächs entsteht sehr schnell eine vertraute Situation, und die Frau schildert ihr Problem: Sie wurde vor ca. 4 Wochen von einem Mann schwer verletzt, der versuchte, sie zu vergewaltigen. Der Mann war ein früherer Freund von ihr, der sie schon mehrmals bedroht hatte und damit zwingen wollte, zu ihm zurückzukommen. Bei einem Gespräch in ihrer Wohnung, wo sie ihm erklären wollte, daß die Beziehung endgültig vorbei sei, geriet er sehr in Rage, schlug sie mehrmals und versuchte schließlich, sie zu vergewaltigen. Durch ihre starke Gegenwehr entstanden schwere Verletzungen wie Rippenbrüche, Prellungen, Blutergüsse.«
Weiter heißt es: »Die Frau lag danach einige Tage im Krankenhaus, wo sie auf ein Plakat der Hanauer Hilfe aufmerksam wurde, und suchte danach unsere Stelle auf. Sie hatte bisher nur mit ihrer Freundin über das Ereignis gesprochen, in der Furcht, Mitschuld oder leichtsinniges Verhalten unterstellt zu bekommen. Die Freundin hatte ihr geraten, den Mann anzuzeigen; aber sie selbst war sich sehr unschlüssig. Die Frau schilderte ihre psychisch schlechte Verfasssung in der Zeit nach der Tat. Gefühle wie Angst und Erniedrigung herrschten noch vor; sie war ratlos. Im Gespräch erörterten wir die Möglichkeiten, durch ein Gespräch zwischen den Beiden das Erlebte aufzuarbeiten oder gegen den Mann Anzeige wegen Körperverletzung und versuchter Vergewaltigung zu erstatten. Die Frau äußerte, ein Ge-

spräch oder eine Einigung mit dem Mann, der ihr das angetan habe, sei unmöglich für sie. Ebenfalls habe sie Angst, bei der Polizei Anzeige zu erstatten, weil sie befürchtete, man glaube ihr nicht, da es ja in ihrer Wohnung passiert sei. Hier boten wir die Möglichkeit der Begleitung zur Polizei an.

Des weiteren rieten wir ihr, einen Rechtsanwalt zu nehmen, um sich über ihre rechtlichen Möglichkeiten (richterlicher Beschluß, der dem Mann untersagt, ihre Wohnung zu betreten, Schmerzensgeld usw.) zu informieren. Diesen Rat schloß sie zunächst für sich aus, da sie halbtags berufstätig ist, ein geringes Einkommen hat und glaubte, keinen Rechtsanwalt bezahlen zu können. Wir informierten sie über Beratungshilfe und Prozeßkostenhilfe und nannten ihr nach Absprache mit dem Anwaltsverein zur Auswahl zwei Adressen von einem Rechtsanwalt und einer Rechtsanwältin. Da die Frau äußerte, große Schwierigkeiten in Zweierbeziehungen und ihrem Trennungsverhalten, insbesondere in Hinblick auf ihren früheren Freund zu haben, besprachen wir die Möglichkeiten, sich einer Selbsthilfegruppe für mißhandelte Frauen oder einer Gesprächsgruppe für Frauen in Trennungssituationen anzuschließen und eventuell eine psychologische Beratungsstelle oder eine Therapeutin aufzusuchen. Wir teilten der Frau eine Kontaktadresse mit und boten an, Kontakte herzustellen, was sie sofort annahm. Außerdem informierten wir noch über Leistungen des Opferentschädigungsgesetzes.

Die Frau wollte sich alle möglichen Schritte noch einmal überlegen und suchte uns eine Woche später wieder auf. Mittlerweile hatte sie sich mit einer Rechtsanwältin besprochen (Beratungshilfe wurde bewilligt) und hatte sich entschieden, Anzeige gegen den Mann zu erstatten, wobei sie dringend um unsere Begleitung bat. Diese gewährten wir ihr, und die Anzeigenaufnahme verlief für die Frau befriedigend ab. Sie war danach sehr zufrieden, den Schritt getan zu haben, um hiermit eine Gegenwehr zu demonstrieren, zu der sie früher nicht fähig war.

Wir sprachen über die in einigen Monaten bevorstehende Verhandlung, die sie mit Schrecken auf sich zukommen sah, und in der ihre Doppelbelastung als Opfer/Zeuge besonders zum Tragen kommen wird. Durch Schilderung der Vorgehensweisen bei Gericht und des Prozeßverlaufs sowie durch unser Angebot der Begleitung und Unterstützung versuchten wir, ihre Angst vor der Verhandlung abzuschwächen. In der Zeit bis zur Verhandlung blieben wir trotz der erfolgten Weitervermittlung noch Anlaufstelle für die Frau, da sie sich von Zeit zu Zeit über die Entwicklung ihres ›Falles‹ mit uns austauschen wollte und teilweise persönlichen Beistand und Stabilisierung suchte.«

Hilfe tut nicht nur den Betroffenen gut, Unterstützung durch Organisationen wie der »Hanauer Hilfe« tut auch not.

3. KAPITEL

PROMINENT UND VERZWEIFELT

Ingrid Steeger ist eine deutsche Prominente. Seit sie vor nahezu zwei Jahrzehnten in der Nonsens-Revue »Klimbim« über den Bildschirm ulkte, ist sie dem deutschen Fernsehzuschauer als eine Schauspielerin bekannt, die immer für einen Spaß und ein bißchen komischen Sex-Appeal gut ist. Doch seit vielen Jahren ist es ruhig um die Schauspielerin geworden. Mal spielt sie für die Öffentlichkeit eine Nebenrolle im ZDF-Vierteiler »Der große Bellheim«, mal eine Hauptrolle als Ehefrau im Leben des Sioux-Indianers Tom La Blanc aus US-Dakota.

Schlagzeilen, mehr als ihr lieb sind, macht sie erst wieder, als sie sich, jetzt 44 Jahre alt, als Opfer »outet«. Margarethe Schreinemakers, die SAT 1-Talkerin, hat im Archiv ein lang vergessenes Interview mit Ingrid Steeger gefunden, in dem sie über schlimme Erfahrungen ausgepackt hat: drei Vergewaltigungen.

Die Vergangenheit holt die Schauspielerin live wieder ein. Obwohl sie sich innerlich dagegen sträubt, tritt sie vor die Kamera und erzählt – auf wenige Talk-Minuten gerafft – von den schrecklichsten Erfahrungen ihres Lebens. »In den nächsten Tagen sind die Boulevardzeitungen voll mit der ›erschütternden Lebensbeichte eines Sexopfers‹. Ihr Anrufbeantworter quillt wie in besten Zeiten vor Angeboten über: Talk mit Erika Berger, Talk mit Alice Schwarzer, Talk mit Alfred Biolek«, schreibt die Autorin Ann Thönnissen.

Das war vorherzusehen. Denn Ingrid Steeger hat das Pech, prominent zu sein. Wenn dieses Prädikat mit einem Opfer-Erlebnis gekoppelt werden kann, ist die Mischung komplett, über die man in jedem Blatt der Bundesrepublik gern schreibt, und die man dem Fernsehzuschauer zur Feierabendunterhaltung serviert. Viele haben das erfahren müssen:

- Werner Biskup, der frühere Fußballspieler, gerät in die Schlagzeilen, weil er als Alkoholiker nachts auf Parkbänken schläft und keinen Tag ohne eine Flasche Wodka leben kann.
- »Schlabber-Wangen und Doppelkinn – Cher hängt durch«, diese Spott-Zeilen muß die 47jährige Sängerin und Schauspielerin Cher zusätzlich zu den Folgen einiger Schönheitsoperationen ertragen.
- Monica Seles, der bei einem Tennisturnier in Hamburg von einem Zuschauer ein Küchenmesser in den Rücken gestoßen wird, und die jedes Interview zu dem Geschehen und den Folgen ablehnt, muß lesen, daß »nachts die Angst kommt, ihre Hände zittern«. Da weiß die Zeitung, die das berichtet, mehr als die Hamburger Staatsanwaltschaft. Der 39jährige Täter kann nicht wegen versuchten Totschlags vor Gericht gebracht werden, weil das prominente Opfer sogar die Anfragen der Staatsanwälte zur Schwere ihrer Verletzungen erst gar nicht beantwortet.
- Ja: Selbst Marilyn Monroes Schicksalsgeschichten – von der Vergewaltigung bis zum Selbstmord –

werden noch Jahre nach ihrem Tod immer und immer wieder in aller Öffentlichkeit ausgebreitet.

»Nicht selten neigen überregionale Zeitungen dazu, Ober- und Mittelschichtsopfern besondere Aufmerksamkeit zu schenken oder sich gar auf sie zu konzentrieren«, stellt Prof. Dr. Günther Kaiser vom Max-Planck-Institut für ausländisches und internationales Strafrecht auf einer Jahrestagung »Opferhilfe in Europa« in Mainz fest, »das gilt besonders bei vermuteter Prominenz des Opfers«.

Aber auch viele andere bleiben nicht verschont: Wer nicht prominent ist, der wird als Opfer durch das Ereignis, durch die spektakulären Umstände des Geschehens prominent gemacht. Kaiser wissenschaftlich: »Grundsätzlich läßt sich feststellen, daß eher schwere Delikte mit sozial hochstehenden Tätern und weiblichen Opfern die größte Wahrscheinlichkeit für sich haben, von der Presse aufgegriffen und berichtet zu werden sowie eine mehr sensationelle Darstellung zu erfahren.«

Eine Geiselnahme, ein Terroranschlag, ein Großunglück, ein bestialisches Verbrechen – das sind die Dramen, die das Leben schreibt und wo sich Opfer finden lassen, die von einer Sekunde zur anderen im Blickfeld der Öffentlichkeit stehen und mit den Anforderungen, Angeboten und Verlockungen der Medien meist nicht umgehen können. Manche Opfer werden mit ein paar 1.000 DM für einen Exklusiv-Vertrag geködert. Anderen wird mit guten Worten im richtigen Moment die Story entlockt. Selten allerdings, daß in einem solchen Augenblick jemand wirklich an das Opfer denkt – und hilft.

Opfer benötigen einen Manager

Viele Opfer benötigten eigentlich vom ersten Moment ihres Opfer-Daseins einen PR-Berater und Manager, der ihnen hilft, daß nicht nur die Interessen der Öffentlichkeit, sondern vor allem auch ihre ureigenen Anliegen – Schutz ihrer Menschenwürde beispielsweise – berücsichtigt werden: Stellungnahmen des Opfers zum Tathergang dürfen nicht verfälscht wiedergegeben werden, weil sie später in einem möglichen Prozeß gegen sie verwandt werden. Die psychische Verfassung des Opfers sollte nicht noch zusätzlich durch erbarmungslose Ausfragerei und den sich daran anschließenden »Medien-Rummel« geschwächt werden. Die wirtschaftlichen Interessen des Opfers sollten bedacht werden, denn ein Exklusiv-Vertrag für die Lebensgeschichte eines Opfers wie Silvia Kortz aus Duisburg für 5.000 DM ist angesichts der Brisanz der Story und der miserablen finanziellen Situation des Opfers schon fast Ausbeutung. Und auch die Reaktion der Öffentlichkeit – der Fremden wie der Bekannten – auf Äußerungen und Handeln des Opfer sollten im Gespräch mit der betroffenen Person in aller Ruhe erörtert werden. Eine falsche Medienberichterstattung kann schnell aus einem Opfer einen Täter oder auch nur eine »unerwünschte Person« machen. Und schließlich ist auch an die nächsten Verwandten, Freunde und Bekannte, Arbeitskollegen und Arbeitgeber zu denken, die gerade bei spektakulären Ereignissen fast immer von den Geschichten, die das Opfer erzählt, betroffen sind und von denen das Opfer schließlich auch mal mehr, mal weniger ›abhängig‹ ist – es muß mit ihnen den Rest seines Lebens verbringen.

Welche Bedeutung die Medien und ihre Berichterstattung für das Opfer haben, läßt sich schon daran
erkennen, daß der »Weisse Ring« nicht nur eine Untersuchung zum Thema anregte und finanziell för-
derte – es fand sich sogar das renommierte Max-
Planck-Institut für ausländisches und internationales
Strafrecht in Freiburg im Breisgau, um »Das Bild
des Opfers in der Kriminalitätsdarstellung der Medien« zu untersuchen.

Hier kam man sehr schnell u.a. zu dem Ergebnis,
daß die Täter weitaus öfter als die Opfer in den
Schlagzeilen vertreten sind. Allerdings beschränkte
sich die Forschungsgruppe Kriminologie des Max-
Planck-Instituts auf eine Analyse der Printmedien.

Um aber heute einen umfassenden Einblick nehmen
zu können, müßten eigentlich vor allem jene Medien untersucht werden, die gern und ausführlich
Opfer-Storys veröffentlichen: Fernsehmagazine wie
»Explosiv« und Talkshows jeder Couleur, Boule-
vard- und Yellow-Press-Blätter wie auch Illustrierte.

Ob »Bild«, »Bunte« oder »Boulevard Bio«,
»Abendzeitung«, »Stern« oder »Schreinemakers
live«, »Express« oder »Ich bekenne mich« – sie und
noch viele bunte Bilder-Blätter und Menschen-Ma-
gazine beschäftigen sich gern mit dem Schicksal von
Opfern, gleich ob von Verbrechen, Katastrophen,
Unglücken oder gesellschaftlichem Fehlverhalten.

Als Geiselopfer berühmt geworden

Ein Beispiel dafür ist Ines Falk. Die junge Frau gehört nun schon seit Jahren zum festen Bestandteil der
Opfer-Berichterstattung. Wann immer vor Fernseh-

kameras über Opfer gesprochen wird – meist wird die Bremerin eingeladen. Ines Falk war mit Silke Bischoff befreundet, die 1988 beim »berühmten« Gladbecker Geiseldrama im letzten Gefecht zwischen Polizei und Tätern erschossen worden war. Beide Mädchen waren von den Tätern, Rösner und Degowski, als Geiseln genommen und mit vorgehaltener Pistole quer durch die Republik gefahren worden.

Die Täter versuchen zunächst, in einer Gladbecker Bank im Ruhrgebiet Geld zu erbeuten. Doch dabei werden sie von der Polizei überrascht. Auf der Flucht, die mehrere Tage dauert, nehmen die beiden brutalen Männer insgesamt 30 Geiseln gefangen. Die meisten werden wieder freigelassen – zwei junge Menschen überleben die Gewalttat nicht. Neben Silke Bischoff wird, fast vor laufender Fernsehkamera, denn die Geiselnahme entwickelt sich zu einem herausragenden Medienereignis, der kleine Italiener Emanuele de Giorgi erschossen. Seine Schwester Tatiana erleidet erhebliche psychische Dauerschäden, ist lange Zeit apathisch und depressiv, nachdem sie zusehen muß, wie dem fünfzehnjährigen Bruder die Pistole an die Schläfe gehalten und eine Kugel durch den Kopf geschossen wird.

Ines Falk sitzt später zusammen mit Silke im Fluchtfahrzeug der Täter, als sie auf der Autobahn von der Polizei gestoppt werden und sich eine Schießerei zwischen den Beamten und den Gangstern entwickkelt. Silke Bischoff stirbt. Für Ines Falk bedeutet der Verlust der Freundin damals »das Schlimmste, was geschehen ist; als die Schüsse gefallen sind und die Lage so aussichtslos aussah, wo man halt dachte, da kommt man nicht mehr raus. Solche Sachen, die vergißt man nicht so schnell.«

Ines Falk lernt gerade den Beruf einer Verkäuferin in einem Zooladen in Bremen. Am Tag der Geiselnahme will sie sich mit ihrer Freundin Silke, die sie schon seit dem siebten Lebensjahr kennt, einen gemütlichen Abend machen und sich gemeinsam einen Videofilm ansehen. Silke holt sie von der Arbeitsstelle ab, sie steigen in einen Bus – und werden von einer Minute auf die andere Geiseln gewalttätiger Männer. Ines Falk berichtet später: »Am Anfang haben Silke und ich diese Situation nicht richtig wahrgenommen, muß ich ganz ehrlich sagen. Wir haben zwar gedacht, gut, da sind jetzt welche, die bedrohen uns mit Waffen. Wir wußten aber nicht genau, ob die nun jetzt auch wieder rausgehen aus dem Bus oder ob die uns tatsächlich mitnehmen. Das war so der Anfangsgedanke: Was wollen die überhaupt hier drin? Richtig Angst bekommen haben wir eigentlich erst nach der Ermordung des kleinen Emanuelle. Da wußten wir, das es sehr ernst war. Wir haben uns dann gedacht, daß wir eher freundlich und nicht hysterisch werden und uns tatsächlich noch mit denen unterhalten, damit uns nichts passiert.«

Silke stirbt. Ines überlebt. Die Zeit nach der Geiselnahme, die Tage wieder daheim in Bremen, verbringt Ines Falk fast nur zuhause: »Meine Familie hat richtig gut reagiert. Sie haben mich ziemlich abgekapselt von Reportern und dem Drumherum, was alles geschah. Ich habe zwei Wochen nicht gearbeitet und dann fiel mir irgendwie die Decke auf den Kopf. Ich wollte mein altes Leben wieder anfangen, und bin dann halt auch wieder arbeiten gegangen. Auf der Arbeit haben mich natürlich die Kunden darauf angesprochen, und zum Anfang war es ziemlich schwierig, darüber zu reden. Aber so lange sie die Erschießung und das von Silke nicht erwähnt haben, ging es eigentlich.«

Zunächst hilft die Familie, die schlimmen Erfahrungen zu vergessen, dann – so erzählt Ines weiter – »mein jetziger Mann, mit dem ich damals schon befreundet war. Die haben mir also sehr viel dabei geholfen. Mein Hausarzt hat viel dazu beigetragen, daß ich wieder ein bißchen Boden unter den Füßen gekriegt habe. Er hat auch gemeint, daß ich zum Psychiater gehen sollte. Aber ich fühlte mich irgendwie noch nicht im Stande, mich Fremden so zu öffnen, wie ich das in meiner Familie konnte. Bei meiner Familie konnte ich losweinen, konnte mich so geben, wie ich war. Ich konnte das irgendwie nicht, zum Psychologen gehen.«

Ines Falk, so sagt sie heute, hat damals nur eins gewollt: »Ich habe mir gewünscht, mein altes Leben wieder zurückzuhaben, so wie es vorher war. Und das habe ich dann auch krampfhaft versucht und habe aber dadurch auch das Reden ziemlich oft vergessen, obwohl es besser gewesen wäre. Und irgendwie wollte ich auch den anderen Leuten damit nicht andauernd auf die Nerven gehen.«

Ines Falk heiratet, bekommt ein Kind, versucht sich in einem Familienleben zurechtzufinden. Dann, nach zwei Jahren findet der Prozeß gegen die Geiselnehmer statt. Für das Opfer bedeutet das alles »irgendwie noch mal das gleiche erleben wie damals, nur daß es nicht mit Schießerei und mit Tod zu tun hat. Es ist halt das seelische Aufbrausen und die Täter wieder sehen und da alleine zu sitzen«.

Die alten Wunden werden erbarmungslos aufgerissen. Im Gerichtssaal, wo sie die Hauptzeugin der

Anklage ist. In den Medien wird das Geiseldrama wieder in allen Einzelheiten geschildert. Und es wird über ein ganz anderes Opfer namens Ines Falk, inzwischen als Ines Voitle verheiratet, berichtet. Die »Neue Rhein/Ruhr Zeitung« schreibt empört über die »vergessenen Opfer der Gewalt«: »Die Geisel Ines Voitle, Silke Bischoffs beste Freundin, bekam Weinkrämpfe als ein Rösner-Verteidiger die ängstliche, verstörte, stockende junge Frau auseinandernahm: ›Ich sehe mich außerstande, auch noch ihrer Gesichtsmimik hinterherzulaufen!‹ Ines Voitle sah sich trotz einer Psychotherapie außerstande, auch nur eine Nacht ohne Alpträume zu schlafen.«

Welle der Sympathie für die Opfer

Geiselnahme ist eine besonders grausame Variante des Opfer-Daseins. Und Geisel-Opfer wie Ines Falk werden fast automatisch auch zu Prominenten. Das ist dann manchmal doppelter Schmerz: Diese Menschen erleiden nicht nur Schaden an Leib und Seele während des Geschehens, sie müssen nicht nur die Tat selbst verarbeiten, sondern vielfach auch noch mit einem Presse-Echo fertigwerden, das hart in ihr Privatleben eingreift.

Nach der ersten Welle gutgemeinter Berichterstattung reagiert die Öffentlichkeit nach den Erfahrungen von Kriminalisten und Opfer-Helfern manchmal gereizt auf das Verhalten der Opfer. »Während man das Opfer zunächst bedauert, daß ihm diese schlimme Straftat zugestoßen ist, kann man nicht verstehen, weshalb es nicht bald wieder in der Lage ist, ein ›normales‹ Leben zu führen«, schreibt Evelyn

Tampe, Autorin des Buches »Verbrechensopfer –
Schutz, Beratung, Unterstützung«. »Da sind zum
Beispiel die Opfer von Geiselnahmen bei Flugzeug-
entführungen oder Banküberfällen. Während die
Öffentlichkeit durch die Berichterstattung in den
Medien oft ›hautnah‹, aber ungefährdet das Geschehen verfolgt, schlägt den Opfern von allen Seiten eine Welle der Sympathie entgegen. Sind sie der Katastrophe dann mit heiler Haut entkommen, so erfahren sie noch einige Zeit lang das ganze Mitgefühl
ihrer Umwelt durch Briefe, Anrufe, Besuche und
Interviews in den Medien. Spätestens beim nächsten, spektakulären Ereignis versiegt das Interesse,
und man geht zur Tagesordnung über. Das Opfer
bleibt allein zurück und hat nun die größten Probleme, mit dem Trauma der Geiselnahme, aber auch
mit der Erfahrung der Popularität fertigzuwerden.
Oftmals entlädt sich die psychische Anspannung in
körperlichen Erkrankungen. Nicht selten schließen
sich Alkohol- oder sonstiger Drogenmißbrauch an.
Häufig zerbrechen Partnerschaften und Familien als
Folge der Persönlichkeitsveränderung des Opfers.
In dieser Situation wendet sich die ›öffentliche Meinung‹ nicht selten vom Kriminalitätsopfer ab mit der
Bemerkung: Also jetzt könnte er langsam wieder
normal werden. So schlimm kann das ganze ja nicht
gewesen sein. Er wurde nicht verletzt und das Honorar für die Zeitungsinterviews müßte ihn für seine
Angst ja längst entschädigt haben.«

Die Leiden des »Engel von Mogadischu«

In der Tat ist es oft so, daß »Scheckbuch-Journalisten« – wie sie in der Branche mit leichtem Widerwillen genannt werden – Opfergeschichten ankaufen, vor allem um sich einen Vorsprung vor der Konkurrenz und Exklusivität zu sichern.

Gabriele von Lutzau, bundesweit als »Engel von Mogadischu« bekannt, ist eines jener Opfer, die ihre Rechte an der Opfergeschichte abgetreten haben. Ihr Arbeitgeber, die Deutsche Lufthansa, hat ihr empfohlen, mit der Hamburger Illustrierten »Stern«, damals ein Flaggschiff engagiert-seriöser Berichterstattung, zu kooperieren.

Es ist ja auch eine »heiße« Geschichte, die Gabriele von Lutzau, damals noch ledig Gabriele Dillmann, zu erzählen hat: Im Oktober 1977 wird die Lufthansa-Maschine »Landshut« auf ihrem Flug von Palma de Mallorca in die Bundesrepublik von einer Gruppe der PLO nahestehender Terroristen entführt. Drei persische Staatsangehörige, die 23jährige Soraya Ansaryen, die 22jährige Reza Abbas, der 30jährige Shahnaz Gholam, und ein 27jähriger Holländer namens Johannes Wetenkamp Geradus wollen mit dieser Geiselnahme die Freilassung von Mitgliedern der Baader-Meinhoff-Bande aus dem Gefängnis erpressen. Bei einem Zwischenstop in Aden erschießt einer der Hijacker den Flugkapitän Jürgen Schumann mit einem Schuß in den Kopf.

Erst auf dem Flughafen der somalischen Hauptstadt Mogadischu endet das Terror-Drama: Eine Sondereinheit des Bundesgrenzschutzes, die GSG 9, stürmt die Maschine. Die GSG 9-Spezialisten bringen an der Boing 737 in der Dunkelheit der Nacht Sprengstoff an. Durch ein Landemanöver eines anderen GSG-9-Flugzeugs werden die Entführer abgelenkt. Die Sprengsätze werden gezündet. Die Türen fliegen auf. Blendmunition detoniert. Drei Entführer werden erschossen, eine Terroristin überlebt schwer verletzt.

Als die Geiseln und ihre Befreier mit einer Sondermaschine der Lufthansa auf dem Frankfurter Flughafen eintreffen, warten nicht nur die Angehörigen und eine Ehrenkompanie von Politikern auf sie. Es spielen sich auch Szenen ab, die der »Zeit«-Redakteur Rudolf Walter Leonhardt »schnell vergessen möchte«: »600 Journalisten stürzen sich auf 60 Geiseln, von denen zehn aussagefröhlichere sich bald besonderer Beliebtheit erfreuen. Danach die Telefonate: ›Frau X. konnte ich nicht kriegen, die hat die Dingsda-Illustrierte schon gekauft.‹ Danach im Airbus Frankfurt – Hamburg: elf Geiseln umlagert und von allen Seiten photographiert…«

Was sollen die Opfer dagegen tun? Selbst die Journalisten können ja nicht anders, als so zu handeln. Ihre Redaktionen erwarten nun einmal einen umfassenden Bericht über die Erlebnisse der Geiseln – und vor allem auch die lieben Leserinnen und Leser, die lieben Fernsehzuschauerinnen und Zuschauer. Kurz: Wir alle wollen doch wissen, was mit den 86 Geiseln in der »Landshut« seit dem Start auf Mallorca bis zum Ende des Irrflugs über dem europäischen, afrikanischen und Mittelmeer-Luftraum und schließlich bei der Befreiung auf dem Flughafen in Mogadischu in Somalia geschehen ist.

Manchen Geiseln geht es sicherlich so wie Gabriele von Lutzau in der ersten Zeit: »Ich war so damit beschäftigt, erst einmal wieder normal denken zu können. Ich befand mich wie in einem rosa Watte-Wust, Schäfchenwolken um mich herum. Alle waren meine Freunde. Alle waren glücklich mit mir, daß ich überlebt hatte. Ich habe um mich die Realität gar nicht mehr gesehen, habe immer milde gelächelt. Der erste Schock kam, als mir eine blöde Lufthansa-Sekretärin schrieb, sie fände es miserabel, wie ich mich in der Presse in den Vordergrund geschoben hätte. Da bin ich aufgewacht, habe gedacht: Moment, ich habe doch nichts gemacht.«

In der Tat kann die Stewardess nichts dafür, daß sie Medien-Schlagzeilen macht: »Die eine Kollegin war Norwegerin, die andere Österreicherin, und die waren weg. Ich war die einzige, die da war und wurde interviewt.« Die Stewardess Gabriele Dillmann hat überdies während des Geiseldramas nichts anderes getan, als den Passagieren geholfen, sie getröstet, in den Arm genommen. Vielleicht, weil sie sich durch diese Aktivitäten auch selbst helfen konnte. Untätig dazusitzen liegt ihr nicht. Sie muß etwas tun. Sie glaubt heute, daß ein Erlebnis wie dieses eigentlich in der Situation nur zum Vorschein bringt und verstärkt, was sowieso in einem steckt: besonders große Angst, die Bereitschaft zu helfen oder einfach nur Passivität: »Ich fühlte mich gebraucht, konnte Spannungen abbauen. Ich war in dem Moment nicht so sehr Opfer. Ich bin natürlich auch ein Mensch mit einem Herzen so groß wie Kanada. Ich bin auch ein körperlicher Mensch und nehme die Leute in den Arm, und die haben dann nach der Befreiung halt von mir erzählt.«

Für die Weltpresse eine Heldin

Die Presse hat – neben den GSG 9-Helden – auch noch ihre Heldin. Die Passagiere empfinden die Hilfsbereitschaft der Stewardess als außergewöhnlich. Ihre Fürsorge wird von allen und in aller Öffentlichkeit als herausragende Tat anerkannt. Gabriele Dillmann geht – ohne ihr Zutun – gar als »Engel von Mogadischu« in die Annalen des Flugterrorismus ein.

Der Exklusiv-Vertrag mit dem »Stern« bringt – neben einem Honorar – vor allem auch etwas Ruhe vor allzu großem Medienrummel um ihre Person. Nur eine andere Illustrierte setzt noch einmal zum großen Lauschangriff auf ihr Privatleben an und stellt »einen Fuß in die Tür meiner Oma, und die Reporter fragten diese liebenswerte Frau aus. Sie sagte in ihrer Ahnungslosigkeit, daß ich schwanger war, nach dem Motto ›nicht verheiratet, aber ein Kind‹. So landete ich dann doch auf anderen Titelseiten«.

Die Medien, so sagt sie heute, waren für sie – trotz einiger schlechter Erfahrungen – weniger ein Problem, auch wenn sie sich erinnert, daß sie einmal ein Interview mit dem Hinweis abgelehnt hat, sie hätte doch nur ihre Pflicht getan: »Am nächsten Tag stand dann auf der Titelseite ›Interview mit dem Engel von Mogadischu: Ich habe doch nur meine Pflicht getan‹. Wochenlang wurde mein Haus belagert. Ich habe mich nicht mehr vor die Tür getraut. Ich habe mich da draußen so schutzlos und verletzbar gefühlt. Das hat zu einem richtigen Isolationsproblem geführt.«

Aber das alles hält sie heute nicht für das Schlimmste: »Viel schlimmer war, was die Medien ausgelöst haben: Das Bekanntsein. Manchmal haben mich Leute aus der Schulzeit angerufen, die ich damals schon nicht leiden konnte. Sie hatten offensichtlich eine ganze Gesellschaft eingeladen, die zuhörte: Ja Gaby, wie geht's denn, erzähl' mal… Ich wurde auf Partys eingeladen, wo sich dann alle versammelt haben und hören wollten: Wie war das denn als Geisel. Dann steht man da mit zitternder Unterlippe, überlegt sich: Brech' ich jetzt in Tränen aus oder mache ich irgend 'ne blöde Bemerkung. Meist habe ich dann gesagt, daß ich darüber nicht mehr spreche. Und dann waren alle fürchterlich enttäuscht. Und dieses ›Nicht um meiner selbst Willen gemocht werden‹, daß sich fremde Leute mit mir als Feder schmücken wollten, hat mich völlig verunsichert. Auf einmal hatte ich das Gefühl, keine Freunde mehr zu haben. Ich glaubte, nicht mehr mit der mir angeborenen Offenheit auf die Leute zugehen zu können, sondern ich hatte immer das Gefühl, daß sie mich eigentlich nur mögen, weil ich mal in der Zeitung gestanden habe. Man wird völlig mißtrauisch. Darunter habe ich lange Zeit gelitten.«

Ein Opfer wird zum Engel hochstilisiert, so sehr, daß sie glaubt, daß »mich das vermutlich noch im Alter an der Schnabeltasse verfolgen wird«. Als der jungen Frau, sie ist gerade 23 Jahre, das von einer Kollegin zum Vorwurf gemacht wird, »brachte mich das in die Realität zurück. Ich war völlig orientierungslos. Ich merkte, ich war ein sehr verängstigter Mensch«.

Gabriele von Lutzau erinnert sich: »Ich zog zu meinem Freund, meinem heutigen Mann. Ich konnte nicht mehr allein sein. Ich hatte Halluzinationen:

Ich sah Flugzeuge, die flogen am Himmel und explodierten dann in der Luft. Ich habe das nicht in Frage gestellt, sondern gedacht: Ja, das Flugzeug ist runtergefallen. Irgendwann habe ich dann meinen Freund gefragt: Das ist doch nicht richtig explodiert. Und der hat mir dann gezeigt, daß es weiterfliegt. Da habe ich gedacht: So, das ist wunderbar, jetzt bist du verrückt.«

Man muß Gabriele von Lutzau persönlich erleben, um beurteilen zu können, wie sie das meint. Die heute 38jährige Mutter von zwei Kindern lebt in Michelstadt im Odenwald und macht den Eindruck einer fröhlichen und – landläufig würde man sagen – patenten Frau, die dabei ist, sich als Bildhauerin einen Namen zu machen: riesige blaue Herzen, ein großer Schutzengel, kräftige Wächterfiguren aus Holz. Eine Münchner Galerie zeigt ständig Objekte von ihr, darunter Schmuck und auch besonders ausgefallene Möbel – Stühle, Eckregale.

Die »Kulturblaubeeren haben mir sechs Jahre meines Lebens die wundervollsten Blaubeeren geliefert. Dann sind sie eingegangen. Ich konnte sie nicht wegschmeißen. Dann habe ich die Sträucher bis auf die Wurzelballen reduziert und angemalt wie Wichtelmännchen.« Jedes Stück ihres Objektschmucks hat eine Geschichte: Da gibt es den Splitter eines Möbelstücks aus Auckland, die Langustenschale vom Indischen Ozean, den Kletterrosenstock aus Straßburg. Echte Straußeneier belegt sie mit Blattgold, modelliert im Inneren ein Herz: »Für mich ist ein Ei das perfekte Symbol des Lebens. Und es ist etwas sehr Zerbrechliches und innendrin ist etwas sehr Wertvolles.«

Eine Künstlerin voller Kontraste. Mal arbeitet sie

mit zartem Blattgold oder kleinstem Edelmetall, dann zeigen ihre Werke in natura Größe. Manche Objekte hat sie aus riesigen Baumstämmen herausgearbeitet. Wo ihre Kraft nicht reichte – eine Hand wurde bei einem schweren Autounfall in Neuseeland schwer verletzt – greift sie zur Kettensäge. Mit der Bildhauerei hat sie sich »etwas von der Seele gearbeitet«. Die Kunst ist ihr Ausgleich zum Mutter- und Hausfrau-Dasein – »man kann ja nicht nur immer Kinder kriegen«. Ihre Erfahrungen als Geiselopfer hat sie auch plastisch verarbeitet – die Wächterengel aus Holz.

»Ich bin ein barocker Mensch. Ich habe mit Ton angefangen, aber Ton ist so eine matschige Sache. Ich arbeite lieber mit Holz. Es ist etwas sehr sinnliches, lebendiges, weibliches. Es arbeitet noch nach Jahren. Es ist kein totes Material. Es kommt aus dem Schoß der Erde. In meiner Seele ist die Erde.«

Die Ruhe, die Sicherheit, die sie heute ausstrahlt, besaß sie lange Zeit nach dem Terrorakt nicht. »Eine Fehlzündung eines Autos, und ich zitterte.« Nur gut, daß ihre beruflich-wirtschaftliche und private Beziehungssituation gut gelöst ist. Aus einer Fluguntauglichkeitsversicherung erhält die damals 23jährige Stewardess 15.000 DM. Die Lufthansa zeigt sich – ein gutes Beispiel für Arbeitgeber anderer Opfer – großzügig und bietet ihr an, sich eine Stelle irgendwo am Boden auszusuchen. Fünf Monate kann sie erst einmal bezahlten Urlaub machen. »Dann war ich noch jung verliebt, so schnell konnte ich gar nicht gucken, da war ich frisch verheiratet und wurde schwanger.«

Ex-Geiseln schicken Urlaubskarten

Niemand kommt nach ihrer Befreiung auf die Idee, daß der offensichtlich so starke »Engel von Mogadischu« vielleicht selbst einen rettenden Engel, vielleicht eine Psychotherapie, nötig haben könnte. »Ich selbst bin auch gar nicht auf die Idee gekommen.« Sie bemerkt nur, daß sie sich innerhalb weniger Tage verändert hat. Vor der Entführung ist sie »viel quirliger, lebendiger. Mit der Geiselnahme verschwindet die Oberflächlichkeit. Hauptsache Spaß, habe ich vorher gedacht. Ich wurde auf diesem Flug erwachsen.«

Ein Wissenschaftler bittet sie irgendwann, ihm bei einer Studie über Geisel-Opfer zu helfen, sich interviewen zu lassen: »Ich wurde erst nach Damp 2000, dann noch einmal in eine Kurklinik eingeladen, wo eine schreckliche Atmosphäre herrschte. Dann wurde alles aus mir herausgezerrt und nach ein paar Tagen wurde ich nach Hause geschickt. Und dann kam ich zuhause an, war noch ein wenig mehr durcheinander und habe gezittert. Die Seele lag offen, und dann hieß es ›Tschüß‹. Ich hatte das Gefühl, von jemandem wie von einem Vampir ausgesogen zu werden. Vor dem dritten Interview ging ihm das Geld aus, und als der Forscher später weitermachen wollte, habe ich nicht mehr mitgemacht.«

Gelegentlich begegnet sie noch anderen Opfern des »Landshut«-Fluges. Jahrelang erhält sie zu Weihnachten und aus dem Urlaub Postkarten von ehemaligen Geiseln, die sich ihr besonders verbunden fühlen – Schmerz und Leid ketten aneinander. Manche Erinnerungen an das Geiseldrama schocken sie noch immer gewaltig. »Neulich stand ich beim Spargelschälen in der Küche. Dort habe ich ein kleines Fernsehgerät, weil ich bei der Hausarbeit in meiner kleinen, häßlichen Küche nicht so ausgegrenzt sein will. Und dann sehe ich Hans Meiser in RTL im Gespräch mit Opfern in seiner Talkshow. Und da war eine der Schönheitsköniginnen, die damals auch als Passagiere im Flugzeug waren. Das Mädchen war damals ein ganz verschrecktes, liebes, süßes Ding. Mit ganz angstvollen Augen. Und ich schäle hier meinen Spargel und, schluck, dann fragt Meiser sie, ob sie denn auch etwas Positives über ihre Erfahrungen während der Geiselnahme berichten könne. Und dann sagt sie, das wäre ich gewesen. Da ist mir der Spargel aus der Hand gefallen, und der Spargelschäler polterte hinterher. Ich brach in meiner Küche in Tränen aus. Es ist alles... es ist alles... es berührt noch so sehr, vor allem so eiskalt erwischt beim Spargelschälen.«

Die Erlebnisse als Geisel lassen Gabriele von Lutzau nicht zur Ruhe kommen. Als der »Stern« Mitte 1993 noch einmal bei ihr für seine letzte Seite »Was macht eigentlich...« hereinschaut, fotografiert er die Künstlerin bei der Bildhauerei mit der Motorsäge und fragt nach den Langzeitfolgen für Opfer. »Ich lasse mich nicht von Ängsten beherrschen«, sagt sie, »nur manchmal erschrecke ich noch, wenn ein Sektkorken aus der Flasche oder eine Tür knallt.«

Doch es gibt auch noch ein ganz anderes, deutlicheres Beispiel dafür, daß ein Opfer, das so viel wie Gabriele von Lutzau mitgemacht hat, nie vergessen wird: Sie hat keine Angst vorm Fliegen, fliegt sogar oft. »Aber neulich hatte ich wieder ein Erlebnis, da habe ich wieder gedacht: Es geht wirklich nicht spurlos an dir vorbei. Auch wenn man jahrelang denkt, es ist geschafft. Ich bin nach Berlin geflogen. Ich hatte vorher etwas von der RAF gelesen und von Drohungen, daß man möglicherweise wieder ein Flugzeug entführen will. Da dachte ich die ganze Zeit dran. Hinter mir saßen drei Männer in einer Reihe. Kaum war die Maschine in der Luft, setzte sich ein Mann neben mich und sah mich intensiv an. Dann drehte er sich zu den Männern hinter mir um und sagte: Alles klar bei euch. Die sagten: Alles klar. Dann holte er sein Jacket, legte das auf den Sitz neben mir und in diesem Moment war mir völlig klar, was der vorhatte. So, das ist jetzt eine Entführung. Die sichern das hinten ab, die anderen vorne. Dann sah mich der Mann so intensiv an – wahrscheinlich wollte er nur mit mir reden und in die Augen sehen – aber in dem Moment war für mich ganz klar, unter der Jacke ist eine Pistole, es geht wieder los. Am Flughafen wurde ich von Freunden abgeholt. Ich habe nur gezittert, und mir vorgenommen, nie wieder zu fliegen. Doch dieser Vorsatz hat nur drei Tage gehalten, ich mußte ja wieder heim. Später stellte es sich heraus, es waren Sportler, die nach Berlin geflogen sind. Daß es mich so trifft, daß ich dann kaum noch atmen kann, das hätte ich nie für möglich gehalten.«

Einen Wegwerf-Menschen erschießen

Niemand kann sich vorstellen, was Geiseln empfinden, die tage-, wochen-, monate- oder gar jahrelang ständig in der Furcht leben, ermordet zu werden, und die unter unmenschlichen Bedingungen dahinvegetieren müssen. Nur selten ist ein Mensch, der solch schreckliche Erfahrungen gemacht hat, später in der Lage, zum Beispiel im Fernsehen in Details von den Schreckenserlebnissen zu berichten. Die Erinnerungen sind meist so furchtbar, daß man das Geschehene am liebsten für immer aus seinen Gedanken verdrängen möchte. Manchmal gibt es allerdings Ausnahmen – wie in dem französischen Fernsehfilm »Ich war eine Geisel«.

Ein Mann, der mehrere Jahre in einem Gefängnis schiitischer Fundamentalisten in Beirut gefangen gehalten wurde, berichtet: »Die ersten Monate unserer Haft waren die schlimmsten. Wir waren in einem Keller eingesperrt. Er maß 2 Meter mal 1,50 Meter. Wir waren angekettet. Die Fenster waren mit einer sehr sorgfältig angebrachten Blechplatte verdunkelt. So überaus sorgfältig, daß es uns absolut unmöglich war, das Tageslicht zu sehen. Aber dennoch konnte eine Schraube, die nicht ganz fest angezogen war, einen, aber wirklich nur einen ganz kleinen Schimmer, ein Lichtstrahl so groß wie eine Stecknadel durchdringen lassen. Das war sehr wichtig für uns. Ich glaube, für die Geiselnehmer gehörte dieses totale Nichts zu einem System, das sehr, ich will nicht sagen ausgearbeitet war, aber letztlich doch durchdacht war, um zu wissen, daß es uns zu gefügigen Wesen macht, zu irgendwelchen Bündeln, Objekten, zu einer Sache. Das ist für eine Geisel nur logisch, denn im Endeffekt dient sie ja dem Tauschhandel.

Eins war selbstverständlich strengstens verboten, seine Augenbinde nicht zu tragen. Man mußte sie immer tragen. Immer, wenn sie kamen, hatte man sie auf den Augen, sonst trugen wir sie auf dem

Kopf, auf der Stirn. Ich glaube, die Augenbinde diente in Wahrheit dazu, uns infantil zu machen, uns zu verkindlichen. Wenn man eine Augenbinde trägt, ist man total abhängig und ist wie ein Kind. Man bekommt die Nahrung gebracht. Ich glaube, das gehörte alles zu der Absicht, uns zu Objekten zu machen, und unser Menschsein, unsere Eigenschaft als Mensch verlieren zu lassen. Vom Intellekt her, so glaube ich wenigstens, hätte ich das ausgehalten. Aber der Körper, der Körper rebelliert. Man kann nicht unbegrenzt gegen die schlechte Behandlung kämpfen, gegen den Mangel an Licht, gegen die schlechte Ernährung, gegen die Isolation. Und man kann nicht unbegrenzt gegen den Kummer und die Hoffnungslosigkeit kämpfen. Man hat nur bestimmte Kapazitäten an Widerstandskraft und die verringern sich.«

Nicht weniger grausam sind die Erfahrungen einer Geisel, die im Dezember 1975 bei der Zugentführung südmolukkischer Unabhängigkeitskämpfer in Holland dabei ist: »Ich wurde zu dem Gang zwischen den Waggons geführt und mußte so mit gefesselten Händen stundenlang stehen. Irgendwann stellte sich einer von ihnen vor mich hin. Minutenlang. Sah mich an, ohne etwas zu sagen. Einige Stunden später stand er wieder vor mir und sagte. ›Es ist jetzt Zeit, ein Stoßgebet, dein letztes Gebet zu sprechen.‹ Da wußte ich, daß sie mich ausgesucht hatten, um mich zu erschießen.

In diesem Moment fühlst du Panik und hast das Gefühl: Ich will nicht, noch nicht, nicht vor ihren Augen als Mensch zusammenbrechen. Und genau das wollen sie. Weil es einfacher ist, jemanden zu erschießen, den sie als Wegwerf-Menschen betrachten, als jemanden, der aufrecht stehenbleibt. Und wenn man dann genug Zeit hat, wird man schließlich sogar ganz ruhig. Ganz, ganz ruhig. Man bekommt einen inneren Frieden, den man zuvor noch nie gehabt hat und auch danach nie wieder findet. Man akzeptiert, daß das Ende kommt.

Morgens, um halb acht, banden sie mich los. Ich konnte kaum noch stehen und sagte: ›Ich muß mit jemandem reden, denn ich habe eine Nachricht für meine Frau.‹ Ich sprach mit einer anderen Geisel über meine Frau, über meine Familie. Ich sagte, welche Nachrichten ich für sie hatte, wie unser Leben gewesen war und auch, wie ich gelebt hatte und ob er ihr das überbringen wollte. Ich hatte eigentlich gar nicht mitbekommen, daß sie – nun, es wurde ihnen unangenehm. Sie konnten es nicht mitanhören und verschwanden, einer nach dem anderen. Nur einer der Geiselnehmer blieb bis zum Ende und sagte dann ein bißchen verlegen: ›Ach, es sind noch andere da, die vor Ihnen sterben können.‹

Tja, und dann wurde es ein wenig zu einem Lotteriespiel, zu einem sehr seltsamen Lotteriespiel, das damit endete, daß sie neben mir stehenblieben und auf den Mann zeigten, der mir gegenüber saß. Ich hatte ihn in den vergangenen zwei Tagen kennengelernt. Und ich sehe noch die Verwunderung in seinem Gesicht, als er mit seinem Finger auf seine Brust zeigt und fragt: ›Ich?‹

Ja, er. Sie haben ihn mitgenommen und ihm die Hände auf den Rücken gebunden. Er durfte vorher noch zur Toilette gehen. Dann brachten sie ihn an das andere Ende des Zuges. Das Seltsame ist, daß ich nicht erleichtert war, nicht in dem Moment. Das Seltsame ist, daß ich sogar für einen Moment das

Gefühl hatte, aufstehen und sagen zu wollen, daß ich meinen Frieden mit der Welt gemacht hätte: ›Nehmt mich, laßt ihn gehen.‹ Aber dann dachte ich, das geht nicht. Ich habe auch eine Familie. Ich habe Frau und Kinder, die auf mich warten. Ich werde gebraucht.

Naja, was will man – der Mensch ist eine ganz seltsame Mischung. Für mich war es Trauer, aber ich bin überzeugt, daß andere Zuginsassen ein Gefühl von Erleichterung hatten. Er war es, nicht sie. Aber vielleicht war es ja so, daß er aus zwei Gründen ausgewählt worden war: Weil er mir gegenüber saß und der andere Grund, weil er ihn ansah, während alle anderen auf ihre Knie starrten.

Einen Augenblick später fiel ein Schuß, ein einzelner Schuß. Es ist sehr seltsam, ich hatte plötzlich mehr Platz, also ganz merkwürdig. In den Niederlanden gibt es eine Redensart, die ich nicht gerade schön finde: Des einen Tod ist des anderen Brot.«

Der Geisel einen Finger abgeschnitten

Ein Industrieller aus Paris berichtet nach mehrmonatiger Geiselhaft: »Eine Zeitlang trug ich Hand- und Fußschellen, aber die nahmen sie mir wieder ab, weil sie vielleicht dachten, daß sie überflüssig seien. Man hat mir dann eine Kette um den Hals gelegt. Handschellen sind bedrückend, aber man hat wenigstens den Eindruck, ein Gefangener, etwas wie ein menschliches Wesen zu sein. Eine Kette um den Hals das ist, als wäre man ein Hund, ein Sklave. Ich habe schnell begriffen, daß ich nur eine Chance haben würde, eines Tages wieder die Freiheit zu erlangen, wenn ich nicht in der Lage sein würde, die Entführer wiederzuerkennen. Als ich da drin war und in den ersten Tagen draußen Geräusche hörte, sagten die Entführer: ›Zieh Deine Kapuze an, zieh Deine Kapuze an.‹ Also zog ich meine Kapuze an. Nach kurzer Zeit brauchte ich nur Schritte zu hören, und schon hatte ich die Kapuze über dem Kopf.

Sofort, sofort, am ersten Tag hätte man mir meinen Finger abschneiden sollen, ohne es vorher anzukündigen. Sagen wir, ich wäre überrascht gewesen und fertig, aus. Aber nein, man hat eine Lampe eingeschaltet, es gab dort kein Licht, und ich mußte einen Text lesen. Ich erinnere mich sehr gut. Er war in rot getippt und der Rest in blau. ›Um die Leute draußen zu überzeugen, daß wir Dich festhalten‹, so stand es da, ›werden wir Dir den kleinen Finger der linken Hand abschneiden und ihn an Deine Familie schicken.‹

Man bringt mich dazu, irgendeine Arznei zu schlukken, man nimmt meine Hand und schneidet den Finger ab. Es tut nicht weh, wenigstens nicht sofort, in dem Moment des Schneidens. Ich weiß nicht, ob es an dem Schmerz lag oder an dem Trank, den man mir verabreichte. Ich weiß nur, daß ich eine Stunde später nichts mehr gemerkt habe. Ich weiß nicht, ob ich eingeschlafen oder ohnmächtig geworden bin, zumindest war ich völlig weg. Als ich erwachte, da war es entsetzlich, der Schmerz war ganz furchtbar, der körperliche Schmerz. Es ärgerte mich, daß ich geschlafen hatte oder ohnmächtig war, denn ich wußte nicht, wie lang das gedauert hatte.

Sie haben mir den Finger sofort abgeschnitten, weil ich in dem Moment für sie nichts als ein schwerreiches Schwein war. Aber so wurde ich für sie allmählich ein Mensch. Natürlich war ich ein Mann, dem man sein Geld abnehmen mußte, aber man konnte mir nicht mehr wehtun. Das konnte man deshalb nicht mehr, weil ich ein Mensch war, der sein Leiden wortlos hinnahm. Der die Kälte hinnahm, der akzeptierte, wie ein Hund behandelt zu werden. Sie konnten mir nicht mehr nahekommen.

Ich habe mit einem der Entführer über meinen Tod verhandelt. Wir haben eines Tages darüber gesprochen. Ich habe ihn darum gebeten, daß er, falls sich die Möglichkeit meines Todes abzeichnete, wenn er sich ankündigt, daß er es sauber erledigen soll. Sauber, das heißt, ohne jemanden in Stücke zu schneiden. Das ist nicht nötig. Sie hatten ja schon damit angefangen, das reichte. Und ich glaubte ihm, ja ich glaubte ihm, als er zu mir sagte: ›Hör zu, wenn wir dich töten, werde ich das machen. Ich werde mich bereit erklären, es zu tun. Und ich schwöre dir, ich werde es sauber erledigen.‹ Das hat mich beruhigt, ja, das hat mich beruhigt. Auf den Tod wartet man die ganze Zeit. Man lebt mit ihm. Er ist ein ständiger Begleiter.«

Das Leiden der Politiker ist öffentlich

Man fragt sich, wie kommen die Menschen, die so dicht vor einem gewaltsamen Tod gestanden haben, damit zurecht? Wie schafft man es, weiterzuleben, ohne tagtäglich daran zu denken und zu verzweifeln? Woher nehmen diese Menschen die Kraft? Kann man überhaupt vergessen, wo doch die Medien während und nach der Tat, aber auch Monate und Jahre später immer und immer wieder einmal in nervtötender Regelmäßigkeit daran erinnern? Wird nicht ein Opfer mit jeder Schlagzeile, die es über ein Verbrechen, Unglück oder eine Katastrophe liest, mit jeder Filmsszene, die es sieht, wieder an das eigene Schicksal erinnert?

Es gibt viele Opfer, die sich irgendwann zum Schweigen entschließen und es fortan grundsätzlich ablehnen, noch einmal in den Medien zu dem Geschehenen und ihrer Person Stellung zu nehmen. Sie wollen keine Schlagzeilen, keine dramatischen Bilder mehr über sich in der Presse sehen.

Hendrik Snoek, Turnierreiter, Inhaber der Ratio-Handelskette und 1976 Opfer einer brutalen Geiselnahme, ist heute so konsequent und gibt keine Interviews mehr zu seiner Geiselnahme. »Ich habe das verarbeitet. Möchte nie mehr darüber sprechen.«

Auch Richard Oetker will heute seine Ruhe haben. Er gehört zwar zu den Förderern des »Weissen Rings« und würde auch für eine wissenschaftliche Studie noch einmal Stellung beziehen und sich an seine Opfer-Erfahrungen erinnern. Aber Interviews will er keine mehr geben. Eine verständliche Reaktion. Das öffentliche Schweigen ist – wie bei Snoeks – Oetkers Weg, mit Erfahrungen fertigzuwerden, die von Todesfurcht und Brutalität geprägt sind: Kurz vor Weihnachten 1976 wird der Industriellen-Sohn in München entführt, seine Familie mit einer Lösegeld-Forderung von 21 Millionen DM in 1000er-Stückelung erpreßt. 48 Stunden lang befindet sich der damals 25jährige in der Gewalt seiner Entführer. Zwei Tage und zwei Nächte wird er in einer kleinen, mit einer elektrischen Tötungsmaschine gesicherten Kiste gefangen gehalten. Dabei kommt es zu einer Störung der Stromanlage, die Wirkung ist mit der eines elektrischen Stuhles vergleichbar.

Während der Gerichtverhandlung gegen Dieter Zlof, der 1980 als Oetker-Entführer zur Höchststrafe von fünfzehn Jahren verurteilt wird, erinnert sich Richard Oetker an jene Minuten voller Todesangst: »Mein Körper hat gebebt. Ich habe geschrien: Ihr wollt mich jetzt doch umbringen. Es tat enorm weh. Es dauerte eine halbe Minute, vielleicht auch nur ein paar Sekunden. Ich hatte das Gefühl, als wenn die Oberschenkel ausgekugelt würden. Die Umrisse meines Körpers konnte ich nicht mehr klar feststellen. Abrupt ist es beendet worden. Der Schmerz war im Moment des Stromschlags im ganzen Körper. Ich dachte, jetzt ist der Moment gekommen, wo ich umgebracht werde.« Die ungeheuren Schmerzen werden durch die Fraktur zweier Wirbelkörper und den Bruch zweier Schenkelhälse verursacht – Folgen des Stromschlags. Zur Gerichtsverhandlung gegen seine Entführer erscheint Oetker auf zwei Krücken.

Anderen, vor allem Politikern, gelingt es selten, ihre Leidensgeschichte aus der öffentlichen Diskussion herauszuhalten. Menschen, deren Alltagsgeschäft zu einem guten Teil darin besteht, in der Öffentlichkeit Politik zu vertreten und Bürger über die Medien anzusprechen und von ihren Meinungen und denen der Partei zu überzeugen, können nicht so einfach die eigene Haustür verschließen und die Öffentlichkeit außen vor lassen. Zu einem Medien-Ereignis wurden beispielsweise die Attentate auf den SPD-Politiker Oskar Lafontaine und den CDU-Politiker Dr. Wolfgang Schäuble.

»Depressionen: Freunde sorgen sich um Oskar Lafontaine«, heißt im Mai 1990 eine der Schlagzeilen drei Wochen nach dem Attentat auf den damaligen SPD-Kanzlerkandidaten Oskar Lafontaine, »Freunde berichten über schwere Stimmungsschwankungen und Depressionen«.

Am 25. April 1990 wird Lafontaine in der Kölner Stadthalle von einer – wie sich später herausstellt – psychisch kranken Frau mit einem Messer angegriffen und am Hals lebensgefährlich verletzt. Sie trifft ihn nur wenige Millimeter neben der Halsschlagader. Wäre die verletzt worden, hätte das den sicheren Tod für den Politiker bedeutet.

Das Opfer schweigt. Öffentlich nehmen Lafontaines Arbeitskollegen Anteil – gerade so, wie man es jedem Opfer wünscht. NRW-Ministerpräsident Johannes Rau: »Wir haben über den privaten und persönlichen Aspekt des Geschehens gesprochen.« Bundeskanzler Kohl übermittelt vom fernen Paris aus, wo er sich gerade mit dem sowjetischen Staatspräsidenten Gorbatschow trifft, sein Mitgefühl. Gorbatschow wünscht »rasche Genesung«, und Bundespräsident Richard von Weizsäcker schreibt: »Nehmen Sie sich jede notwendige Zeit, auf daß Sie später ihre verantwortungsvollen, großen Aufgaben wieder aufnehmen können.«

Das Opfer hat eine Verantwortung

Das Leiden der Politiker ist immer öffentlich – auch wenn man es nicht will. Der CDU-Politiker Dr. Wolfgang Schäuble erinnert Bürger und Medien jeden Tag, wenn er in seinem Rollstuhl auf die politische Bühne rollt, daran, daß er ein Opfer ist. Das Opfer eines Attentats.

Seit dem 13. Oktober 1990 ist Schäuble vom dritten Brustwirbel an abwärts gelähmt. Er ist Opfer eines Attentats in der Gaststätte »Bruder« in Oppenau, bei dem ihm durch zwei Schüsse sein Rückenmark durchtrennt wurde.

Oft ist der Vorsitzende der CDU/CSU-Fraktion seitdem von Reportern nach seinem Opfer-Dasein gefragt worden. Dann spricht er davon, daß »ich meine Aufgabe als Fraktionschef auch im Rollstuhl erfüllen kann. Ich sehe in meinem Rollstuhl weder ein positives noch ein negatives Attribut«.

Oder er nutzt die Chance, sich zum Fürsprecher anderer Opfer zu machen: »...es ist mir eine Verantwortung zugewachsen. Das Schicksal, nun an den Rollstuhl gebunden zu sein, jedenfalls für eine unabsehbare Zeit, und die Chance, mit dieser Behinderung dennoch meine politischen Aufgaben wahrzunehmen, bedeutet für mich eine Verantwortung, der ich mich nicht entziehen kann und will. Vieles, was in unserem Alltag auch Gedankenlosigkeit gegenüber Behinderten ist, gegenüber Rollstuhlfahrern, ist vielleicht bei meinem Schicksal eher sichtbar und wird dann dazu führen, daß ganz automatisch die Öffentlichkeit ein Stück nachdenklicher, aufmerksamer wird auf das Schicksal von Behinderten.«

Bei seinem ersten öffentlichen Auftritt nach dem Attentat bei einer Wahlkampfveranstaltung in der Offenburger Oberrheinhalle im November 1990 spricht Schäuble »von der ungewöhnlichen Teilnahme, die ihm und seiner Familie geholfen hätte, schwere Stunden durchzustehen... Ich bin, das sieht jeder, noch nicht über den Berg, aber ich bin zu einem guten Stück einsatzbereit. Ich traue mir zu, die

110

Arbeit in Bonn auch für die nächsten vier Jahre fort-
zusetzen«.

Es dauert nicht lange, dann stellen die Bonner Journalisten fest: »Sein ›zweites‹ Leben ist längst ein
Stück Normalität« geworden. Der Politiker arbeitet
und handelt – wenigstens für die Öffentlichkeit –,
ohne Rücksicht auf sich und seine Behinderung zu
nehmen oder gar Nachsicht vom politischen Gegner
zu erwarten. Schäuble 1990 als Innenminister in einem Interview mit der Tageszeitung »Die Welt«:
»…natürlich ist man dankbar für Anteilnahme. Mitleid ist ja auch etwas Gutes, ein Zeichen, daß die
Gesellschaft lange nicht so kalt ist, wie man manchmal glaubt. Aber ich will natürlich nicht als Innenminister in meiner Arbeit auf Mitleid zählen.«

»Ich habe mich mit meinem Schicksal abgefunden«,
sagt Schäuble einmal und fügt dann hinzu: »Ich
weiß, daß ich nach allem, was die Medizin heute sagen kann, dauerhaft gelähmt bleibe. Aber die Menschen wissen nicht alles. Manchmal denke ich: vielleicht… das will ich mir bewahren.«

Es ist die Hoffnung, von der er spricht… Hoffnung,
die viele Opfer haben. Hoffnung auf Entschädigung
und Wiedergutmachung, auf Anerkennung oder
Unterstützung, Heilung oder Besserung ihrer Leiden. Ganz gleich ob sie von Geburt, durch Leistung
oder Amt den Prominenten-Status erreichten, oder
durch ein Ereignis – Verbrechen, Unfall oder Katastrophe – nicht nur zu Opfern, sondern auch zu Prominenten wurden. Hoffnung haben viele Opfer,
auch die, die prominent und verzweifelt sind.

4. KAPITEL

IM DSCHUNGEL DES RECHTS

Die Japaner kommen! Dieser Angstschrei, seit langem in der Automobil- und anderen Wirtschaftsbranchen zu hören, macht jetzt auch in internationalen Airline-Büros die Runde. Denn selbst in der Opfer-Entschädigung bestimmen die Trendsetter aus Asien wieder einmal den Kurs. Nachdem die Hinterbliebenen der tödlich Verunglückten eines Jumbo-Jets der Japan-Airlines im Jahre 1985 im Durchschnitt mit etwa 850.000 Dollar entschädigt worden sind, droht das Warschauer Abkommen, nach dem je Todesfall im Luftfahrtgeschäft maximal 140.000 DM gezahlt werden, ins Wanken zu geraten. Japans Fluggesellschaften wollen diese international übliche Entschädigungsquote freiwillig erhöhen, bzw. den Airlines und Angehörigen erlauben, über den Schadenersatz in beliebiger Höhe zu verhandeln – die anderen internationalen Fluggesellschaften geraten jetzt in Zugzwang.

Was in anderen Ländern möglich ist – in den USA geht es in Entschädigungsprozessen oft um Millionensummen – läßt sich in unserem betulicheren Land der Dichter und Denker nicht so leicht durchsetzen. Aus Pietät oder anderen seltsamen Gründen werden hierzulande Menschenleben oder Gliedmaßen nicht gern in Bargeld aufgewogen. Die wenigen Erfolge, die es gibt, werden da zu Recht gefeiert.

Der »Allgemeine Patienten Verband« (apv) in Marburg hat bis heute über 1.000 Patienten dabei unterstützt, in der für Laien undurchsichtigen Gelehrten-Szene von Gerichten, Gutachtern und Gegengutachtern, Wiedergutmachung für sogenannte ärztliche Kunstfehler, grobe Fahrlässigkeiten oder gar kriminelles Verhalten zu erwirken. Dabei kann der apv immerhin gleich mehrere Erfolge vorweisen.

Roland Müller aus Offenbach wird beispielsweise als Folge eines Behandlungsfehlers ein Unterschenkel amputiert. »Die Ärzte zeigen sich einsichtig, so daß eine gütliche Schadensregulierung erreicht werden kann. Verschiedene Versicherungsträger haben bisherige Schäden in Höhe von fast einer halben Million Mark übernommen. Über den Ausgleich der zu erwartenden Spätschäden wird noch verhandelt«, schreibt der apv. Um den »größten Behandlungsfehler-Schadensfall in der Bundesrepublik« handelt es sich im Fall des Kleinkindes Markus aus Haren. Der Junge erleidet bei der Entbindung einen Hirnschaden. Der Verband: »Die Ärzte zeigten sich leider uneinsichtig, so daß wir die Organisation der Hilfe für einen Behandlungsfehler-Prozeß übernehmen mußten. Die Ärzte wurden rechtskräftig zur Übernahme sämtlicher Schäden verurteilt. Die Gesamtschäden liegen bei über einer Million DM.«

Mit Wirbelsäulenbruch gesund geschrieben

Meist wird in Deutschland um viel weniger gestritten, und um das Wenige überhaupt zu bekommen, müssen die Betroffenen dann oft auch noch vor Gericht gehen, nicht selten durch mehrere Instanzen. Und dieser, das Opfer und oft auch seine Angehörigen zermürbende Rechtsweg, dauert dann jahrelang.

Einer, der mittendrin steckt im Dschungel des Rechts, ist der ehemalige Kapitän Peter Siebert aus Lübeck. Siebert ist ein Opfer, das auf seinem verzweifelten Weg durch die Instanzen, von einem Gutachten zum nächsten, von einer Behörde zur nächsten, regelrecht fertiggemacht wird. Er ist ein erstklassiges Beispiel dafür, wie wichtig Opferberater und -betreuer sind, die auf Seiten der Betroffenen stehen und ihnen durch den Dschungel des Rechts und vorbei an den Klippen von Gutachtern und Gegengutachtern führen.

Wenn Peter Siebert nicht bereits bei einem Unfall auf hoher See die Wirbelsäule gebrochen worden wäre, könnte man vermuten, daß bei seinen Bemühungen, Recht zu bekommen, versucht wird, ihm das Rückgrat zu brechen. Dabei geht es dem Kranken nur um eins: Die Anerkennung eines schweren Berufsunfalls und die Zahlung einer Erwerbsunfähigkeitsrente in Höhe von rund 2.000 DM pro Monat.

So fängt alles an: Es ist der 5. November 1989. Peter Siebert arbeitet als Kapitän des 5000-Tonnen-Containerschiffes »Nouakchott«. An die Schicksalsstunden, die sein Leben so jäh verändern, erinnert sich der 54jährige nur allzu gut: »Wir sind auf dem Weg von Irland nach Bremerhaven. Es ist sehr grobe See, schweres Wetter. Der ganze Atlantik donnert da rein in die irische See, und wir müssen da quer durch mit der ›Nouakchott‹, einem Containerschiff im Balast mit einer 20 Meter hohen Brücke. Das ist da oben, wenn das Schiff nach jeder Seite mit 35 Grad zur Seite geht, wie Achterbahnfahren, das sind gewaltige Fliehkräfte.

Der Unfall passiert in der Schwankbewegung nach rechts. Ich halte mich an einem der Drehstühle auf der Brücke fest, will mein UKW-Gerät umschalten, um den Wetterbericht zu hören. Der Stuhl löst sich, und ich fliege etwa fünf oder sechs Meter durch die Luft, drehe in der Luft, knalle mit Kopf und Rücken gegen die Wand und mit Steiß und Kreuzbein auf den Fußboden.

Ich bin längere Zeit bewußtlos. Denn das Schiff rollt natürlich weiter, und ich bin in dieser harten Bewegung zigmal mit dem Kopf gegen die Wand gerutscht. Das waren wahnsinnige Schmerzen, und man wird bewußtlos, geht dann in einem Nebel unter und ist weg.

Und aus diesem grauen Nebel heraus, aus diesem Nichts, fange ich an wahrzunehmen: Atemnot. Der Körper kann sich nicht bewegen, also kämpfe ich ums Leben. Ich höre die Maschinengeräusche. Die Hände kann ich bewegen, die Arme. Ich versuche, mich festzuhalten, versuche, erstmal Luft zu kriegen. Ich kriege keine Luft.

Nach mehrmaligen Anläufen fasse ich herauf zum Fahrpult und drücke den Alarmknopf. Ich bin ja alleine oben, ja. Das Schiff ist unterbesetzt. In der deutschen Seefahrt fahren die Schiffe unterbesetzt. Es gibt ja Vorschriften, Bestimmungen vor Ort. Auf dem Papier stimmt alles, in der Praxis stimmt gar nichts. Das Schiff hat acht Mann an Bord. Es fehlt der Funker, es fehlt der 2. Offizier, es fehlt der 2. Maschinist usw.

116

Es ist abends gegen 19.00 Uhr. Die Besatzung kommt hoch auf die Brücke gelaufen. Ich liege da, was tun? Dann haben sie mich erstmal festgehalten. Das Schiff fährt ja weiter.

Der Offizier übernimmt sofort die Wache. Was nun? Sie nehmen mich hoch und tragen mich vorsichtig in meine Kapitänskabine. Die Nacht ist Wahnsinn. Mein Herz rast, es ist die Hölle. Ich übertreibe nicht, ich habe es nicht nötig zu übertreiben. Am nächsten Tag findet über Norddeich Radio eine medizinische Beratung durch das Unfallkrankenhaus in Cuxhaven statt.

Der Offizier, der die Nacht über Wache gehalten hat, kann morgens nicht mehr, und daraufhin hat man mich also wieder hochgetragen. Auf einer Bank haben sie ein Ruhelager aus Kissen und Decken gemacht, da legen sie mich drauf. Dann kann ich nach vorn rausgucken und der Chief-Ingenieur und auch ein Matrose sind mit auf Wache und machen dann die Manöver, die ich ihnen sage und verfolgen das mit der Navigation. So bringen wir das Schiff nach Bremerhaven.«

Hier beginnt für Peter Siebert der schwere Weg durch die Instanzen, der noch gefährlicher und unberechenbarer zu sein scheint, als das schwere Unwetter, das ihn zum Krüppel machte. In Bremerhaven wird er im St.-Josef-Hospital untersucht und »damit fängt also die gemeine Geschichte an«: »Der Arzt machte eine oberflächliche Thorax-Aufnahme, machte eine Lendenwirbelsäulen-Aufnahme. Der untersuchte mich überhaupt nicht näher, ging auf meine ganzen Einwendungen nicht ein, obwohl wir ja klar und deutlich eine Unfallanzeige ausgestellt haben. Ich habe geschrieben: ›Die Wirbelsäule ist gebrochen‹. Mensch, man spürt doch, wenn was bricht. Das habe ich auch dem Arzt gesagt, und der meinte: ›Dann würden Sie nicht mehr stehen‹.«

Vor Schmerzen nur gekrochen

Vielleicht hat Siebert zu gute Nerven bewiesen. Vielleicht hat der 1,90-Meter-Mann zu sehr den Kapitän, den Starken rausgekehrt, den Schmerzen nicht so schnell umhauen können. Vielleicht hätte er sich von Anfang an in Krämpfen winden sollen, um ernst genommen zu werden.

Mehrere Ärzte untersuchen Siebert in der nächsten Zeit. Sie verordnen Bettruhe. »Ich bin hier auf allen Vieren zur Toilette gekrochen, ich habe solche Schmerzen gehabt. Sie sind nicht auf diese Beschwerden eingegangen, sie haben keinen Orthopäden hinzugezogen. Sie haben mich nicht in eine Klinik eingewiesen. Sie haben keine Computertomographie und andere Spezialuntersuchungen gemacht.«

Peter Siebert wird sogar – zum Entsetzen der Familie – wieder gesund geschrieben: »Ich behaupte, ich lebe am Rande eines Querschnitts. Das zeigen diese Schmerzschübe und die Schweißausbrüche. Was meine Frau schon geweint hat, hat gesagt ›Papi geh nicht von uns, auf dieser Mistwelt brauchen wir dich‹.«

Am 17. Dezember 1989 muß Kapitän Siebert wieder an Bord eines Schiffes gehen – auf Westafrika-Törn. Siebert: »Ich lebte nur noch mit Schmerzmitteln.« Im Mai 1990 – die Schmerzen sind nicht mehr auszuhalten – geht Siebert von Bord und wieder zum Arzt, einem Orthopäden und Unfallarzt in Lübeck. Und der erkennt: »Ja, Mensch, Ihre Wirbelsäule ist gebrochen.« Er macht u.a. Computertomographie-Aufnahmen, schreibt Siebert arbeitsunfähig und beantragt auch sofort eine Rehabilitations-Maßnahme.

Die Krankengeschichte wird von da an immer verwirrender fortgeschrieben. Die Gerichte, die auf Basis von ärztlichen Gutachten in Zukunft Recht sprechen müssen und die Anwälte, die Siebert vertreten werden, sind zu bedauern. Hoffentlich findet der Ex-Kapitän Menschen, die bereit sind, in den Fall und in alle Details einzusteigen.

Ein ärztliches Gutachten folgt dem nächsten. Doch diese widersprechen sich. Ein Arzt will gar kein Arztgespräch geführt haben, obwohl es Beweise gibt. Im Briefwechsel wird Sieberts beruflicher Werdegang diffamiert. Widersprüche gegen Entscheidungen werden abgelehnt. Man geht sogar soweit, seine Krankengeschichte in entscheidenden Punkten als Kinderkrankheit zu deklassieren. Kurz: Ein unvoreingenommener Leser gewinnt schnell das Gefühl, daß hier versucht wird, einen einmal geschehenen Fehler, eine falsche Diagnose unmittelbar nach dem Unfall, zu retuschieren und über alle Widersprüche und Aktivitäten des Kranken die Glaubwürdigkeit und Kompetenz der beteiligten Ärzte zu retten.

Siebert wird zwar schließlich die Seedienst-Tauglichkeit aberkannt, er wird auch aufgefordert eine Berufsunfähigkeitsrente zu beantragen – und bekommt schließlich 74 Wochen nach dem Unfall 1.114 DM Rente. Später wird ihm in einem Vergleich vor dem Lübecker Sozialgericht eine Erwerbsunfähigkeitsrente in Höhe von 1.800 DM zugesprochen.

Aber der Ex-Kapitän, Vater von zwei Töchtern, fordert einen gerechten Ausgleich für seinen Berufsunfall: »Davon können Sie nicht mit einer Familie leben. Ein Kapitän als Arbeitsunfallopfer, der erwerbsunfähig wird, hat auch Anspruch auf Unfallrente. Bei einem Einkommen von etwa 7.000 Mark brutto habe ich 4.500 Mark netto. Sie müßten 50 Prozent Unfallrente, also 2.000 Mark jeden Monat zahlen.«

Siebert sucht, noch im Glauben an Recht und Gesetz, Unterstützung bei offiziellen Stellen: Er wendet sich an die Ärztekammer Schleswig-Holstein in Lübeck, die ihn an die Schlichtungsstelle für Arzthaftpflichtfragen der Norddeutschen Ärztekammer in Hannover verweist, die wiederum mit Schreiben vom 9. Oktober 1992 feststellt, daß sie sich »zwar mit Fällen fehlerhafter ärztlicher Behandlung befassen, nicht aber mit Fällen fehlerhafter ärztlicher Gutachter«.

Er schreibt auch an den Ministerpräsidenten von Schleswig-Holstein, der schickt den Brief an den Minister für Soziales, Gesundheit und Energie – und der schickt den Brief weiter an den Präsidenten des Bundesversicherungsamtes. Auch der Brief an die Arbeiterwohlfahrt landet bei dem Minister für Soziales, Gesundheit und Energie, dessen Behörde sich weiterhin als Postamt betätigt. Der Brief an den Bundesminister für Frauen und Jugend landet auf dem Dienstweg beim Bundesminister für Arbeit und Sozialordnung, der wiederum an das Bundesversicherungsamt verweist. Das wiederum stellt auf drei Seiten fest, daß Siebert im Unrecht ist und gibt dem

Opfer sechs Wochen später – auf dessen weitere Intervention hin – eindeutig im Schreiben vom 22. Juli 1992 zu verstehen: »Haben Sie bitte Verständnis, wenn wir auf Schreiben gleichartigen Inhalts künftig nicht mehr eingehen werden.«

Man fragt sich: Wäre es nicht vielleicht hilfreich gewesen, wenn die Behörde auf Opfer-Helfer aufmerksam gemacht hätte? Wenn sie, vielleicht um die Aktionen des Ex-Kapitäns zu kanalisieren und in neutrale Bahnen zu lenken, auf die Patientenstelle der Verbraucherschützer hingewiesen hätte. Das Opfer bekommt Absagen, aber niemand macht sich die Mühe zu helfen, zu unterstützen. Das Opfer wird mit Absagen eingedeckt, anstatt daß jemand dem Opfer bei der Bewältigung seiner Probleme Seite an Seite, Auge in Auge, hilft.

Gutachten von Professor Hackethal

»Und dann sind wir auf Hackethal gekommen« sagt Siebert. Professor Julius Hackethal hat sich als Ärztekritiker bundesweit einen Namen gemacht und führt eine Klinik in Riesering-Spreng. In seinem Gutachten stellt Hackethal nach Untersuchung des Patienten und Begutachtung aller Unterlagen fest, daß ein »schuldhafter Arztfehler vorliegt durch unterlassene Diagnostik« und »Nichterkennen der Impressionsfraktur des 9. Brustwirbelkörpers in den BWS-Röntgenaufnahmen vom 23.11.89«. Der Facharzt für Chirurgie und Orthopädie stellt in seinem 15seitigen Gutachten abschließend fest: »Die jetzige Erwerbsunfähigkeit ist Folge zu später und fehlerhafter Nachbehandlung. Der jetzige körperliche Zustand ist eine unfallbedingte Verschlimmerung. Ein vorbestehendes Leiden bestand nicht bis auf eine geringfügige röntgenologische nachweisbare morphologische Veränderung der Halswirbelsäule. Es liegt ein Arbeitsunfall vor. Es besteht Anspruch auf Unfallrente.«

Noch bevor Siebert bei Hackethal das Gutachten anforderte, hatte ihm die See-Berufsgenossenschaft in Emden Ende November 1991 empfohlen, beim Arbeitsamt einen Antrag auf Leistungen zu stellen. Das Arbeitsamt Lübeck lehnt allerdings im März 1992 mit Hinweis auf seine schwere Erkrankung jede Leistung ab: »...laut ärztlichem Gutachten sind Sie voraussichtlich länger als sechs Monate nicht leistungsfähig...«. Das ärztliche Gutachten des Lübecker Arbeitsamtes stellt auch fest, daß bei Siebert »ein berufsbedingter Zustand nach Unfall vorliegt..., nach den mir zugänglichen Röntgen-Bildern und den mir vorliegenden Unterlagen ist Herr S. aufgrund der Wirbelsäulenfraktur für den allgemeinen Arbeitsmarkt nicht vermittelbar«.

Ein Jahr später kommt ein anderer Gutachter, der im Zusammenhang mit einem Prozeß vor dem Sozialgericht Lübeck beauftragt wird, zu dem Ergebnis, daß Siebert »leichte Arbeiten im Sitzen und im Stehen im unregelmäßigen Wechselrhythmus halbschichtig zuzumuten« sind. Es dürfen auch »Tätigkeiten verrichtet werden ohne häufiges Heben, Tragen oder Bewegen von Lasten, ohne überwiegend einseitige Körperhaltung, ohne häufiges Bücken, ohne häufiges Klettern oder Steigen, ohne Überkopfarbeiten und ohne häufiges Arbeiten im Knien«. Von was für einer Arbeit ist hier die Rede? Der Weg Sieberts durch die Instanzen wird lang.

Vor dem Sozialgericht in Lübeck versucht er die Umwandlung der Berufsunfähigkeitsrente in eine Erwerbsunfähigkeitsrente zu erreichen – ein erster Erfolg. Er ist jetzt so voller Wut, daß er Recht auf ganzer Linie sucht: »Ich werde nie diese verlogene Gutachten akzeptieren. Ich möchte voll rehabilitiert werden. Ich möchte, daß mein guter Ruf wiederhergestellt wird.«

Die Sieberts haben ihr Auto schon verkauft, die Ersparnisse sind aufgebraucht. Bekannte haben ihnen zeitweise ein Taxi finanziert, in dem der schwer erkrankte Ex-Kapitän versucht, den Lebensunterhalt zu verdienen: »Damit fahren wir aber ins Minus, wir gehen pleite. Vor allen Dingen, ich gehe kaputt. Ich sitze also zwei, drei Stunden drin, fahre nach Hause, lege mich hin und fahre dann abends noch. Ich kriege Schweißausbrüche, die Beine werden steif.« Das Taxi wird im Herbst 1993 wieder verkauft.

In seinem Haus in einem Lübecker Vorort werden erste Umbaumaßnahmen vorgenommen: »Wir bauen hier schon, damit ich mit dem Rollstuhl später oben rauskomme auf die Terrasse. Mein Gesundheitszustand wird kontinuierlich schlechter. Ich habe Schübe, da läuft mir der Schweiß aus dem Körper, das vibriert da hinten, das Zittern geht bis in den Kopf, als ob mir der Schädel platzt. Das ist ein richtiges Zucken im Körper. Die Familie unterliegt auch einer ungeheuren Belastung. Die See-Berufsgenossenschaft hat gesagt: ›Wenn es nicht reicht, gehen Sie zum Sozialamt‹. Aber habe ich kein Anrecht, nach 40 Arbeitsjahren auf ein menschenwürdiges Weiterleben?«

Peter Siebert hat inzwischen eine ganze Regalreihe mit Aktenordnern voller Dokumente zu seiner Krankheitsgeschichte gesammelt. Einen Extrakt daraus bildet die Dokumentation für die Presse – ein dicker Wälzer. Man spürt aus jeder Kommentierung, die er in farbiger Schrift, mit gelbem Marker unterstreicht, das dieses Gefühl, Unrecht zu erfahren, allein gelassen zu sein, gegen Ärzte wie gegen Wände anlaufen zu müssen, an seinen Nerven zerrt und einen ungeheuren Kraftaufwand von ihm verlangt. Manchmal versteigt er sich sogar in Beschimpfungen seiner Kontrahenten.

Kapitän Peter Siebert kämpft – diesmal nicht mit Hilfe einer Besatzung und einer Schiffstechnik gegen die Naturgewalten, sondern allein gegen die Ignoranz einer rechtsstaatlichen Gesellschaft.

Europa-Parlament fordert Opferberatung

Wenn man sich die deutsche Opfer-Szene ansieht, kommt man sehr schnell zu dem Ergebnis: Von deutscher Gründlichkeit und einer sorgfältig arbeitenden Bürokratie ist im Umgang mit Opfern nicht viel zu spüren. Vermutlich, weil das auch kaum jemand will, ist doch die Anerkennung von Opfer-Leid gleich auch mit finanzieller Unterstützung verbunden. Der Bürger bleibt bei seiner Suche nach Hilfe oft auf sich allein gestellt.

Ob Terroranschlag oder Großkatastrophe, Geiselnahme, Ärztefehler oder Kapitalverbrechen, es hat den Anschein, daß sich die meisten Instanzen der Opferhilfe, die ehrenamtlichen wie die staatlichen, darauf verlassen, daß das Opfer schon seinen Weg zum für ihn richtigen Helfer findet, oder daß irgendjemand schon etwas macht – und auch dann geschieht oft nicht viel.

Somit ist das Ergebnis der Untersuchung der Opferexperten beim Bundeskriminalamtes, Dr. Michael C. Baurmann, und des hessischen Justizministeriums, Dr. Wolfram Schädler, zu dem Thema »Das Opfer nach der Straftat – seine Erwartungen und Perspektiven« nicht nur typisch für die Behandlung von Opfern nach Verbrechen; in Teilen kann man davon ausgehen, daß Opfer anderer Ereignisse nicht anders dastehen.

Für die Geschädigten steht danach nicht einmal die materielle Unterstützung im Vordergrund, sondern eine fundierte, professionelle psychologische Hilfe durch private und staatliche Einrichtungen. Vor allem rechtliche Beratung, medizinische Hilfe und Unterstützung beim Erledigen von Formalitäten wurden neben wirkungsvoller Vorbeugung, freundlicher Behandlung durch die Vertreter der Strafverfolgungsorgane, materieller Hilfe und Schadenersatz durch Versicherungen genannt.

Ganz im Sinne der Opfer ist also die Forderung des Europäischen Parlaments, nicht nur nach einem einheitlichen Standard der Opferhilfe, sondern vor allem auch nach Beratungsstellen.

Der Ruf nach Opferbüros ist in der Bundesrepublik nicht neu. Barbara Kanne, Bundesvorsitzende des »Arbeitskreis der Opferhilfe« und Mitarbeiterin der Frauenberatungsstelle in Düsseldorf, stellt fest: »Wir sagen, daß Opferhilfearbeit wegen der Vielschichtigkeit der Probleme von speziell ausgebildeten, qualifizierten, professionellen Menschen geleistet werden muß. Und wir sagen, das ist ganz wichtig, daß es zumindest Opferhilfeeinrichtungen geben muß und zwar in autonomer Trägerschaft und nicht als staatliche Einrichtung, wo wiederum staatliche

Interessen vertreten werden. Diese Vereine könnten wirklich opferorientiert arbeiten.«

Eine alte Forderung der Frauenbewegung – so Kanne – ist auch die Einrichtung des Opferanwalts bzw.
der Opferanwältin. »Wir fordern ja schon seit langem, daß die Nebenklage-Vertretung auch vom
Staat bezahlt wird, analog des Pflichtverteidigers
beim Täter.«

Und nicht weniger wichtig sind ihrer Meinung nach
Opferhilfseinrichtungen im Gericht: »Viele Zeugen,
die auch Opfer sind, haben Angst, zum Gericht zu
gehen. Sie hatten noch nie was damit zu tun, sind
ohne eigene Schuld in diese Situation gekommen
und müssen jetzt das Gericht aufsuchen und sich den
Fragen aussetzen. Diese Opferzeugen benötigen
Hilfe. Aber: Auch Gerichte arbeiten täterorientiert.
Die Überführung des Täters ist das Ziel, und das
Opfer kommt nicht vor, es sei denn als Zeuge. Und
daraus lassen sich alle unzulänglichen Situationen,
auch sehr menschenfeindliche Situationen, die Opfer so erfahren, erklären. Und da sind die Opferhilfseinrichtungen die einzigen, die da unterstützen.«

Wie wichtig die Arbeit von Opferhelfern – ganz
gleich an welcher Front – ist, erklärt Barbara Kanne
an einem Beispiel: »Da ist eine Frau in ihrer Wohnung überfallen und vergewaltigt worden. Der Täter
ist durch ein Fenster eingestiegen. Zum Schutz kauft
sich die Frau anschließend Rolläden von ihrer Sozialhilfe und kann dann ihre Miete nicht mehr bezahlen. Sie ist daraufhin zum Sozialamt gegangen
und hat ihnen von ihrer Angst erzählt: ›Ich kann
doch nicht ohne Rolläden schlafen.‹ Doch das Sozialamt weigerte sich, die Rolläden zu bezahlen,

weil sie die vor dem Kauf erst hätte beantragen müssen.«

Wäre die Frau zunächst in ein Opferbüro gegangen, hätte sie sich beraten lassen, wäre ihr das vermutlich nicht passiert. Doch Opferbüros gibt es nicht, und die Vorsitzende der »Arbeitsgemeinschaft der Opferhilfe« räumt den Opferbüros auch keine großen Chancen ein: »Ich denke, es ist unheimlich wichtig, daß es spezialisierte Einrichtungen gibt. Das Problem ist nur, daß der Staat in Ermangelung irgendwelcher Finanzmittel dazu übergeht, die Spezialisierung grundsätzlich aufzuheben, die ja überall stattgefunden hat, und Einrichtungen gründet, die alles abdecken. Möglichst bürgernah, hier in dem Stadtteil und da müssen dann die Leute hingehen.

Nur: Bei Opfern von Straftaten ist es in der Regel so, daß die anonym bleiben, daß die gar nicht in die Nachbarschaft zur Beratung gehen und sagen wollen: ›Ich bin Opfer einer Straftat geworden‹. Sie akzeptieren in der Regel ja nicht einmal vor sich selbst, daß sie Opfer einer Straftat geworden sind. Wir haben schon vor Jahren versucht, eine generelle Finanzierung der Opferhilfe als Pflichtaufgabe des Staates, genau wie Bewährungshilfe auch Pflichtaufgabe ist, durchzusetzen.«

Vergeblich. Die Helfer sind hilflos. Gegenüber dem Staat und nicht selten auch angesichts der Masse der Opfer, denen sie eigentlich helfen möchten – aber nicht können. Selbst bestehende Institutionen sind nicht mehr vor dem Rotstift der Politik sicher. Barbara Kanne: »Die Opferhilfseinrichtungen sind ja freiwillige soziale Leistungen. In Düsseldorf wird ja zum Beispiel geprüft, ob alle freiwilligen sozialen Leistungen gestrichen und nur noch die Pflichtaufgaben finanziert werden sollen. Das heißt, daß wir die Frauenberatungsstelle dann schließen müssen. Was wir mit enormem Arbeitsaufwand aufgebaut haben, wird einfach zerstört. Eigentlich zeigt mir diese Entwicklung, daß die letzten zehn Jahre offensichtlich nicht viel gebracht haben. Daß der Gesellschaft nicht bewußt geworden ist, daß Opfer eine qualifizierte Unterstützung brauchen.«

Vision vom Opfer-Büro für alle

Eine Verletztenbefragung von Dr. jur. Michael Kaiser, wissenschaftlicher Mitarbeiter des Max-Planck-Instituts für ausländisches und internationales Strafrecht, ergibt, »daß insgesamt 22,9 Prozent Hilfe in Anspruch genommen haben, 87,5 Prozent davon (also 20 Prozent) in Form der Anwaltsbestellung. Darüberhinaus gaben weitere 17,1 Prozent an, daß sie gerne Hilfe gehabt hätten, sie ihnen aber nicht zuteil wurde. Je ein Drittel hätte eine solche Hilfe am liebsten von einem Rechtsanwalt beziehungsweise von einer staatlichen Stelle gehabt, während dem letzten Drittel die Auskunftsstelle egal gewesen wäre, wenn sie nur überhaupt Hilfe erhalten hätten«. Die »Hanauer Hilfe« beschreibt in einer Information die Situation der Opfer und der Zeugen von Straftaten angesichts des Hilfsangebots, was auch für viele andere Opfer – gleich ob durch ärztliche Kunstfehler, Berufsunfälle oder Katastrophen – gilt: »…ein wesentliches Hindernis für das ratsuchende Opfer stellt die fortschreitende Tendenz zur Spezialisierung nahezu aller sozialen bzw. sozialstaatlichen Institutionen in der Bundesrepublik dar. Das gesamte staatliche und private System der sozialen Fürsorge hat sich in viele Teilbereiche abgespalten, spezialisiert und verbürokratisiert, so daß das Ganze für den Durchschnittsbürger kaum mehr zu überblicken ist. Weder kennt er die ihm zustehenden Rechte, noch kann er sich überhaupt im Gestrüpp der sozialen Infrastruktur zurechtfinden... Es bedarf also einer Einrichtung, die in der Lage ist, dem ratsuchenden Opfer bei der Bewältigung seiner gesamten Situation beizustehen, wenn es Hilfe wünscht, und ihm die Solidarität, Orientierung und Unterstützung zu geben, die es aufgrund seiner derzeitigen Notlage dringend benötigt... Es gilt dem Opfer die Gewißheit zu verschaffen, daß es mit seinen Problemen und Ängsten nicht allein gelassen wird, denn es existiert eine Einrichtung, die bereit ist, sich als Beistand in die Situation des geschädigten Opfers hineinzuversetzen und mit ihm gemeinsam zu klären, welche Institutionen ihm helfen können, das heißt ihm alle denkbaren Hilfsmöglichkeiten, auch organisatorische, präsent zu machen«.

Das gilt eigentlich für Opfer jeder Art. Und somit wäre es an der Zeit, nicht nur das spezielle Opfer-Büro für Opfer von Straftaten, sondern eine Beratungsstelle für alle zu fordern; für die Opfer von Verbrechen und Katastrophen, ärztlichen Kunstfehlern und Berufs- und Freizeitunfällen, gesellschaftlichen Mißständen und auch Behördenwillkür. Schließlich gibt es, was die Bedürfnisse der Betroffenen angeht, viele Überschneidungen: Es werden beispielsweise spezialisierte Hilfsorganisationen gesucht, es wird juristische wie psychologische Beratung benötigt, Schädigungen müssen grundsätzlich

festgestellt und die Aktivitäten des Opfers zielge-
richtet organisiert werden.

Auch Michael C. Baurmann, Psychologe und Opfer-
fachmann beim Bundeskriminalamt in Mainz, ten-
diert dahin: »Es gibt viele Überschneidungen. Die
Menschen leiden ähnlich. Daß man beispielsweise
Verbrechensopfer separat betrachtet und Opfer von
Verkehrsunfällen gar nicht berücksichtigt, liegt daran, daß die Polizei in Kriminalpolizei und Schutzpo-
lizei geteilt ist. Und es kann doch eigentlich nicht
wahr sein, daß man danach die Opfer behandelt.«

Eine Vision wird die Einrichtung eines Opfer-Büros
trotzdem bleiben. Nicht etwa, weil die Einrichtung
dieser Büros selbst so hohe Investitionen erfordert.
Erstens wird es schwer sein, die Interessen aller Opfer-Helfer, die es bereits gibt, zu bündeln. Zweitens
– und das ist letztendlich der entscheidende Grund –
wird das Geld nicht ausreichen. Es kämen ungeheure Schadenersatzforderungen auf Staat, Gesellschaft, Unternehmen, Versicherungen wie Einzelpersonen zu, wenn alle Opfer über ihre Rechte um-
fassend informiert und diese Rechte auch durchsetzen würden.

Der »Weisse Ring« geht davon aus, so Sprecher Helmut K. Rüster: »Wenn allein alle Opfer von Straftaten nach dem Opferentschädigungsgesetz entschädigt
werden müßten, wäre der Staat bald pleite.«

»Im Grunde ist das Opferentschädigungsgesetz ein
Krankenkassenentschädigungsgesetz«, meint »Weisser Ring«-Sprecher Rüster. »Wenn ich heute überfallen und im Krankenhaus von einem Arzt behandelt werde, zahlt das die Krankenkasse. In dem Moment, wo die erfährt, daß die Verletzungen nicht
von einem Unfall herrühren, sondern von einer

Straftat, da holt sie sich beim Versorgungsamt das Geld wieder. Das Opfer merkt davon überhaupt nichts. Dazu kommt, daß kaum ein Opfer das Opferentschädigungsgesetz kennt. Wir haben vor einigen Jahren eine Untersuchung durchgeführt und festgestellt, daß nur etwa elf Prozent aller Gewaltopfer, das heißt, potentielle Anspruchssteller, überhaupt einen Antrag gestellt haben. Von diesen elf Prozent wiederum, also ungefähr 10.000 Menschen, fallen ungefähr 70 Prozent bei der Überprüfung durch das Versorgungsamt durch. Das heißt: nur 3.100 Fälle wurden anerkannt.«

Nach Meinung des »Weissen Rings« kann man dieses Problem lösen. Rüster: »Kriminalitätsopfer müßten eigentlich von Amts wegen auf das Opferentschädigungsgesetz hingewiesen werden. Das sollte schon bei der Anzeigenaufnahme geschehen.«

Polizei-Fachmann Baurmann, Fachbereichsleiter Kriminologie des BKA und seit über zwölf Jahren »Opfer-Forscher«, dazu: »Im Rahmen meiner Beamtenfortbildung im Bereich ›Sexuelle Gewalt‹ empfehle ich den Beamten, die die Anzeigen aufnehmen, bereits, sich als eine Art Drehscheibe zu verstehen und die Opfer zu fragen, ob sie noch Unterstützung benötigen. Die Polizeibeamten können keine Beratung durchführen, aber, wenn sie ihren Job gut machen wollen, können sie vor Ort Bilanz ziehen, welche Beratungsstellen es gibt und wie sie arbeiten. Und dann können sie den Opfern entsprechende Empfehlungen geben.«

Hilfe tut not. »Um jeden Pfennig muß ich betteln, ich fühle mich wie ein Täter, nicht wie ein Opfer«, klagt eine querschnittsgelähmte Frau aus dem Rheinland, deren eifersüchtiger Ehemann zuerst ihr vierjähriges Kind und den Schwager tötete und dann auf sie schoß. Sie überlebte, wurde 25 mal operiert und kann sich heute nur mit dem Rollstuhl fortbewegen.

Die Interessen-Vertretung der Opfer sollte schließlich ein Opfer-Anwalt übernehmen. »Jeder Beschuldigte bekommt auf Staatskosten einen Pflichtverteidiger gestellt«, meint Rüster, »für die Opfer sollte Waffengleichheit hergestellt werden. Der ›Weisse Ring‹ finanziert den Opfern bereits eine sogenannte kostenlose Erstberatung. Und wenn der Anwalt dann zu dem Ergebnis kommt, daß die Rechte des Opfers eigentlich nur mit Hilfe eines Rechtsbeistands garantiert werden können, dann übernehmen wir auch dafür die Kosten, wenn das Opfer das nicht kann. Und das erstreckt sich sowohl auf den Strafprozeß wie auf den sozialrechtlichen Bereich, wenn das Opfer gegen Entscheidungen der Versorgungsverwaltung klagt.«

Die Fallstricke des OEG

Der »Weisse Ring« kennt aus vielen Erfahrungen die »Fallstricke« des Opferentschädigungsgesetzes: »Da besuchte ein Mann zusammen mit seiner Frau und Bekannten ein Lokal. Es gab eine Rangelei, und der Bekannte wurde angegriffen. Der Mann kam ihm zur Hilfe, und bekam einen solchen Schlag, daß er mit dem Hinterkopf auf den Boden aufschlug. Der Verletzte fiel ins Koma. Nach acht Monaten starb er, ohne wieder aufzuwachen. Die Ehefrau hat beim Versorgungsamt in München einen Antrag auf Opferentschädigung nach dem OEG gestellt. Dieser Antrag ist abgelehnt worden mit der Begründung, das OEG bedinge den höchstpersönlichen Anspruch. Das heißt: Der im Koma liegende Mann hätte den Antrag nur höchstpersönlich stellen können. Die betroffene Familie klagt jetzt gegen das Versorgungsamt.«

Es bleibt auch weitgehend dem Zufall überlassen, ob das Opfer erfährt, welche Rechte und Ansprüche es hat, wo und wie es über Rechte aufgeklärt wird, Ansprüche geltend machen kann.

In manchen Fällen scheint das Opferentschädigungsgesetz offensichtlich wie ein Opfer-Schädigungsgesetz zu wirken. Barbara Kanne berichtet aus ihrem Helfer-Alltag: »Wenn es um Gewalt gegen Frauen geht, gehen wir zunehmend dazu über, daß wir den Frauen davon abraten, das Opferentschädigungsgesetz in Anspruch zu nehmen, weil das eine enorme Tortur ist. Sie müssen zu Gutachtern, die psychologische Beurteilungen machen. Sie müssen zu Amtsärzten, sie müssen umfangreiche Formulare ausfüllen, und in der Regel handelt es sich bei den Betroffenen um Frauen, die vorher auch schon ein Strafverfahren gegen den Täter durchgezogen haben. Und jetzt fängt das wieder an. Wir stehen auf dem Standpunkt, daß es einfach kontraproduktiv ist.«

Das kann dem Staat nur recht sein. Ein Mitarbeiter des Bundesjustizministeriums soll auf einer Tagung von Opferhelfern inoffiziell ebenfalls bestätigt haben: Wenn der Staat allen Opfer helfen würde, die eigentlich nach dem Opferentschädigungsgesetz Anspruch auf Leistungen haben, dann wäre die Bundesrepublik Deutschland bald finanziell am Ende. Opferhelferin Kanne empört: »Das heißt: Es werden Hürden aufgebaut, um das zu verhindern. Und die sind im Moment eigentlich absolut opferfeindlich.«

Selbst Juristen blicken nicht immer durch. Sogar, wenn es um eine wichtige gesetzgeberische Maßnahme, das Opferschutzgesetz, geht. Obwohl fast jeder schon einmal »etwas davon gehört« hat, wissen die Juristen – so die Untersuchung des Max-Planck-Instituts für ausländisches und internationales Strafrecht über »Die Stellung des Verletzten im Strafverfahren« – nur wenig über Inhalt und Anwendung des Opferschutzgesetzes. Trotzdem sehen Rechtsanwälte im Opferschutz eher eine sinnvolle Neuerung der Strafgesetzgebung. Staatsanwälte und Richter hingegen stehen ihm distanziert gegenüber; durch das neue Gesetz fungiere das Opfer – früher nur Zeuge – jetzt gewissermaßen als »Störenfried« im Strafverfahren, indem es die Einhaltung seiner Rechte begehre. Befragt wurden 127 Richter, 57 Staatsanwälte und 124 Rechtsanwälte in Baden-Württemberg.

Mit dem Opferschutzgesetz von 1987, begleitet vom Opferentschädigungsgesetz (OEG) von 1976, können Opfer wesentliche Erleichterungen im Prozeßverlauf einfordern: So kann das Opfer beispielsweise für die Dauer der eigenen Vernehmung verlangen, daß der Täter das Sitzungszimmer verläßt. Zum Schutz seiner Privatsphäre hat das Opfer zudem den Anspruch, die Öffentlichkeit – zumindest teilweise – vom Verfahren auszuschließen. Darüberhinaus kann der Geschädigte verlangen, daß ihm ein Verwandter vor Gericht zur Seite steht. Auch hat er die Möglichkeit, um zum Beispiel eine Nebenklage zu führen, einen Rechtsanwalt seiner Wahl hinzuzuziehen. Um sich über den laufenden Prozeß zu informieren, kann auch das Opfer selbst Akteneinsicht fordern und nach dem OEG eine Entschädigung vom Staat erwirken.

Schmerzensgeld nach Tabelle

Die ehrenamtlich tätigen Bereichsleiter des »Weissen Rings« sprechen immerhin von sich aus einen Teil der Opfer an und bieten ihnen Unterstützung an. Opfer von Verkehrsunfällen sind noch weitgehend abgesichert. Nur die wenigsten haben zwar von der Verkehrsopferhilfe gehört, die meisten wissen jedoch, daß sie sich an die Versicherung des Unfallverursachers halten können. Und im Zweifelsfall können sie auch in der vom ADAC herausgegebenen Schmerzensgeldtabelle nachschlagen; sie zeigt uns in aller Deutlichkeit, wieviel die Unversehrtheit eines Bundesbürgers heute wert ist, und damit, ob sich ein Rechtsstreit überhaupt lohnt:
Da gibt es für die Amputation eines Arms oder einer Hand schon mal 25.000 DM, für eine Zehe 10.000 DM. Ein Armbruch bringt dem Geschädigten im schlechtesten Fall gerade mal bis zu 1.999 DM, ebenso wenig gibt es manchmal für Gesichtsentstellungen. Der Verlust der Sehkraft wird beispielsweise mit 40.000 bis 50.000 DM entschädigt. Ein 20jähriger, der acht Monate lang im Krankenhaus zugebracht hat und lebenslänglich an den Rollstuhl gefesselt ist, bekommt 200.000 DM bar auf die Hand und eine monatliche Rente von 600 DM.
Recht haben – und Recht bekommen, sind allerdings immer noch zwei Paar Schuhe. Wie schwer es

ist, seine berechtigten Interessen durchzusetzen, davon wissen gerade Opfer viel zu erzählen. Oft mühsam, Schritt für Schritt wie ein Gehbehinderter, kommen Opfer in Deutschland mit ihren Forderungen voran. Nicht selten führt der Weg durch die Gerichte, dann oft gleich bis zur letzten Instanz:

- Bis zum Bundessozialgericht müssen beispielsweise die Hinterbliebenen eines Arbeiters gehen, der in einer Mühlheimer Fabrik mit Asbest arbeitete und 1973 an Asbestmesotheliom starb. Seine Ehefrau hatte jahrlang die Kleidung des Arbeiters vom Asbeststaub gereinigt und starb 1986 an Krebs. 1992 schließlich starb der 46jährige Sohn an Asbestmesotheliom. Die Hinterbliebenen prozessieren u.a. um Anerkennung einer Berufsunfallrente für die Toten. Das Landessozialgericht hat entschieden, daß die Erkrankung der Ehefrau als »Berufskrankheit« zu betrachten ist. Daraufhin zieht die Maschinenbau- und Metall-Berufsgenossenschaft vor das Bundessozialgericht – und bekommt dort Recht.

- Weit über ein Jahrzehnt dauert der Kampf einer Ehefrau um Entschädigung nach dem Opferentschädigungsgesetz. Ihr Ehemann war im Januar 1976 nach einem Herzinfarkt gestorben, als er davon erfuhr, daß der Sexualverbrecher, der seine Tochter getötet hatte, nicht wegen Mordes, sondern nur wegen sexueller Nötigung verurteilt wurde. Wegen seines Todes an »gebrochenem Herzen« hatte die Ehefrau Entschädigung nach dem Opferentschädigungsgesetz verlangt, nachdem zuerst die Berufsgenossenschaft den Antrag auf Berufsrente abgelehnt hatte: Die Schädigung des Mannes sei nicht durch einen Unfall, sondern

136

durch die schweren psychisch-bedingten Streßzustände aufgrund des gewaltsamen Todes der Tochter entstanden. Das Kölner Sozialgericht entschied schließlich Mitte 1989 zu Gunsten der Frau. Doch damit war der Streit im Dschungel des Rechts noch lange nicht beendet: Das Versorgungsamt, zuständig für die Abwicklung der OEG-Anträge, legte Einspruch beim Landessozialgericht in Essen ein.

- Vor dem Bundesgerichtshof wurde unter dem Aktenzeichen 4 StR 33/93 endlich entschieden, daß eine Frau einem Vergewaltiger aus Angst ihr Einverständnis zu der Gewalttat vorspielen darf und das nicht strafmildernd zu Gunsten des Täters ausgelegt wird. Das Landgericht Dortmund hatte den Mann vorher nur wegen Körperverletzung und Nötigung zu neun Monaten Haft auf Bewährung verurteilt, nicht aber auf versuchte Vergewaltigung erkannt. Das 44jährige Opfer war von dem Mann überfallen worden. Als die Frau erkannte, daß ihr niemand helfen würde, hatte sie dem Mann gesagt, daß sie geschieden sei und er wie gerufen komme. Sie hatte ihm auch vorgeschlagen, sich am nächsten Tag zu treffen. Der Täter forderte von der Frau jedoch auf einem dunklen Parkplatz sofort den Geschlechtsverkehr.

- Bis zum Bundesverfassungsgericht wird sich voraussichtlich auch der Rechtsstreit um Entschädigung eines ehemaligen Stasi-Opfers hinziehen. Das Oberlandesgericht Dresden hat im Juli 1993 einem Opfer des Mielke-Ministeriums, dessen geplante Flucht in den Westen vom eigenen Neffen verraten worden war und der daraufhin 46 Monate in Isolationshaft in einem DDR-Gefängnis verbringen mußte, knapp 79.000 DM Schadenersatz zugesprochen. Ein Signal für etwa 10.000 ähnliche Fälle, wie die »Stiftung für ehemalige politische Häftlinge« in Dresden feststellt.

- Als »einen Verstoß gegen die Menschenwürde« bezeichnete der Deutsche Caritasverband in Bayern eine Entscheidung des Fünften Zivilsenats des Oberlandesgerichts München, das am 5. Juli 1990 das Schmerzensgeld eines hirnverletzten Unfallopfers von 280.000 DM auf 140.000 DM gekürzt hatte. Die Begründung dafür: Das Opfer war bereits vor dem Unfall durch eine frühkindliche Hirnschädigung leicht behindert gewesen; der Mann könne »die durch die unfallbedingt eingetretene Imbezillität (mittelmäßige Schwachsinnigkeit, Anmerkung des Autors) seine Beeinträchtigungen nicht in ihrer ganzen Schwere wahrnehmen«. Die »Augsburger Allgemeine« kommentierte damals empört: »Die Würde des Menschen ist unantastbar. Muß die Würde künftig auch gegen Richter verteidigt werden?«

Opferentschädigung auch für Ausländer

Manchmal ist man überrascht, wie schnell der Gesetzgeber handeln kann. Zu einem weltweiten Medien- und Polit-Spektakel kommt es, als 1993 die rechtsradikale Gewaltszene unter Ausländern in Deutschland ein Blutbad anrichtet. Im Verlauf der Diskussion stellt sich unter anderem heraus, daß zwei kleine Mädchen einer libanesischen Familie aus Hünxe, die im Oktober 1991 bei einem Brandanschlag durch Rechtsextremisten schwer verletzt wur-

den, keine Entschädigung vom Landesversorgungsamt NRW erhalten sollen – das Opferentschädigungsgesetz sieht diese Maßnahmen nicht vor.
Ebenso ergeht es zunächst den Hinterbliebenen von
drei Türkinnen, die im November 1992 bei einem
rechtsextremistischen Angriff sterben. Als schließlich auch noch 1993 bei einem Anschlag in Solingen
Opfer zu beklagen sind, ist die Gesetzesänderung
durch: Ausländische Gewaltopfer – rückwirkend
auch jene, die seit dem 1. Juli 1990 betroffen sind –
erhalten Entschädigungen nach dem OEG, verkün-
det die Bundesregierung.
Von jetzt an gilt auch für sie, was der Bundesminister für Arbeit und Sozialordnung, Norbert Blüm,
den Opfern mit auf den Weg in ein besseres Opfer-
Dasein gab: »Opfer von Verbrechen erleiden häufig
nicht nur körperliche Beeinträchtigungen. Sie müssen darüber hinaus oft auch wirtschaftliche Einbußen in ganz erheblichem Umfang hinnehmen. Das
gleiche gilt zum Beispiel auch, wenn der Ernährer
der Familie einem Verbrechen zum Opfer fällt. Diese wirtschaftlichen Einbußen werden durch Renten
aus der gesetzlichen Rentenversicherung, durch Leistungen aus privaten Versicherungen oder durch die
Sozialhilfe nicht immer voll ausgeglichen. Die Schadenersatzansprüche gegen den Schädiger führen in
den seltensten Fällen zu einem Ausgleich des Schadens. Häufig kann der Schädiger gar nicht ermittelt
werden. Der Bundestag hat deshalb 1976 das Gesetz
über die Entschädigung für Opfer von Gewalttaten
einstimmig beschlossen. Das Gesetz ist Bestandteil
des sozialen Entschädigungsrechts, dessen Grundge-
danke es ist, für diejenigen eine angemessene wirtschaftliche Versorgung zu gewährleisten, die einen

Gesundheitsschaden erleiden, für dessen Folgen die staatliche Gemeinschaft in Abgeltung eines besonderen Opfers oder aus anderen Gründen einsteht. Opfer von Gewalttaten erhalten nach dem Bundesversorgungsgesetz die gleichen Leistungen wie Kriegsopfer.«

Mit der Gesetzesänderung von 1993 werden Ausländer, die sich mindestens drei Jahre rechtmäßig in der Bundesrepublik aufhalten, mit Deutschen beziehungsweise EG-Bürgern gleichgestellt. Wer kürzere Zeit auf deutschem Boden verbracht hat, erhält ebenfalls eine – wenn auch eingeschränkte – Entschädigung. Das gilt jedoch nicht für Besucher oder Touristen. Werden sie in Deutschland zu Gewaltopfern und wollen entschädigt werden, muß das »Gegenseitigkeitserfordernis« erfüllt sein. Das heißt, nur wenn in ihrem Heimatstaat vergleichbare Gesetzesregelungen gelten, können diese Opfer auch hier mit Entschädigungen rechnen. Nur für Härtefälle ist dieser Passus mit der Neuregelung geändert worden. Ausländischen Opfern, die das Gastland verlassen, wird eine einmalige Abfindung gezahlt, deren Höhe an die Aufenthaltsdauer gebunden ist.

Norbert Blüm zeigt sich mit der Gesetzesänderung zufrieden, die er als »Zeichen der Solidarität und des Willens zur Integration« wertet. Doch kaum tritt das novellierte OEG in Kraft, meldet sich der »Weisse Ring« zu Wort. Bereits seit 1976 hat er die Gleichstellung aller Menschen im OEG gefordert, unabhängig von der jeweiligen Nationalität. Doch erst jetzt, nach den Brandanschlägen in Hünxe, Mölln und Solingen, werden diese Forderungen von Politikern aufgegriffen. Doch mit dieser Novellierung ist der »Weisse Ring« nicht zufrieden.

»Die Neufassung des Gesetzes bringt einige Verbesserungen. Aber die Aufenthaltsdauer und der Verwandtschaftsgrad Betroffener schränkt wiederum Ansprüche ein, wie auch der Tatzeitpunkt«, kritisiert Pressesprecher Rüster. Mit einigen Beispielen aus der Praxis verdeutlicht er die von·ihm angesprochenen Probleme:

»Aufenthaltsdauer: Ein seit Jahrzehnten in Deutschland ansässiger Japaner, der als Opfer eines Raubüberfalls Ende 1989 bleibende gesundheitliche Schäden zurückbehielt, erhält noch immer keine Opferrente, weil die Straftat vor dem Gesetzesstichtag 1. Juli 1990 passierte.

Verwandtschaftsgrad: Ein türkisches Mädchen besuchte Onkel und Tante in Deutschland. Bei einem Brandanschlag 1993 wurden alle drei schwer verletzt. Die dauernd in Deutschland lebenden Onkel und Tante erhalten OEG-Entschädigung. Die Nichte nur, wenn ihre Erwerbsfähigkeit zu mehr als 50 Prozent gemindert ist. Dann kann sie auf eine einmalige Abfindung hoffen.

Nationalität: Ein Italiener und ein Österreicher werden überfallen, beide tragen schwere Gesundheitsschäden davon. Der Italiener (Angehöriger eines EG-Staates) kommt in den Genuß von OEG-Leistungen. Bei dem Österreicher hängt es vom Grad der Minderung seiner Erwerbsfähigkeit ab, ob er eine Abfindung erhält.«

Rüsters Bilanz: »Bei der OEG-Novellierung wurde erneut die Chance vertan, ein deutliches Zeichen der Solidarität mit allen Opfern von Kriminalität zu setzen.«

Ausländer und Opferentschädigung

Wissenschaft und Fachwelt sind – zum Beispiel im Bereich der Opfer von Verbrechen – in ihrer Arbeit viel weiter, als es der Öffentlichkeit bewußt ist. Die erfährt – meist über die Medien – oft nur von den Horrorstories aus der Welt der Opfer, wenig dagegen über die Arbeit und die Forderungen der Opfer-Spezialisten, die versuchen, den Opfern einen menschlichen Weg in die Zukunft zu ebnen.

Schon vor rund 20 Jahren hat man bei der Polizei erkannt, was Autor Schneider schreibt: »Die Wissenschaft vom Verbrechensopfer, die Viktimologie, ist von großer praktischer Bedeutung für die Kriminalpolitik. Bei der Verbrechensvorbeugung und der Kriminalitätsaufklärung hat sich die Kriminalpolizei bisher allzu sehr auf Informationen von der Tat- und Täterseite her verlassen... Informationen von der Opferseite bringen die Verbrechensaufklärung, -Vorbeugung und -Bekämpfung erst ins Gleichgewicht. Die Erfragung des Opferwerdens ermöglicht Dunkelfeld-Untersuchungen, die im Vergleich mit Kriminalstatistiken Wesentliches über die Wirksamkeit der Strafverfolgung auszusagen vermögen.«

Es gibt eine ganze Palette von – meist allerdings kleinen – Hilfsorganisationen, die Opfern von Verbrechen zur Seite stehen und zum Teil auch Grundlagenforschung betreiben bzw. fördern. In der ADO, dem Arbeitskreis der Opferhilfen, haben sich eine Reihe von Helfergemeinschaften wie u.a. die »Hanauer Hilfe«, »Deutscher Kinderschutzbund«, »Opferhilfe Hamburg« oder »Notruf für vergewaltigte und sexuell mißbrauchte Frauen« zusammengeschlossen, um u.a. »parteilich für die Belange der

Opfer – jedoch nicht zu Lasten der Täter – öffentlich Stellung zu beziehen«.

Aus der Arbeit von Kriminalisten, Viktimologen und Hilfsorganisationen haben sich Erfahrungen ergeben, die Autor Leo Schuster in einer »Bestandsaufnahme: Opferschutz und Opferberatung« des Bundeskriminalamts unter »Thesen und Forderungen« zusammengefaßt hat. Schuster fordert, daß das (Verbrechens-) Opfer stärker in den Blickpunkt der rechts- und kriminalpolitischen Diskussion gebracht werden muß. Opferbezogene Forschungsvorhaben seien verstärkt zu fördern, um Erkenntnisdefizite zu reduzieren. Probleme der Opferwerdung müßten deutlicher öffentlich gemacht werden, um einen Bewußtseinswandel in der Gesellschaft zu erreichen – die Opferrolle ist in unserer Gesellschaft eindeutig negativ besetzt. In die polizeiliche Beratung, die bundesweit flächendeckend ausgebaut werden müsse, sei die besondere Situation der Opfer stärker als bisher inhaltlich einzubeziehen. Die unzureichenden Hilfen im Rahmen der unmittelbaren Krisenintervention müssen erheblich verbessert und ausgebaut werden. Der Polizei, so Schuster, »kommt dabei eine Schlüsselrolle zu, da sie in der Regel die Schnittstelle zwischen den Opfern und den Instanzen sozialer Kontrolle bildet«.

Er ist auch der Meinung, daß bei den Staatsanwaltschaften »Opferhilfsstellen« eingerichtet werden sollen, und »es ist die Einführung eines Opfer-Ombudsmannes zu prüfen«. Die materielle Opferhilfe sei zu verbessern, »versicherungsrechtliche bzw. zivilrechtliche Schadenersatzleistungen decken nur Teilbereiche ab«. Unter anderem schlägt er auch die Einführung eines Härtefonds vor; außerstaatliche

Opferhilfs- bzw. Entschädigungsprogramme wie zum Beispiel vom »Weissen Ring« sollten verstärkt unterstützt und gefördert werden. Allerdings meint er, daß sie »durch ihre Tätigkeit auf offensichtlich un- bzw. unterversorgte staatliche Aufgabenfelder hindeuten«.

Mit der Geburt begann die Prozeßwelle

Es hört sich so wunderschön an, was die Wissenschaftler fordern, Fachleute für wichtig erachten. Nur in der Realität stehen allzu viele Opfer allein vor der Lösung ihrer Probleme – und das vermutlich noch lange Zeit. Wie sollen sie auch in der Masse bewältigt werden? Die Zeitschrift »Test«, das Info-Magazin der »Stiftung Warentest«, weiß zu berichten, daß es beispielsweise jährlich allein 30.000 Streitfälle zwischen Arzt und Patient gibt. Die Frankfurter Staatsanwaltschaft hat bereits ein »Sonderdezernat ärztliche Kunstfehler« eingerichtet.

»Test« schreibt in seinem Gesundheitsjournal: »Es wird geschätzt, daß pro Jahr allein bei den Staatsanwaltschaften etwa 8.000 Anzeigen wegen ärztlicher Behandlungsfehler eingehen. Aber nur in etwa der Hälfte der Fälle wird tatsächlich ein Verfahren eröffnet. Rund 50 Prozent aller Ansprüche werden von den Haftpflichtversicherungen reguliert – trotz eindeutiger Sachlage manchmal erst nach jahrelangen Auseinandersetzungen – häufig aber schon nach zwei bis drei Jahren.

Rund 80 Prozent der anerkannten Haftungsansprüche werden zwischen der Haftpflichtversicherung des Arztes und dem Patienten direkt geregelt. Dies sind oft Fälle, die so eindeutig liegen, daß daran nicht mehr viel zu rütteln ist. Doch nicht immer ist die Situation eindeutig. Wer Klarheit haben möchte, der benötigt zunächst einen überaus langen Atem: Bis zum Ende aller Gerichtsverfahren durch die Instanzen können zehn bis zwölf Jahre vergehen. Außergerichtlich geht's zwar oft rascher voran, aber die Wahrheitsfindung ist in der Regel recht schwer. Erfolg und Ausgang des Verfahrens sind letztlich ungewiß. Dennoch: Ärztliche Fehler werden durchaus ermittelt oder eingestanden; es sind in Deutschland Geschädigten bereits Entschädigungssummen bis 2,5 Millionen Mark zugesprochen worden.

Chirurgen, Orthopäden und Gynäkologen sind besonders häufig von Auseinandersetzungen betroffen. In Erinnerung ist der spektakuläre Prozeß gegen Professor Rupprecht Bernebeck 1988/89, bei dem es um Behandlungsfehler bei 250 ehemaligen Patienten ging; einige kamen im Rollstuhl und auf Krücken zur Verhandlung. Dennoch standen viele Fälle wahrlich auf Messers Schneide. Vier Fälle gelangten schließlich zur Anklage; die Geldstrafe für Professor Bernebeck betrug 7.000 DM.

Dreh- und Angelpunkt jedes Verfahrens sind die ärtzlichen Gutachter. Doch die sind sich nicht immer einig. Es gibt zum Beispiel den Fall einer Mutter, die behinderte Zwillinge geboren hat. Durch verschiedene Instanzen zieht sich das Verfahren nun schon seit zehn Jahren hin. Geht die Schädigung der Zwillinge auf eine zu lange Wartezeit ohne Versorgung im Krankenhaus zurück; darauf, daß sich zunächst kein Facharzt um die Risikopatientin kümmerte; darauf, daß kein Kaiserschnitt und die Nachsorge nur unvollständig erfolgten? Oder aber auf eine frühere Rötelninfektion? Drei Gutachten ergaben zwei Meinungen.«

Genau diesem Fall, den »Test« dort in wenigen Zeilen beschreibt, bin ich nachgegangen. Die Schilderungen der betroffenen Mutter, eine engagierte »Patienten-Rechtlerin«, entlarven den Rechtsweg, den ein Opfer gehen muß, als einen Psycho-Trip: Die 46jährige Sabine Bach (ihr Name wurde vom Autor geändert) hat sich ihr Familienleben ganz anders vorgestellt, als sie 1978 im Alter von 31 Jahren schwanger wird. Sie hat bereits vier gesunde Kinder. Weiterer Nachwuchs ist nicht geplant, doch sie nimmt den »Pillenunfall« hin, will dem Kind trotzdem das Leben schenken. Doch statt einem gesunden, bringt sie zwei schwerstbehinderte Kinder auf die Welt. Sie erwartet von den behandelnden Ärzten des Krankenhauses u.a. Schmerzensgeld in Höhe von insgesamt rund 300.000 DM. Damals hat sie nicht ahnen können, daß sie sich mit dem Rechtsstreit für die folgenden Jahre in einen Dschungel des Rechts begibt – bisher ohne Erfolg.

Auf diesem Weg wird sie fast zur »medizinischen Sachverständigen«. Sabine Bach berichtet:

»Im Dezember 1978 hatte ich plötzlich einen Hautausschlag und konsultierte meinen Hausarzt. Ich vermutete schwanger zu sein, hatte aber noch nicht die Bestätigung. Mein Arzt diagnostizierte eine akute allergische Dermatitis (Hautentzündung), da möglicherweise eine Schwangerschaft vorlag, einen Rötelnverdacht. Die Schwangerschaft bestätigte sich dann durch Laborbefund am Heiligenabend 1978. Es folgten darauf 14tägige Blutuntersuchungen, aufgrund derer konstanter Röteln-Titer festgestellt und eine Rötelninfektion ausgeschlossen wurde. Eine IGM Antikörperbestimmung (IGM Antikörper im Blut können im Gegensatz zum Röteln-Titer nur während einer akuten Infektion nachgewiesen werden) wurde nicht durchgeführt.

Der Mutterpaß wurde dann am 15. Februar 1979 begonnen, nachdem mir der Laborarzt und auch der Gynäkologe versicherten, daß keine Virusinfektion oder sonstiges vorgelegen hätte, was fruchtschädigend sein könnte.

Danach nahm ich dann regelmäßig die Schwangerschafts-Vorsorgeuntersuchungen wahr. Im März wurde erstmals geäußert, daß es sich möglicherweise um Zwillinge handeln könnte. Die Feststellung der Zwillingsschwangerschaft wurde dann aber erst endgültig im Juni getroffen. Der errechnete Geburtstermin der Kinder wurde mit dem 17. Juli 1979 errechnet, wobei Terminunklarheit bestand, da es sich bei dieser Schwangerschaft um einen ›Pillenunfall‹ handelte. Vorsorglich erhielt ich von meinem niedergelassenen Gynäkologen eine Einweisung in das Krankenhaus, damit ich unverzüglich bei Wehenbeginn aufgenommen werden konnte, da eine Risikoschwangerschaft vorlag: Zwillinge, erstes Kind in Beckenendlage und Mehrgebärende. Außerdem waren beide Kinder sehr klein laut Ultraschall.«

Eine Geburt voller Probleme

»Durch Wehentätigkeit wurde ich am 22. Juli 1979 um 3 Uhr geweckt und informierte sofort den Krankenwagen. Der Transport erfolgte mit Blaulicht über die Autobahn ohne besondere Vorkommnisse. Bei Ankunft im Krankenhaus war die Aufnahme nicht besetzt. Über eine halbe Stunde stand ich dort mit nun schon sehr heftiger Wehentätigkeit alle zwei bis drei Minuten. Die erste Untersuchung im Kreißsaal erfolgte um 4.40 Uhr. Handschriftlich hielt die Hebamme hier schon fest: Herztöne eines Kindes nach jeder Wehe von 160 auf 60 Schläge in der Minute. Die Herztöne des anderen Kindes wurden mit o.B. (ohne Befund) bezeichnet. Um 5 Uhr wurde ein CTG (Kardiotofografie, überwacht Herztöne des Kindes und die Wehentätigkeit) angeschlossen. Es soll hier das erste in Beckenendlage liegende, führende Kind überwacht worden sein. Von Beginn der Aufzeichnung bis zum Ende um 5.40 Uhr werden hochpathologische (krankhaft veränderte) Herztöne aufgezeichnet. Das zweite Kind wird überhaupt nicht mehr überwacht. Bis zur Abnahme des CTGs habe ich keinen Arzt gesehen und wurde ausschließlich von der Hebamme betreut.

Der Arzt wurde dann von der Hebamme von zu Hause geholt, und er erschien um ca. 5.45 Uhr und ordnete einen sofortigen Kaiserschnitt wegen drohendem Sauerstoffmangel der Kinder in der Gebärmutter an. Um 6 Uhr wurden meine Kinder durch Sektio aus dickgrünem Fruchtwasser geboren. Das Geburtsgewicht des ersten Kindes betrug 2.100 Gramm und das des zweiten Kindes 2.680 Gramm. Beide Kinder waren also extrem mangelig. Laut Unterlagen erfolgte die sofortige Verlegung in die Kinderklinik. Dort kamen die Kinder aber erst im Alter von über einer Stunde an, obwohl die Fahrtzeit ca. 5 Minuten beträgt. In der Kinderklinik wurden beide über Dauersonde ernährt und erhielten mehrere Tage Sauerstoff. Die Aufzucht erfolgte im Inkubator (Brutkasten). Eine Schädelsonographie (Messung der Gehirnfunktion durch die offene Fontanelle im Schädel von Neugeborenen) wurde nicht durchgeführt und beide Kinder wurden nach vier Wochen als gesund entlassen.

Im Alter von zweieinviertel Jahren wurde in der Kinderklinik bei beiden Kindern ein schwerer Hirnschaden festgestellt. Die Vorsorgeuntersuchungen galten bis dahin als unauffällig. Die Kinder wurden, da sie nicht krabbeln, aufstehen und sprechen konnten, lediglich als Spätentwickler bezeichnet. Als meine Kinder vier Jahre alt waren, habe ich angefangen, mir die Unterlagen zu beschaffen und einen Anwalt zu suchen, der meine Sache vertritt. Ich geriet damals an einen befreundeten Anwalt, der aber medizinischer Laie war und meine Sache nur unter der Maßgabe übernahm, daß ich mich medizinisch schlau mache. Alle Schriftsätze habe ich bereits damals selber geschrieben, und der Anwalt hat sie auf sein Papier gebracht.

Die Klage wurde 1984 eingereicht und richtete sich gegen das Krankenhaus und gegen die Hebamme. Einmal, da organisatorisches Verschulden des Krankenhauses vorlag, da die Aufnahme nicht besetzt war und zweitens, weil die Hebamme nicht unverzüglich nach Aufnahme einer Risikoschwangeren einen Arzt hinzugezogen hatte. Die Hebamme verstarb dann leider ca. ein halbes Jahr nach Klagezustellung im Alter von 43 Jahren. Nun wurde die Klage gegen sie eingestellt und die Klage richtete sich ausschließlich gegen die katholische Kirche, die Trägerin dieses Krankenhauses ist.

Vom Landgericht, bei dem unsere Sache seit nunmehr Anfang '84 anhängig war, wurde dann eine Uniklinik mit der Begutachtung des Falles betraut.

Es sollte von seiten der Uniklinik ein Kinderarzt wie auch ein Gynäkologe als Gutachter tätig werden. Die Uniklinik bestätigte den Gutachterauftrag und wies noch einmal extra draufhin, daß hier sowohl ein neuropädiatrisches, wie auch ein gynäkologisches Gutachten notwendig sei. Als Gutachter der Uniklinik meldete sich dann Herr Prof. P., Neuropädiater (Kinderarzt, der sich auf Gehirn spezialisiert hat und u.a. vorliegende Hirnschäden begutachtet und deren Ursachen untersucht). Das Gericht akzeptierte ihn als gerichtlichen Sachverständigen. Von meiner Seite und von seiten meines Anwalts wurde hiergegen Einspruch erhoben, da hier nicht auch, so wie gefordert, ein Gynäkologe zur Begutachtung herangezogen worden war. Dieses wurde vom Gericht ignoriert.

Nach ca. zwei Jahren lag das Gutachten von Herrn Prof. P. noch nicht vor, es wurden von seiten des Gerichts immer wieder Fristen, Nachfristen gesetzt und zum Schluß sogar Bußgeld angedroht. Aber der Gutachter rührte sich einfach nicht. Aus diesem Grund habe ich dann die Ärztekammer angeschrieben, um den Gutachterauftrag des Hern Prof. P. überprüfen zu lassen.

Zwischenzeitlich waren immerhin über drei Jahre ins Land gezogen. Von seiten der Ärztekammer wurde Herrn Prof. P. eine letzte Frist gesetzt, und es wurden ihm berufliche Konsequenzen angedroht, selbst für den Fall, daß er jetzt innerhalb der Frist das Gutachten erstellen sollte.

Daraufhin meldete sich Herr Prof. P. telefonisch bei mir. Er teilte mir mit, daß er das Gutachten bereits im Computer hätte, daß er meine Vorgehensweise verabscheue und daß ihm das noch niemals passiert sei, so lange er als Gutachter tätig ist. Er äußerte weiter, daß dieses Telefonat nichts an der sich bereits im Computer befindlichen Begutachtung ändern würde, aber er erbäte doch Auskunft von mir, ob ich nachweisen könnte, daß meine Kinder nachgeburtlich die Röteln durchgemacht hätten, da bei ihnen ein positiver Rötelntiter vorläge. Hierzu mußte ich äußern, daß ich dieses leider nicht wüßte. Daraufhin teilte mir Herr Prof. P. mit, daß in seinem Gutachten stünde, daß beide Kinder während der Schwangerschaft durch Röteln geschädigt worden sind.

Da ich einen Beweis der nachgeburtlich durchgemachten Rötelninfektion nicht erbringen könne, ginge er davon aus, daß ich in der Woche vor Weihnachten während der Schwangerschaft an einer akuten Rötelninfektion erkrankt gewesen wäre und hieraus die Schädigung der beiden Kinder resultiere. Kurze Zeit darauf bekam ich das Gutachten des Herrn Prof. P. zugestellt. Darin hieß es: Zwar sei die spastische Diplegie (beidseitige Krampflähmung der Extremitäten) und die Spastik atypisch für eine Rötelnembryopathie (Fruchtschädigung durch Rötelninfektion, übertragen von der Mutter über den Mutterkuchen auf den Fötus), aber da ansonsten alle Behinderungen der Kinder mit einer Rötelnembryopathie in Einklang zu bringen seien und bei den Röteln alles vorkommen könne, wäre auch hier die spastische Diplegie auf eine Rötelnembryopathie zurückzuführen.

Nach fünf Jahren den ersten Gerichtstermin

Da Herr Prof. P. in seiner Begutachtung immer wieder den Namen Frau Prof. E. erwähnte, habe ich daraufhin Frau Prof. E. angeschrieben und um eine Privatbegutachtung gebeten. Frau Prof. E. erklärte sich bereit und erstellte mir ein kostenpflichtiges Privatgutachten. In der Begutachtung von Frau Prof. E. fanden sich seltsamerweise ausschließlich alle Daten und Worte aus dem Gutachten des Herrn Prof. P., die zum Teil von Herrn Prof. P. falsch übernommen worden waren oder ihm überhaupt nicht vorlagen.

Daraufhin schrieb ich Frau Prof. E. abermals an und überreichte ihr nochmals die komplette Krankenakte aus der die wirklichen Werte der damaligen Untersuchungen und auch die Daten, wann diese Untersuchungen durchgeführt wurden, ersichtlich sind. Abermals erhielt ich ein Gutachten von Frau Prof. E., das dem ersten sehr ähnlich war und nur kleine Abänderungen aufwies.

Mir kam die ganze Sache sehr suspekt vor. Ich gab daraufhin die gesamten Krankenunterlagen an einen Virologen einer weiteren Uniklinik, der hier abermals begutachtete. Herr Prof. S. nimmt folgendermaßen Stellung:

Das Schädigungsbild der Kinder ist in keinster Weise mit dem Schädigungsbild einer Rötelnembryopathie vereinbar. Es ist im nachhinein nicht mehr nachweisbar, ob Röteln in der Schwangerschaft vorgelegen haben oder nicht. Wenn aber hier Röteln in der Frühschwangerschaft, neunte bis elfte Woche vorgelegen hätten, die schädigend gewesen wären, dann hätte es zu Mißbildungen bei den Kindern führen müssen, u.a. an Herz, Auge etc.

Ein zwischenzeitlich eingeholtes gynäkologisches Gutachten stellt ärztliche Behandlungsfehler während der Schwangerschaftsüberwachung und unter der Geburt heraus und kommt zu dem Schluß, daß eine Placentainsuffizienz (Mutterkuchen-Schädigung) vorgelegen hat. Unter der Geburt war eine schwere Hypoxie (Sauerstoffmangel) aus dem CTG ersichtlich, die hier für den Schaden verantwortlich zu machen ist.

Nach über fünf Jahren hatten wir dann unseren ersten Gerichtstermin. Zu diesem Gerichtstermin war auch Herr Prof. P. als Sachverständiger geladen. Das Landgericht handelte an seinem eigenen Beschluss vorbei, indem ein Gynäkologe nicht als Gutachter tätig war, noch zur mündlichen Erstattung seines Gutachtens geladen wurde. Da mir die gesamte Sache sehr suspekt erschien, fragte ich Herrn Prof. P., ob er als Neuropädiater, der hier ein virologisches Gutachten erstellt hat, Hilfestellung bei der Begutachtung in Anspruch genommen hat, wenn ja, von wem. Hierauf antwortete Herr Prof. P., daß er bei der Begutachtung Frau Prof. E. hinzugezogen hätte.

Ich warf Herrn Prof. P. vor, daß er dieses in seiner Begutachtung hätte kenntlich machen müssen, und zudem erfaßte mich eine maßlose Wut, daß, obwohl Frau Prof. E. in meiner Sache bereits am Gerichtsgutachten gutachterlich tätig war, mir ein kostenpflichtiges Privatgutachten erstellte. Daraufhin, um diesen Filz aufzudecken, überreichte ich dem Gericht diese beiden für mich negativen Privatgutachten der Frau Prof. E. Wir fertigten noch einen

Schriftsatz an, in dem wir abermals einen Gynäkologen als Gutachter forderten. Diesem wurde aber nicht stattgegeben, und es kam zur Urteilsverkündung. Das Urteil lautete, daß, egal wie grob der Behandlungsfehler sei, dieser nicht zum Tragen käme, da alle Behinderungen der Kinder auf eine Rötelnembryopathie zurückzuführen seien.

Wir legten Revision ein und kamen zum Oberlandesgericht. Zwischenzeitlich wurde von mir ein weiteres gynäkologisches Gutachten in Auftrag gegeben, das auch ganz klar zu dem Schluß kam, daß die Kinder unter der Geburt einer schweren Hypoxie ausgesetzt waren und der Schaden hierauf zurückzuführen sein könnte. Es wurden insgesamt mehrere grobe Behandlungsfehler bestätigt. Außerdem wurde noch ein gynäkologisches Privatgutachten in Auftrag gegeben, worin bestätigt wurde, daß aufgrund der erhobenen Befunde in der Schwangerschaft keine Röteln vorgelegen haben könnten und daß diese zum gegenwärtigen Zeitpunkt nicht mehr beweisbar wären.

Abermals wurde am Oberlandesgericht Antrag gestellt auf Ladung eines gynäkologischen Gutachters. Diesem Antrag wurde dann stattgegeben. Es wurde ein Termin anberaumt und am Termin wurde uns nachdem die Sitzung bereits eröffnet war mitgeteilt, daß Herr Prof. H., der geladene gynäkologische Gutachter, leider verhindert wäre. Der Termin fand trotzdem statt. Anwesend an diesem Termin waren: Herr Prof. P. und, man glaubt es kaum, Frau Prof. E. Beide saßen einträchtig nebeneinander, tauschten ihre Antworten aus, bzw. einer antwortete auf Befragung für den anderen.

Die Aufklärungsarbeit des Gerichts bestand darin,

daß man Frau Prof. E. fragte, ob sie denn gut angekommen wäre und mit welchen Verkehrsmitteln sie denn gereist sei und wann sie denn wieder zurück müsse und ob man terminieren müsse. Ansonsten kam von seiten des Gerichts keine vernünftige Frage zur Aufklärung des Sachverhaltes. Ich hatte auch hier beim OLG Befragungsrecht und konnte somit Frau Prof. E. fragen, warum sie mir ein Privatgutachten erstellt hätte, ohne mich darauf hinzuweisen, daß sie bereits in der Gerichtsbegutachtung tätig war. Frau Prof. E. konnte sich nicht daran erinnern, daß sie von mir einen Gutachterauftrag erhalten hat. Stattdessen bestand sie, wie auch Herr Prof. P., weiter darauf, daß hier doch sehr wahrscheinlich und mit größter Wahrscheinlichkeit die Kinder durch Röteln geschädigt seien. Das für mich schärfste und nahezu unverschämteste war, daß sie mir sagte: Ich habe ihnen doch nun eine Möglichkeit der Schädigung aufgezeigt, nun hören sie doch auf mit dem Prozessieren, und gehen sie doch nach Hause und kümmern sich doch besser um ihre Kinder.

Befangenheitsanträge wurden vom Tisch gewischt und eine wörtliche Protokollierung fand nicht statt. Obwohl ich vorher mit meinem Anwalt gesprochen hatte und um wörtliche Protokollierung bat, gab mir dieser den Rat, hierauf zu verzichten, da wir dann gleich beim OLG schlechte Karten hätten; hier wäre kein Tonband verfügbar und eine Kraft, die so schnell stenographieren könnte, stünde nicht bereit. Das uns dann später zugegangene Protokoll war mehr als dürftig, es stand nur das darin, was sehr wahrscheinlich der Berichterstatter verstanden hatte. Wichtige Passagen, die die Sache für uns hätten besser erscheinen lassen können, wurden nicht erwähnt.

Grobe Behandlungsfehler festgestellt

Nach diesem Termin, an dem schon bereits Urteilsverkündung stattfinden sollte, obwohl der gerichtlich
bestellte Sachverständige nicht erschienen war, baten
wir uns dann noch eine Frist aus, um einen Schriftsatz
zu fertigen. In diesem Schriftsatz wurde abermals die
Ladung des gerichtlichen gynäkologischen Gutachters beantragt. Diesem wurde dann ca. ein halbes
Jahr später Folge geleistet, und es erschien Herr Prof.
H.. Er war nicht mehr im Besitz der Unterlagen, hatte auch kein schriftliches Gutachten erstellt, sondern
kam mit einem Din A-4 Zettel in den Gerichtssaal.
Auf Fragen nach der Thematik mußten ihm von meiner Seite die Unterlagen überlassen werden. Der
Vorsitzende Richter, Herr Dr. D., hatte zwei Fragen
an den Gynäkologen, die in etwa so lauteten: ›Herr
Prof. H., haben sie Kenntnis von den Aussagen der
Frau Prof. E. und den Aussagen des Herrn Prof. P.?‹
Die zweite Frage war: ›Schließen Sie sich diesen Aus-
führungen an?‹
Nachdem Herr Prof. H. äußerte, daß er kein Virolo-
ge und nicht kompetent sei, Stellung zu beziehen,
kam dann noch eine Frage vom Vorsitzenden Richter, die in etwa lautete: ›Sehen Sie, Herr Prof. H.,
noch andere Ursachen, die möglicherweise den Schaden der Kinder verursacht haben könnten?‹. Herr
Prof. H. mußte dann einräumen, daß, wenn ich wirklich den Nachweis erbringen könnte, hier in dieser
Klinik eine dreiviertel Stunde unversorgt stehenge-
lassen worden zu sein, daß dieses ein grober Behandlungsfehler war. Der zweite grobe Behandlungsfehler
wäre der, daß hier nicht unverzüglich bei der Aufnahme einer Risikopatientin ein Gynäkologe gerufen

worden ist. Der dritte grobe Behandlungsfehler wäre der, daß nicht unverzüglich ein Kaiserschnitt bei pathologischem CTG durchgeführt wurde und nur ein Kind Überwachung gefunden hätte, und der vierte Behandlungsfehler wäre die Nachsorge der Kinder. Er legte dar, daß das CTG hoch pathologisch sei und eine Hypoxie erkennen ließe.

An diesem Termin lag ein weiteres für uns positives gynäkologisches Gutachten vor, in dem der Gutachter wörtlich schreibt: Die Argumentation, daß bei während der Schwangerschaft durch Rötelninfektion geschädigten Kindern der prä- und intrapatualen (vor- bzw. während der Geburt) Asphyxie keine zusätzliche Bedeutung beizumessen sei, ist weder im Sinne allgemeiner ethischer Maßstäbe, noch im Sinne ärztlichen Denkens und Urteilens nachvollziehbar. Schon gar nicht dann, wenn der Beweis für eine Rötelninfektion in der Schwangerschaft letztendlich nicht erbracht werden konnte.

Alle Anträge auf Ladung der Gutachter, die für uns privat positive Gutachten geschrieben haben, seien es Gynäkologen oder auch der Professor der Virologie, wurden nicht beachtet.

Ohne eine zusätzliche Schädigung in Betracht zu ziehen und ohne weitere Aufklärung des Sachverhaltes, kam es dann zum Urteilsspruch. In dem Urteil bezog man sich auf die ›welterfahrendste‹ Professorin auf dem Gebiet der Rötelnembryopathie und man kam auch in diesem Urteil wieder zu folgendem Schluß:

Da die Rötelninfektion der Mutter als pränatale Ursache für die Schäden der Kläger feststeht, ist es unerheblich, ob es im Krankenhaus der Beklagten vor, während oder auch nach der Geburt zu auch groben Behandlungsfehlern gekommen ist. Sie haben jedenfalls nach der Überzeugung des Senats nicht zu den mit der Klage geltend gemachten Schädigungen geführt.

Sofort nach Erhalt des OLG-Urteils war für mich klar, daß ich auch hier nun noch in die dritte Instanz gehen mußte und sah mich nach einem am Bundesgerichtshof (BGH) zugelassenen Anwalt um. Hier mußte ich nun feststellen, daß es von den insgesamt gut 20 BGH-Anwälten nur eine Handvoll gab, die sich auf Medizinrecht spezialisiert hatten und teilweise ausschließlich für die Versicherungen tätig sind.

Nach einiger Zeit der Überlegung entschloß ich mich, doch einen BGH-Anwalt zu mandatieren, denn eine andere Möglichkeit blieb mir ja nicht übrig. Ich schrieb diesen Rechtsanwalt mit der Bitte an, doch einen Antrag zur Prozeßkostenhilfe für mich zu stellen und diesen mit einer Begründung zu versehen, wie er sie auch für das Revisionsverfahren machen würde.

Da ich zwei verlorene Instanzen aufzuweisen hatte, war mir klar, daß der BGH nicht die gesamte Akte durcharbeiten und die Prozeßkostenhilfe wegen ›keine Aussichten auf Erfolg‹ abweisen würde. Aus diesem Grund scheute ich auch nicht die Kosten für diese Begründung, die ja kostenpflichtig ist, um mir eine bessere Ausgangsposition zu verschaffen. Der Anwalt bestätigte mit einem Brief mein Begehren und sagte mir zu, dementsprechend zu handeln. Außerdem überreichte er mir umgehend seine Honorarnote, die auch postwendend von mir beglichen wurde. Er reichte somit die Prozeßkostenhilfeanträge ein. Kurze Zeit später erhielt ich vom BGH einen Beschluß, daß die Prozeßkostenhilfe (PKH) abgelehnt worden ist. Hierauf rief ich den BGH an und fragte, wie dieses denn möglich sei, da die Ablehnung in keinster Weise begründet wurde. Daraufhin erfuhr ich, daß mein BGH-Anwalt zwar die PKH-Anträge eingereicht, doch wohl vergessen hatte, dazuzuschreiben, daß diesem PKH-Antrag auch noch eine Begründung folge. Daraufhin setzte ich mich mit meinem BGH-Anwalt in Verbindung, der mir eingestehen mußte, daß er diesen Zusatz vergessen habe und hinzu käme noch, daß er bis zum gegenwärtigen Zeitpunkt nicht im Besitz der Unterlagen sei. Der BGH hat es also noch nicht einmal für nötig gehalten, meinem BGH-Anwalt die gesamte Akte zu überlassen. Ohne Akte ist es natürlich auch sehr schwer, eine Begründung zu schreiben. Aus Erfahrung weiß ich, daß es wahnsinnig schwer ist, wenn die PKH einmal abgelehnt worden ist, hier trotzdem noch zu erreichen, daß die Revision beim BGH aufgenommen wird.

Mir persönlich bleibt nichts anderes übrig, als diese dritte Instanz nun auf eigene Rechnung trotz alledem zu versuchen. Das trifft uns sehr hart, aber ich muß, wenn diese dritte Instanz verloren ist, den zweiten Prozeß führen in Bezug auf eine Rötelnerkrankung in der Frühschwangerschaft. Ich hatte damals alle Untersuchungen machen lassen, weil ich kein behindertes Kind haben wollte. Nun attestiert man mir, daß ich zwei behinderte Kinder habe, weil irgend einer denn doch hier vielleicht einen Fehler gemacht hat. Ironie des Schicksals, nun zwei behinderte Kinder nehmen zu müssen?

Nach all dem, was uns im Laufe dieses Prozesses von nun fast zehn Jahren widerfahren ist, kann ich nicht mehr an Waffengleichheit und Gerechtigkeit vor Gericht glauben. Für mich steht fest, daß wir in diesem Prozeß aus irgendwelchen Gründen nicht gewinnen sollten. Wer immer auch da seine Finger im Spiel hat, kann ich nicht beweisen, aber ich werde mit Sicherheit nicht schweigen, sondern auch alles, was ich in Erfahrung bringen kann, was oder wer gegen uns gehandelt hat, an die Öffentlichkeit bringen.

Der BGH hat auf so einfache Art und Weise meine Sache auf alle Fälle noch nicht vom Tisch. Er muß nun überprüfen, ob die beiden Instanzen ordnungsgemäß aufgeklärt haben, ob nicht eventuell, selbst wenn die Röteln in Betracht zu ziehen sind, eine zusätzliche Schädigung der Kinder durch Sauerstoffmangel in Betracht kommt. Ferner dürfte der BGH klären müssen, inwieweit nun die Privatgutachten den Gerichtsgutachten gleichzusetzen sind, ob eine Privatgutachterin als Gerichtsgutachterin fungieren darf. Ob in diesem Fall, wo eine Privatgutachterin als Gerichtsgutachterin fungiert, nicht automatisch auch die anderen Gutachter, die privatgutachterlich tätig waren, von seiten des Gerichts gehört werden müssen.

Fest steht, daß ich weitermache und daß ich dann eben die nächste Klage gegen meinen niedergelassenen Gynäkologen und den Laborarzt richten werde. Der Gynäkologe, der auch davon überzeugt war, daß hier eine Rötelnembryopathie auszuschließen ist hat bisher auf meiner Seite mitgekämpft. Der Laborarzt, der damals die Untersuchungen durchgeführt hat und hier bei Gericht die Orginalunterlagen einreichen sollte, hat zwischenzeitlich, wie er dem Gericht mitteilte, sämtliche Unterlagen vernichtet, obwohl er wußte, daß diesbezüglich ein Prozeß anhängig ist.«

5. KAPITEL

VOM HASS AUF DIE TÄTER

Ein Dorf haßt. Als Anfang 1992 die 19jährige Abiturientin Sandra Scheller nach einem Feuerwehrball in ihrem Heimatort Hänigsen bei Hannover tot aufgefunden wird, stehen zunächst die 138 Besucher der Veranstaltung unter Verdacht. Dann aber wird sehr schnell der mutmaßliche Täter gefunden: der 19jährige Lehrling Stefan Sieler (der Name wurde vom Autor verändert).

Vergeblich beteuert er seine Unschuld und versichert, er habe zusammen mit seinem Onkel zur Tatzeit zuhause ferngesehen. Die Verletzungen an seinem Hals und Gesicht, seiner Darstellung nach bei einen Streit mit dem Onkel verursacht, werden von der Polizei als Verletzungen durch die Gegenwehr des Opfers ausgelegt.

Der junge Mann wird zwar nach der ersten Verhaftung von der Untersuchungsrichterin mangels überzeugender Beweise wieder frei gelassen, doch für die Dorfbewohner bleibt Stefan Sieler der Täter. »Ich hatte keine Freunde mehr«, erinnert er sich, »nur 5.200 Menschen, die mich haßten«. In der Stammkneipe oder im Lebensmittelgeschäft verstummen die Gespräche, wenn der Lehrling eintritt. Manche verlassen aus Protest den Raum, wenn Stefan Sieler kommt. Kunden boykottieren seinen Arbeitgeber. »Ich kam mir vor wie ein Aussätziger.«

Für den Lehrling, der vergeblich seine Unschuld beteuert, ist die Situation »grauenvoll«. Sie verschlimmert sich noch, als er ein zweites Mal verhaftet wird, weil die Polizei nun glaubt, nachweisen zu können, daß das Blut unter den Fingernägeln des Opfers von Stefan Sieler stammt. Allerdings: Auch diese Spur ist falsch, wie eine genaue Analyse des Blutes beweist, und schließlich wird auch der mutmaßlich richtige Mörder verhaftet – ein Besucher des Feuerwehrballs.

Für Stefan Sieler, dessen Unschuld endlich bewiesen ist, ist das trotzdem keine Erlösung. Zu lange stand er unter Mordverdacht, fühlte sich als Ausgestoßener, als Opfer einer Gemeinschaft, die sich gegen ihn stellte und allein ließ. Er kann den Haß, der ihm von seinen Mitbewohnern im Dorf entgegengebracht wurde, nicht vergessen und zieht nach Hannover.

Prügelstrafe für die Täter

Man fragt sich: Wenn eine Dorfgemeinschaft, deren Bewohner zumeist nur indirekt mit dem Geschehenen konfrontiert sind, schon so rigoros mit einem (vermutlichen) Täter umgeht, was muß dann erst ein Opfer empfinden, wenn es an den Täter denkt? Wie sehr haßt ein Opfer einen Täter?

Der Türke Ahmet Arslan, der bei dem Brandanschlag von Rechtsradikalen am 23. November 1992 in Mölln seine Mutter Bahide und seine Nichten Yeliz und Ayse verloren hat, sagt eindeutig, was er den

Tätern wünscht: »Die Todesstrafe, die es hier leider nicht gibt. Aber ich hoffe auf die Höchststrafe.« 707 Opfer von Straftaten wie Handtaschenraub, Betrug und Körperverletzung wurden im Rahmen einer Untersuchung vom Kriminologischen Forschungsinstitut Hannover befragt, was ihrer Meinung nach mit dem Täter geschehen soll. Dabei sprechen sich immerhin 13,4 Prozent der Opfer dafür aus, daß der Täter Schmerzen durch Prügel erleiden müßte. 17,4 Prozent plädieren für Freiheitsentzug ohne Bewährung, 10,1 Prozent für Bewährung. Geldzahlung in Form von Schadenersatz erwarten 29,5 Prozent, Schmerzensgeld 14,9 Prozent und Geldstrafe 11,5 Prozent der Opfer. 11,5 Prozent der Befragten meinen, der Täter soll seine Tat durch Arbeit für soziale Hilfsdienste, 10,5 Prozent durch gemeinnützige Arbeit büßen.

Die Beziehung von Opfer zu Täter und Täter zu Opfer ist auch seit mehreren Jahren ein Thema des Täter-Opfer-Ausgleichs, eine Methode, die inzwischen in rund 200 Orten der Bundesrepublik angewandt wird. Das Ziel von TOA, so die Kurzfassung der neuen Form der Zusammenarbeit von Sozialarbeit und Justiz, ist es, Konflikte zwischen Menschen nicht mehr im Gerichtssaal, sondern auf neutralem Boden der TOA-Geschäftsstellen auszutragen.

Nach Meinung von vielen Fachleuten wie beispielsweise des Justizministers von Rheinland-Pfalz, Peter Caesar, ist es sinnvoll, »den staatlichen Strafanspruch zurückzustellen, wenn die Möglichkeit einer einvernehmlichen Regelung zwischen dem Täter und dem Geschädigten besteht«. Gerade nach Straftaten Jugendlicher oder Heranwachsender sind diese Bemühungen seiner Meinung nach »besonders lohnend«: »Verantwortlichkeit für die eigene Straftat, Einsicht und Verständnis für die Situation des Opfers können nach meiner Überzeugung eher auf diesem Wege als durch repressive Sanktionen gewonnen werden.«

Die Mitarbeiter des »Täter-Opfer-Ausgleichs im Gustav-Heinemann-Bürgerhaus« in Bremen haben auf einem Faltblatt ihre genaue Definition des TOA allgemeinverständlich dargelegt. Darin heißt es:

1. »Täter-Opfer-Ausgleich, was ist das eigentlich? – Eine Straftat hat viele unangenehme Folgen. Der Täter-Opfer-Ausgleich soll den Schaden begrenzen und eine Wiedergutmachung der aufgetretenen Ungerechtigkeiten erreichen. Wir bieten TäterInnen und Geschädigten die Möglichkeit über das Vorgefallene zu sprechen, den Konfliktgegner auf neutralem Boden zu treffen, gemeinsam eine Lösung des Konfliktes zu suchen und eine Wiedergutmachung zu finden, mit der beide Seiten einverstanden sind.

2. Welche Vorteile hat das für mich? – Als Opfer kann ich gegenüber dem Täter meine Interessen und Belange selbst vorbringen, meinen Ärger und meine Verletztheit ausdrücken und meine Vorstellungen über eine Schadenwiedergutmachung äußern. Als TäterIn kann ich zeigen, daß ich mich der Tat und ihren Folgen stelle und zur Wiedergutmachung und Bereinigung bereit bin.

3. Was tun die Vermittler, und wie ist der Ablauf des TOA? – Die VermittlerInnen stehen als neutrale Schlichter zwischen den beteiligten Parteien. Die Beteiligten vereinbaren mit uns einen Termin für ein erstes Einzelgespräch. In dem Gespräch wird über die Tat und ihre Auswirkungen gespro-

chen. Danach werden mögliche Wiedergutmachungsleistungen gesucht, zum Beispiel: Entschuldigung, Geld, Reparaturen, Arbeiten, Ge-
schenk oder gemeinsame Aktivitäten. In einem
gemeinsamen Treffen sollten die Beteiligten über
den Vorfall sprechen und ihre Wiedergutma-
chungsideen äußern.
4. Und wann ist die Sache zu Ende? – Sind sich die
Betroffenen einig, halten wir in einem Schlich-
tungsvertrag die Wiedergutmachungsleistungen
fest. Sobald die Wiedergutmachung vollständig
abgewickelt ist, schreiben wir an das Gericht oder
die Staatsanwaltschaft und regen die Einstellung
des Verfahrens an.«

Bereits auf dem »2. Mainzer Opferforum« im September 1990, das vom »Weissen Ring« veranstaltet
wird, beschäftigen sich die angereisten Wissenschaftler und Fachleute intensiv mit dem Täter-Opfer-Ausgleich. »Vielfach haben Opfer unmittelbar
nach dem Tatgeschehen den Wunsch nach menschli-
cher Zuwendung, die der Beginn der Erlebnisverar-
beitung ist. Je nach Deliktstruktur, tatsächlicher
oder empfundener Deliktschwere erwächst hieraus
der Wunsch nach Beratung über Präventivmaßnah-
men, nach schneller materieller Unterstützung bis
hin zu praktischer und psychologischer Unterstützung bei ernsteren Vermögens – und Gewaltdelik-
ten. Diesen Wünschen können staatliche Strafverfolgungsorgane häufig nur unzureichend entsprechen. Das engere soziale Umfeld eines Opfers ist
damit allerdings häufig überfordert«, stellt der stell-
vertretende Leiter der Abteilung Justizvollzug und
Soziale Dienste in Bremen, Dr. Jürgen Hartwig,
fest. »Das psychische Leid in der Folge eines Tatge-

schehens wie Angst, Aggression, Scham, Ohn-
machtsgefühl, Depression, Schuldgefühl usw. und
der damit verbundene Verlust an Lebensfreude und
-mut bringen das Opfer häufig in eine passive Haltung. Die Mitarbeiter in den staatlichen Strafverfol-
gungsorganen, in den Versicherungen, in den Krankenkassen und auch Rechtsanwälte und Ärzte sind
oft unzureichend vertraut mit dem nötigen viktimo-
logischen Erkenntnissen und ungeübt im angemes-
senen Umgang mit den Opfern. Dadurch erhöht
sich das Leid des Opfers und seine passive Haltung
wird verfestigt. Das Ziel einer Opferhilfearbeit muß
es also sein, nach der Viktimisierung Hilfe anzubie-
ten und eine Reviktimisierung zu vermeiden. Ein
Hilfsangebot zur Befriedigung der Opferbedürfnisse
und als kriminalpolitisches Instrument zur Herstel-
lung des Rechtsfriedens kann hierbei der Täter-Opfer-Ausgleich sein«.

Täter und Opfer im Gespräch

Die Niedersächsische Landesregierung fördert – wie
andere Bundesländer auch – die Möglichkeiten der
außergerichtlichen Konfliktregulierung zwischen
Tätern und Opfern. Die Justizministerin von Niedersachsen, Heidi Alm-Merk, ist der Meinung, daß
die Opfer bei der strafrechtlichen Aufarbeitung zuwenig Aufmerksamkeit finden und nicht nur mit ihren materiellen Schäden, sondern auch mit ihren
Ängsten allein bleiben. Es sei daher nur verständlich,
so Heidi Alm-Merk, wenn sich viele Opfer scheuen
würden, Verbrechen anzuzeigen, weil sie Angst davor hätten, als Zeugen gegen die Angeklagten auf-

zutreten und befürchteten, im Strafverfahren noch einmal die Tat durchleben zu müssen. »Niedersachsen hat in den letzten Jahren zahlreiche Maßnahmen ergriffen, um die Position der Opfer von Gewalttaten zu verbessern«. So sind 1990 staatsanwaltschaftliche Sonderdezernate für die Bekämpfung von Straftaten gegen die sexuelle Selbstbestimmung von Frauen eingerichtet worden. Die ersten Erfahrungen zeigen, daß die besonders sensibilisierten und fachlich dafür ausgebildeten Staatsanwältinnen und Staatsanwälte dazu beitragen konnten, das Leid der Opfer durch das Verfahren zu mildern.

Der Vorteil des Täter-Opfer-Ausgleichs ist nach Meinung der Justizministerin, daß sich auch der Täter damit auseinandersetzen muß, welches Leid er dem Opfer zugefügt hat. Bei der außergerichtlichen Konfliktschlichtung würden auch die materiellen Interessen des Opfers besser berücksichtigt werden.

Einig sind sich alle, die den TOA vorantreiben, daß die »Verbrüderung« von Tätern und Opfern erstens nicht unproblematisch und zweitens nicht bei allen Straftaten angemessen ist. Aber vielleicht lassen sich mit Hilfe vom TOA manchmal Katastrophen verhindern. Vielleicht hätte TOA in einer speziellen, noch nicht entwickelten Form sogar die heute 43jährige Marianne Bachmeier vor dem »minderschweren Totschlag«, begangen an dem mutmaßlichen Mörder ihrer siebenjährigen Tochter Anna, und ihrer dreijährigen Haftstrafe bewahren können. Wenn man der Äußerung von Marianne Bachmeier im Interview mit dem Frauenmagazin »Marie Claire« und dem Süddeutsche Zeitung Magazin Glauben schenkt, hätte TOA vielleicht für sie ein Weg sein können. »Dieser Mensch würde heute noch leben, wenn er mich um

Verzeihung gebeten hätte«, sagt sie da über Klaus Grabowski, den sie am 6. März 1981 im Gerichtssaal mit einer Baretta erschossen hat, »er hatte die Chance, und ich wäre wahrscheinlich die erste gewesen, die sich für seine Freilassung eingesetzt hätte«.

Kein TOA für brutale Taten

Bislang kümmert sich TOA noch vielfach um Bagatellfälle wie beispielsweise Streitigkeiten zwischen Autofahrern, Nachbarn oder Jugendlichen. Die Münchner »Brücke« hat in 75 Prozent aller Fälle Erfolg mit ihren Bemühungen. Die TOA-Arbeiter wollen jedoch auch verstärkt in der – sicherlich problematischeren – Schwerkriminalität aktiv werden. Dafür gibt es jedoch Grenzen, die der Münchner Oberstaatsanwalt Wolfgang Heimpel ganz deutlich zieht: »Wenn die Tat zu brutal war, reicht ein Täter-Opfer-Ausgleich nicht mehr aus.«
Die Geschehnisse beim »Gladbecker Geiseldrama«, bei dem mehrere Menschen getötet wurden, gehören also garantiert nicht mehr in die TOA-Rubrik. Haß und Angst haben hier auch gleich eine Stärke, die in einem Gespräch zwischen Opfer und Täter nun wirklich nicht zu verarbeiten ist. Trotzdem ist man überrascht, wie menschlich und milde beispielsweise das Opfer Ines Falk über die Täter urteilt.
In der WDR-Fernseh-Talkshow »Boulevard Bio« fragt Moderator Dr. Alfred Biolek, selbst Jurist, die junge Frau zur Verurteilung der Täter des »Gladbecker Geiseldramas«: »Das Urteil war lebenslänglich. Fanden Sie das richtig? Was ging in Ihnen vor? Hatten Sie Haßgefühle, Vergeltungsgefühle? Kann

man sich als Opfer ganz freimachen von Rachege-
fühlen?«

Ines Falk, deren Freundin Silke Bischoff bei dieser
Geiselnahme getötet worden ist, antwortete: »Das
sind ziemlich gemischte Gefühle. Ich weiß nicht.
Die Täter haben sich halt nicht genau überlegt, was
sie uns damit angetan haben, die wissen nicht, was
in uns vorgeht und wie lange wir damit kämpfen
müssen. Und ich finde, daß es immer gerecht wäre,
wenn die die gleiche Strafe kriegen würden und halt
für mehrere Monate oder für zwei Jahre richtig iso-
liert wären. Also von allem abgeschnitten, so daß
die mal richtig darüber nachdenken könnten, was
sie überhaupt da angestellt haben.«

Biolek: »Finden Sie lebenslänglich richtig?«

Ines Falk: »Schon!«

Biolek: »Die Vorstellung, daß die Lebenslänglichen
wieder rauskommen, dann sind Sie ja 38 und Sie
könnten denen begegnen, ist das eine unangenehme
Vorstellung? Haben Sie Angst? Sie waren die einzige Zeugin.«

Ines Falk: »Ja!«

Von Eltern und Nachbarn mißbraucht

Angst und Haß bestimmen nicht selten die Gedanken des Opfers an die Täterin oder den Täter. Und
das sind Gefühle, die manche Opfer – je nach Art
der Schädigung, die sie erlitten haben – nicht ohne
Hilfe von außen bewältigen können. Nicht nur in
der ersten Zeit nach einer Tat, oft Jahre und Jahrzehnte lang bleiben Opfer im Bannkreis dieser Gefühle. Wie Monika Anders.

»Ist die Mutter nicht mehr frisch, kommt die Tochter auf den Tisch.« Für die 31jährige Monika Anders aus Münster ist der schmierige Wirtshausspruch, den sie heute sarkastisch zitiert, schon in ihrer frühesten Jugend zur brutalen Wirklichkeit geworden: Seit ihrem 3. Lebensjahr wird die junge Frau von ihrer Mutter, ihrem Vater, seinen Kollegen und den Nachbarn der Familie sexuell mißbraucht. Noch heute hat sie einen ungeheuren Haß auf die Täter und ist gleichzeitig in Ängsten gefangen, so das sie diesen Haß nicht ausleben, aus sich herauslassen kann.

Das Martyrium von Monika Anders ereignet sich nicht etwa in der Anonymität einer Großstadt, wo sich in den grauen Betonkästen der Wohnsilos selbst die Nachbarn fremd sind. Monika wächst in einem kleinen Vorort auf, wo jeder jeden kennt und wo trotzdem alle schweigen – jahrelang. Die einen, weil sie die Wahrheit nicht wissen oder nichts mit dem Leid hinter der nächsten Ecke zu tun haben wollen, und die anderen, weil sie daran beteiligt sind – darunter Leute aus der »besseren Gesellschaft in gehobenen Positionen«.

Auch Monika sagt nichts. »Als Kind war ich immer alleine. Ich hatte keine Chance. Wenn ich aussagen wollte, hatte ich keine Zeugen. Niemand, der mir glaubt. Als es anfing, haben die Erwachsenen nur immer gesagt ›Sei bloß still, dir glaubt ja sowieso keiner‹.« Tatsächlich klingt Monikas Geschichte unglaublich – so grausam und unmenschlich wurde sie behandelt.

Schon als Kleinkind, Monika ist kaum drei Jahre alt, vergeht sich ihre alkoholabhängige Mutter an ihr, »stochert, unter dem Vorwand, Würmer zu suchen, mit Fingern oder Bauklötzchen in meiner Vagina und im Po. Mein Vater kam nachts ins Bett, hat sich an mir gerieben, mich gestreichelt und vor mir masturbiert. Es war klar, daß in mich noch kein Penis reinpaßte, aber ich konnte meinen Vater schon oral befriedigen. Da kam Nutella drauf und dann hieß es ›Lutsch das ab‹.«

Monika wird älter, und ihr Gefühl wird immer stärker, in der Familie ein Störfaktor zu sein, von der Mutter von Geburt an abgelehnt, den Eltern im Weg zu sein. Sie fühlt sich wertlos, sieht sich als Objekt, das »für sein Dasein irgendwie zu bezahlen hat«. Und sie bezahlt: Schon früh erledigt sie die Hausarbeiten für die kranke Mutter, kocht, wäscht, putzt und ersetzt dem ebenfalls alkoholabhängigen Vater die Ehefrau – im Haushalt und im Bett.

Doch der sexuelle Mißbrauch bleibt nicht lange auf Mutter und Vater beschränkt. Das Elternhaus wird schon bald zum »billigen Kinderpuff«. Nachbarn, Kollegen und Freunde des Vaters gehen bei der Familie Anders am Wochende ein und aus. Auch Monikas Stiefonkel ist daran beteiligt. Er organisiert sein ganz privates Partnertausch-Geschäft, schläft abwechselnd mit den Frauen dieser Männer, und im Gegenzug wird ihnen Monika zur »Verfügung gestellt«.

Mit Pommesgabel durchs Bett gescheucht

Mit acht Jahren schon lernt sie die ganze Ohmacht und Hilflosigkeit eines Kindes kennen, wie man es sich bei einem Opfer kaum schlimmer vorstellen kann: »Ich habe versucht, wegzulaufen oder mich

unter dem Bett zu verstecken, aber die haben mich
natürlich immer gekriegt. Ich hatte keine Chance.
Ein beliebtes Spiel war zum Beispiel, mich mit Pom-
mesgabeln durchs Bett zu scheuchen, von der einen
Seite zur anderen. Für mich ist es auch heute noch
nicht zu begreifen, wie Menschen das machen konnten. Meine Mutter lag meist alkoholisiert im Wohnzimmer, währenddessen alles in den Ehebetten ab-
lief. Diese Männer haben dann auch angefangen
von A bis Z alles durchzuprobieren. Außer, davor
hat mich dann mein Vater, mein ›toller‹ Vater, be-
schützt, daß sie nicht mit mir schlafen durften. Ich
war zum Teil von oben bis unten dreckig. Sie haben
mich mit Ejakulat vollgespritzt oder mich, wenn sie
besoffen waren, vollgekotzt. Und nachdem die ganzen Geschichten abgelaufen sind, konnte ich dann
sehen, daß ich mich irgendwie abwasche.«
Monika hat die grausamen Ereignisse lange Zeit
verdrängt. Das war ihre Überlebensstrategie, die sie
auch im Laufe der unfaßbaren Erwachsenenspiele
erfolgreich angewendet hat. Da hat sie sich einfach
»abgespalten«, war geistig nicht mehr da, wie tot.
Erst im Alter von 26 Jahren setzt ihre Erinnerung
wieder konkret ein. Ein Lehrer, der sie an ihren Vater erinnert, löst diese grausame Rückbesinnung
aus. Und damit kommt auch die Angst. Angst davor, daß es sich damals bei ihren Mißhandlungen
nicht um elterliche Kindesschändung allein, sondern
gar um ein organisiertes Verbrechen handeln könnte. Sie erinnert sich nicht mehr, ob von ihrem Martyrium im Kindesalter Filme oder Fotos angefertigt
wurden und gar noch immer in den Schmuddelschub-
laden der Kindersex-Süchtigen gehandelt werden.
Sie weiß nur: »Die Kinderporno-Mafia ist dreimal

schlimmer als die Drogenmafia.« Deshalb hat Monika Anders heute auch große Angst, die kriminellen Machenschaften der Eltern und der anderen Täter auffliegen zu lassen. Ein Dilemma: Sie kann diese Menschen, die ihr all das Leid angetan haben, nicht öffentlich an den Pranger stellen, ihrem Haß freie Bahn lassen. Monika hat große Angst, Todesangst. Darum habe ich ihr eine neue Identität gegeben, einen anderen Namen und andere personenbezogene Daten zugeordnet. Im Schutz dieser Anonymität kann sie heute über das Geschehene in aller Deutlichkeit sprechen. Lange Zeit war ihr das selbst gegenüber Therapeuten und engen Freunden unmöglich.

»Geborgenheit und Sicherheit sind Fremdwörter für mich. Als Kind hatte ich immer Angst. Angst davor, daß meine Mutter wieder irgendwo besoffen umfällt, und ich dann nicht weiß, ob sie lebendig oder tot ist. Wenn mein Vater nach Hause kam und meine Mutter war ›zu‹, mußte ich ihn trösten. Dann wußte ich nie, was kommt danach. Ich hatte immer Panik, aber selbst zu diesem Zeitpunkt war der Mißbrauch für mich so normal, daß ich nicht wußte, daß das nicht in Ordnung ist. Für mich war Inzest einfach ein normaler Bestandteil meines Lebens, der am Wochenende lief oder dann, wenn mein Vater nach Hause kam und auf Feten, dann waren eben mehr Leute daran beteiligt. Meine Mutter bekam dann auch noch Zucker, wurde noch kränker. Und dann hieß es auch noch ›Du mußt jetzt noch mehr machen, mußt noch besser aufpassen, und du mußt es mir noch besser machen.‹ Da war ich vielleicht acht und es war klar, daß ich für die Belange der anderen zuständig war. Selbst wenn ich krank war,

und die Nachbarn sagten ›Mensch, hast du eine dik-
ke Backe‹, das haben meine Alten nicht registriert.
Dafür hatten sie keinen Blick. Die Sucht bestimmte
das Leben. Der Alkohol, der Schluck Schnaps in der
Flasche, war immer wichtiger als ich. Das war mein
Leben.«

Die Hilferufe verhallen ungehört

Von ihrem Leben, dieser Hölle auf Erden, erzählt
sie nichts in der Schule. Und niemand merkt dem
hübschen Mädchen etwas an, das so gute Noten hat,
mehrere Musikinstrumente spielt und eine erfolgrei-
che Kunstturnerin ist. Um die blauen Flecken am
Körper zu verbergen, geht sie stets als erste oder
letzte in die Umkleidekabine. Unbewußt versucht
sie, auf ihre Not aufmerksam zu machen. Sie reißt
sich die Wimpern aus, knabbert die Fingernägel ab
und erzählt faustdicke Lügen von Kindern, die auf
dem Schulhof tödlich verunglückt seien. Doch diese
Hilferufe verhallen ungehört – nur die Lügen werden aufgedeckt und Monika ausgeschimpft.
Mit fünfzehn bekommt Monika zum ersten Mal ihre
Periode. Für sie eine Erlösung, denn ihr Vater hört
jetzt auf, mit ihr zu schlafen. Auch andere sexuelle
Übergriffe finden nicht mehr statt und – die psychische Verdrängung setzt ein – Monika vergißt, jemals
mißbraucht worden zu sein. Die Eltern jedoch können es nicht vergessen. Ständig wird sie kontrolliert,
in den Urlaub darf sie nur mit ihren Eltern, die immer aufpassen, daß sie nichts ausplaudert.
Doch Monika lernt trotzdem einen Mann kennen
und verliebt sich. Ihr Vater reagiert mit brennender

Eifersucht. Sie traut sich nicht, mit ihren Freund Hand in Hand durch die Stadt zu gehen, »aus Angst, mein Vater knallt den ab.« Er versucht sogar, ihr diese Liebe auszureden, läßt sie aber ansonsten in Ruhe. In der fünf Jahre dauernden Beziehung erlebt Monika zum ersten Mal das Gefühl, ein Mensch zu sein und geachtet zu werden. Doch die sexuelle Seite dieser Freundschaft bleibt größtenteils unbefriedigend. Bedürfnisse und Gefühle läßt Monika nicht zu, ohne daß sie sich die Gründe dafür erklären kann. Sie weiß noch nicht einmal, warum sie kein Jungfernhäutchen mehr hat. Monikas Überlebensstrategie, das Geschehene zu vergessen, funktioniert. »Für viele wirkte ich gefühlskalt. Die sagten: ›Du hast ein Gemüt wie ein Kaltblutpferd‹. Ich hatte auch vor nichts Angst. Warum auch. Alles, was man Schlimmes erleben kann, hatte ich schon erlebt.«

Monika hat einen Haß auf Autoritäten

Mit 23 Jahren verläßt Monika das Elternhaus, doch damit findet ihr Leiden kein Ende. Wenn es auch zunächst so aussieht. Sie schließt sich einer Gruppe von Kindern alkoholabhängiger Eltern an und merkt, daß sie nicht alleine mit ihren Erfahrungen ist. Ihrem Freund kann sie jetzt zum ersten Mal die Sucht ihrer Eltern eingestehen. An den Inzest und die anderen Mißhandlungen erinnert sie sich noch immer nicht. Manchmal hat sie vage Ahnungen, Traumbildern gleich, die sie aber nicht zuordnen kann. Auch ihre heftigen Reaktionen auf alltägliche Ereignisse, wie zum Beispiel der Haß auf Autoritäten, die Panikanfälle auf Briefe von zu Hause oder die Angst vor Krankenhäusern und Spritzen, Einstichen in ihren Körper, bleiben ihr unverständlich.

Im gleichen Maße, wie sie sich ihren Mitmenschen öffnet, nehmen ihre Ängste aus der Kindheit zu. »Bis zu diesem Zeitpunkt«, so glaubt sie heute, »bin ich tot gewesen. Habe einfach nur funktioniert.« Ihr Selbstschutz, die Verdrängungsmechanismen, fallen allmählich zusammen. In dieser Zeit erhält sie auch anonyme Anrufe. Sie hört die Schreie ihres Vaters im Hintergrund und eine kalte Stimme, die von ihr verlangt, sich auszuziehen und von ihren Sexerlebnissen zu berichten. Würde sie falsche Aussagen machen, so droht man ihr, würde der Vater kastriert werden.

Monika kann ihre Empfindungen nicht mehr unterdrücken. Ihre kühle Fassade zerfällt. Angst und Panik beherrschen zunehmend ihr Leben. Sie fühlt sich bedroht, wenn sie alleine in ihrer Wohnung sitzt. Sie glaubt, der Alkoholismus in ihrer Familie sei an ihrer Verfassung schuld. Irgendwann weiß sie alleine nicht mehr weiter und beschließt, über ihren Schatten zu springen: »Ich dachte, so, jetzt mußt auch du zum Therapeuten, zum Psychiater. Ich wollte nie so sein wie meine Mutter, und jetzt landete ich wohl selbst beim Psychiater. Meine Eltern hatten mir immer angedroht, man würde mich in die Psychiatrie, in die geschlossene Abteilung verschleppen und dort massakrieren. Deshalb wollte ich auch nie etwas damit zu tun haben. Aber dann ging es nicht mehr anders.«

Monika geht zum Psychiater, läßt sich in eine Gruppentherapie weitervermitteln. Im Gespräch mit dem Therapeuten sagt sie nur wenig über ihr Familienleben, von den sexuellen Mißhandlungen erwähnt sie nichts. Die hat sie noch immer verdrängt: »Ich hätte nie jemandem erzählen können, daß mich meine Eltern mißbrauchen. Das habe ich mir selbst nicht eingestanden. Dieser Verrat war mit Tod belegt. Ich bin immer nur ein Objekt gewesen. Trotzdem habe ich lange die Illusion gehabt, daß bei uns zuhause alles ganz toll war – selbst dann noch, als ich mit der Therapie begann. Ich habe erzählt, wir wären immer im Schwimmbad gewesen, im Zoo. Wir waren aber nur einmal im Zoo, daran kann ich mich erinnern, und selbst im Schwimmbad hat mein Vater mich mißbraucht. Ich nenne das ›aus Dreck Bonbons machen‹. Ich habe mir aus ganz viel Dreck Glückspfennige gepreßt und das wenige Gute, was mir widerfahren ist, aufgebauscht. Ich glaube, ich hätte das sonst nicht ertragen, das damals so zu akzeptieren.«

Monika Anders fühlt sich in der Gruppe, deren Mitglieder sie spöttisch »Baby Face« nennen, nicht sicher, kann sich nicht öffnen. Ihr Therapeut möchte, daß sie sich um ein Mitglied der Gruppe besonders kümmert. Sie tut es und wird von dem Patienten – einem Sexsüchtigen, der bereits einige Frauen mit Messern schwer mißhandelt hat, wie sie später erfährt – vergewaltigt. »Ich dachte, jetzt kann ich nicht mehr in die Gruppe gehen. Ich kann nicht zu dem Therapeuten gehen, ich muß schweigen.«

Angst, die Freunde zu verlieren

Sie bricht die Therapie ab und bekommt vermehrt psychosomatische Beschwerden. Sie kann nicht mehr sitzen, stehen, liegen, schlafen, hat nur noch Schmerzen und muß ihre Arbeit aufgeben. Sie beschließt, ihr Fachabitur nachzumachen und dann zu studieren. In der Schule wird ihr klar, woher ihre Probleme kommen. Ihr Mathematiklehrer, der sie sehr gern hat und in ihr wohl eine Tochter sieht, weckt in ihr Aggressionen. Obwohl er sich nie an ihr vergreift, fühlt sie sich durch ihn an ihren Vater erinnert.

Plötzlich wird ihr klar: Ich bin ein Inzest-Opfer. Wieder wendet sie sich an den Therapeuten. Doch anstatt ihr zu helfen, verlangt er Beweise für ihre Anschuldigungen. Monika will nichts beweisen, sich nicht mehr rechtfertigen für ihr Verhalten, das diesem professionellen Helfer so unverständlich bleibt. Auch ihren Freunden will sie nichts von den quälenden Erinnerungen erzählen, aus Angst, die Freunde zu verlieren.

»Ich wußte dann nicht mehr, wo ich noch hingehen sollte. Mein Freund, der heute Psychologe ist, sagte, ich solle in ein Frauenzentrum gehen. Ich war in verschiedenen Frauenzentren. Die eine Therapeutin sagte: ›Mit Ihrer Angst weiß ich gar nicht umzugehen, da müssen Sie sich jemand anderen suchen.‹ In der andern Frauenberatung sagte die Frau zu mir: ›Ja was erzählen Sie mir denn hier, jetzt strukturieren sie das erst mal ein bißchen. Dann können sie in fünf Wochen wieder kommen.‹ Mir ging es aber absolut dreckig und ich hätte eher mal Unterstützung gebraucht. Ich war überhaupt nicht mehr in der Lage, irgendetwas zu strukturieren. Ich hab mich dann bei fünf anderen Leuten vorgestellt und gemerkt, das bringt alles nichts.«

Von den Menschen um sie herum, auch den Psychotherapeuten, unverstanden, glaubt Monika schließlich, sie habe sich alles nur eingebildet. »Deshalb ging ich eine Beziehung mit einem sexsüchtigen Mann ein. Ich wollte mir damit beweisen, daß ich Sex erleben kann. Ich glaubte, dann bin ich kein Inzest-Opfer. Aber das ging ganz schief. Bald habe ich am ganzen Körper Ausschläge bekommen, wenn er mich nur berührt hat. Die Beziehung habe ich dann beendet.«

Monika gibt nicht auf, ihr Leben in den Griff zu bekommen. Sie versucht es wieder bei einer Therapeutin. Doch die glaubt, die depressive Frau habe wegen der Beziehung Probleme und will sie daraufhin therapieren. »Da merkte ich, hier kann ich auch nicht hin, die versteht mich auch nicht. Ich war jetzt völlig verzweifelt. Kein Mensch verstand mich.« Monika versucht es auch auf Trauerseminaren. Hier schreit sie sich ihre ganze Qual, den ganzen Haß von der Seele. Doch diese Ausbrüche belasten sie und die Gruppe zu sehr. Ihr Schmerz kann hier nicht aufgefangen werden.

Von einer Therapie zur nächsten Behandlung

Mit 28 Jahren macht Monika Anders ihr Abitur auf der Abendschule. Sie gehört zu den Besten ihrer Stufe. Nun wartet sie darauf, ihr Studium der Soziologie zu beginnen. In diesen Wochen hat sie nur wenig zu tun und viel Zeit zum Nachdenken. Die Erinnerungen kommen wieder hoch, und ihr Leben wird abermals zum Alptraum. In ihrer Wohnung hält sie es alleine nicht mehr aus. Ständig beherrscht sie die Angst, ihre Eltern könnten kommen und sie holen.

Freunde empfängt sie nach einem verabredeten Klingelzeichen. Dem Postboten öffnet sie nur noch in Anwesenheit ihres Freundes. Vor die Tür kann sie nicht gehen, nicht mehr einkaufen, weil sie sich vor allem fürchtet. Sogar vor Katzen, Tauben und dem Unbekannten an der nächsten Straßenecke. Immer häufiger bekommt sie Atemnot, hat Panik, einfach durchzudrehen.

In den folgenden Wochen und Monaten versucht Monika immer wieder, ihr Leben durch Psychotherapie – ambulant und stationär – zu meistern:

- Der erste Anlauf scheitert, weil die Therapeutin und die Frauenzentren, die sie aufsucht, bis zum nächsten Jahr ausgebucht sind.

- Der zweite Versuch, die Behandlung in einer Klinik, schlägt fehl, weil sie sich hier für ein Mädchen stark macht, das als Kassenpatientin wie ein Opfer zweiter Klasse behandelt wird. Es kommt zu Auseinandersetzungen zwischen Monika und den Therapeuten, und sie bricht die Therapie schon nach zehn Wochen ab.

- Auch die nächste ambulante Therapie, der nächste Psycho-Workshop bringen keinen Erfolg: Mit einem kurzen Brief ihrer Eltern sind die alten Ängste und Wahnvorstellungen wieder da.

- Um sich davon zu kurieren, versucht sie es sogar als Praktikantin in der Psychiatrie. »Doch nach neun Tagen auf der geschlossenen Abteilung fragte ich mich: Auf welcher Seite stehst du eigentlich? Bist du Pfleger oder Patient?«

- Der zweite Klinikaufenthalt bringt zunächst auch nicht den erwünschten Erfolg: Monika will ihre Eltern hier mit allem konfrontieren, ihnen ihren ganzen Haß ins Gesicht schleudern. Doch mit die-

sem Wunsch stößt sie auf Unverständnis: »Mein Therapeut sagte, er würde das Spiel nicht mitspielen, meine Eltern auf die Anklagebank zu setzen. Ich solle doch meine Eltern einladen, mit denen im Wald spazierengehen und alles erzählen. Im Wald war aber schon soviel mit mir passiert, so daß ich davor Angst hatte. Dann hieß es, ich könnte meine Eltern in der Klinik konfrontieren mit den Therapeuten, aber sie würden keine Partei ergreifen. Doch wenn sich meine Eltern in Tränen auflösen würden und die Therapeuten würden sagen ›Ich kann sie verstehen, Herr oder Frau Soundso‹, das hätte ich nicht ertragen, wenn sie verstanden worden wären und ich wieder nicht.«
Doch die fünf Monate Aufenthalt in der Klinik haben für die Patientin auch Positives: Sie lernt, offen über ihr Thema zu sprechen, Fragen zu stellen und ihre Wut rauszulassen. Sie merkt, daß auch Ärzte und Therapeuten nur Menschen sind, daß man sie nun ernst nimmt und akzeptiert und daß sie auf ihre innere Stimme hören kann.
»Heute«, so sagt sie, »weiß ich, wo ich stehe.« Das scheint wirklich so: Wenn man sich mit der jungen, gutaussehenden Frau unterhält, die soviel Humor, Kraft und Wärme ausstrahlt, kann man kaum glauben, was sie durchgemacht hat.

Unter allen Wunden soviel Wunderbares

Heute macht sich Monika Anders nicht nur Sorgen um die eigene Person, sie denkt auch an andere: »Für Opfer wird in der Gesellschaft nicht genug Hilfe geleistet. Es werden nur wenige Hilfseinrichtungen unterstützt, alles läuft ehrenamtlich. Wenn ich nur daran denke, wie Freunde, Betroffene darum kämpfen müssen, therapeutisch versorgt zu werden, in der Klinik oder ambulant. Die Gesellschaft leistet nicht die Wiedergutmachung, die nötig wäre. Oft glaube ich, es geht nur darum, die Opfer ruhig zu halten.«

Mehr Öffentlichkeitsarbeit wünscht sie sich zum Thema sexueller Mißbrauch. Horror und Sex im Fernsehen unterstützen ihrer Meinung nach die Täter und legen den Opfern noch mehr Steine in den Weg. Trotzdem ist sie zuversichtlich. Sie meint, daß jedes Inzest-Opfer, wenn es Hilfe bekommt, seinen Weg machen und entdecken kann, daß unter »all den Wunden soviel Wunderbares sein kann«.

Der Inzest und seine Folgen wird Monika ihr ganzes Leben lang in Erinnerungen und Alpträumen begleiten. Ob sich die Täter jemals darüber Gedanken machen, was sie ihr angetan haben? Ob all die anderen Väter und Mütter, Brüder und Onkel oder all jene, die Kinder wie Monika jeden Tag, überall in Deutschland und der ganzen Welt mißbrauchen, jemals einen Gedanken daran verschwenden?

Monikas Eltern werden von den Qualen ihrer Tochter nie etwas erfahren. Denn sie will sie nie mehr sehen oder gar mit ihnen reden. Zu groß ist die Angst vor den Folgen. Aber der Stachel im Herzen bleibt: »Für mich ist es ganz schön hart, daß ich nicht einfach zu meinen Eltern hingehen und sagen kann: Ihr seid die Arschlöcher, und ihr habt das zu verantworten, wie ich zum Teil heute drauf bin. Das, was ich geschafft habe, dazu habt ihr nichts beigetragen. Das werde ich ihnen nie sagen können. Trotzdem fange ich jetzt an, mein Leben zu genießen. Ich habe nichts mehr zu verlieren. Doch noch immer wünscht sich ein Teil von mir wirklich, meine Eltern würden schon auf dem Friedhof liegen und ich könnte einfach mal hingehen und da meine Haß-Tiraden ablassen.«

6. KAPITEL

DIE HILFLOSEN HELFER

Angie Schäfer, die Ehefrau des Fußballtrainers Willi Schäfer vom KSC Karlsruhe, hat in der Sendung des »Deutschen Sport Fernsehens« eine gute Nachricht zu verkünden. »Niemand kümmert sich richtig um mißhandelte Kinder«, stellt die sympathische Frau fest und weiß gleich von Hilfe zu berichten. Der Fußballheld Willi Schäfer hat sich bereit erklärt, den Kindern zu helfen, und seine lange Haarpracht dafür herzugeben, wenn nur genug Geld für den guten Zweck zusammenkäme. 13.000 DM landen schon mit dem ersten Anlauf auf dem Kinder-Konto. Schließlich ist das Haar-Opfer ein Novum; jahrelang hat sich der Promi-Baller erfolgreich dagegen gewehrt, Haare zu lassen.

Die Opfer, vor allem aber ihre Helfer, sind auf jede milde Gabe angewiesen, die man ihnen auf das Spendenkonto überweist. Denn Deutschlands Helfer sind, bis auf wenige Ausnahmen, eigentlich weitgehend hilflos. Stecken sie doch permanent in der personellen, finanziellen und organisatorischen Krise.

Nur wenige Opfer erhalten so prominente Hilfe, wie die Familie Kronzucker.

Kein geringerer als Papst Paul II. macht sich in einer Sonntagsansprache für die zwei Töchter Susanne

(15) und Sabine (13) sowie den Neffen Martin (15) des deutschen Fernsehjournalisten Dieter Kronzukker stark, die Ende 1980 zehn Wochen lang von italienischen Kidnappern festgehalten und erst gegen Zahlung von rund 4,4 Millionen DM Lösegeld freigelassen werden. »Unsere heutige Heiterkeit wird durch die Nachricht der Entführung von zwei Töchtern und einem Neffen des deutschen Journalisten Kronzucker getrübt«, spricht der Papst von der Kanzel herab zu den Gläubigen in aller Welt. »Deshalb richte ich einen dringenden und besorgten Appell an die Entführer, so schnell wie möglich die Kinder wieder freizulassen und ihren lieben Eltern zurückzugeben. So können sie eine Geste der Menschlichkeit und vielleicht sogar der Reue leisten«.

»Wir dürfen uns nicht nur mit schönen Worten dafür stark machen, den Kreislauf von Gewalt und Vergeltung zu durchbrechen,« mahnt allerdings die Diplom-Psychologin Prof. Elisabeth Müller-Luckmann in einer Betrachtung von Opfern, die zu Tätern werden. »Wir müssen den Betroffen noch deutlicher machen, daß es unterstützende Hilfe gibt«.

Politikerfrauen kümmern sich um Opfer

Besonderes Engagement zeigen immer wieder die Ehefrauen führender Politiker. Hannelore Kohl, die Ehefrau des Bundeskanzlers, engagiert sich als Vorsitzende des Kuratoriums für Unfallverletzte mit Schäden des Zentralen Nervensystems (ZNS) und nimmt zum Beispiel schon mal – leider ohne große Wirkung – Stellung zum Fahrradfahren der Kinder ohne Sicherheitshelm: Fahrradunglücke sind die häufigsten Unfallursachen von Kindern. Jährlich stirbt eins von 100.000 Kindern an den Folgen eines solchen Unglücks. Zehnmal höher ist die Zahl der Unglücke, die bei Kindern zu Dauerschäden führen. Der weit größte Teil hiervon ist die Folge schwerer Hirnverletzungen. »Diese Fakten sollten die Verantwortlichen eigentlich nachdenklich stimmen«, meint Hannelore Kohl, »die Hälfte dieser Kopfverletzungen mit Folgeschäden hätten durch das Tragen von Sicherheitshelmen vermieden werden können, die Anzahl der Unfälle mit tödlichen Folgen könnte sogar um 95 Prozent abnehmen«.

Ursula Kinkel, Ehefrau des FDP-Politikers und Außenministers, bekommt eine Idee, als sie an einer Lichterkette gegen Ausländerfeindlichkeit in Deutschland teilnimmt. »Was können wir zusätzlich tun, um der Fremdenfeindlichkeit zu begegnen?« fragt sie sich und gründet gemeinsam mit der Ausländerbeauftragten der Bundesregierung, Cornelia Schmalz-Jacobson, die »Aktion Cura – Hilfe für Opfer von Ausländerfeindlichkeit«. Doch »das Ziel der Aktion Cura, mit finanzieller Hilfe bei materiellen Schäden ein gewisses Maß an Erleichtung zu schaffen«, kann sicherlich nicht mit den 30.000 DM, die in der Startphase auf das Spendenkonto der Aktion fließen, erreicht werden. Ursula Kinkel: »Um optimal helfen zu können, sind wir auf weitere Spenden aus der Wirtschaft angewiesen.«

Wenn die Politiker-Frau da nur mal Glück hat. Sicher: Sogar Weltfirmen entdecken neuerdings die Opfer-Hilfe für PR-Aktivitäten, und die Opfer-Helfer wissen nur allzu gut, daß sie weit weniger hilflos wären, wenn die Industrie ihnen mit Finanzspritzen für Personal, Opfer-PR, Forschung, materielle Opfer-Unterstützung und andere Maßnahmen unter die Arme greifen würde. Ihr Ruf nach dem Staat müßte dann nicht ganz so laut sein.

Opel und Ford spenden für Attentatsopfer

Nachdem in den USA Sozial-Sponsoring etabliert ist, wagen sich auch deutsche Industrieunternehmen auf dieses neue PR-Terrain. Prominente Vertreter der deutschen Werbeszene beweisen beispielsweise gesellschaftliches Engagement: Die Werbeagentur TEAM/BBDO bündelt Unternehmen wie Sony und Neckermann in einer Anzeige gegen Fremdenhaß. In der Düsseldorfer Zentrale der Agentur für Kommunikation H.F.&P. zeigt man gar den Mut, nicht nur über notwendige Hilfe im Sudan auf einer speziellen Firmenveranstaltung zu sprechen, sondern auch die eigenen Kunden für das soziale Unternehmertum zu begeistern.

Autobauer Opel spendet nach dem Attentat auf Türken in Mölln 50.000 DM für die Betroffenen: »Wir wollen als verantwortungsvolles Unternehmen als Teil der Gesellschaft gesehen werden und nicht auf diesem Weg mehr Autos verkaufen.« Konkurrent Ford gibt nach dem Attentat in Solingen gleich 100.000 DM, Bertelsmann schickt sogar eine Million DM ins Rheinland.

Ein Schuft, der Schlechtes dabei denkt. Sozial-Sponsoring ist eigentlich eine gute Sache, wird doch niemandem dadurch geschadet – im Gegenteil. Trotzdem treten da schnell die Kritiker auf den Plan. Sie stört es nicht, wenn Deutschlands Firmenwelt mit schönen Werbesprüchen unter die Leute geht. Sie stören sich – boshaft gesagt – nur daran, wenn die Industrie Gutes tut und dann auch noch darüber redet.

»So makaber es klingt: Immer mehr Unternehmen glauben, mit publikumswirksamen Spenden für Opfer von Attentaten oder Unglücksfällen ihr Image aufpolieren zu können«, mäkelt die »Wirtschaftswoche« im Juli 1993 unter der süffisanten Headline »Bitterer Geschmack«. Doch diesen Wirtschaftsexperten, die vielleicht zu oft aufs Geld und zuwenig hinter die Kulissen des deutschen Opfer-Dasein blicken, sei gesagt: Opfer fragen letztendlich nicht danach, von wem das Geld kommt, das ihnen hilft, über die Runden zu kommen. Und die Helfergemeinschaften ebenfalls nicht.

1.600 Helfer bilden einen »Weissen Ring«

Besondere Verdienste hat sich auf dem Gebiet der Opferhilfe inzwischen der von Fernsehjournalist Eduard Zimmermann und Mitstreitern gegründete »Weisse Ring« erworben. Nicht nur bei praktischer Arbeit vor Ort, sondern auch auf dem Gebiet der im Vergleich zu anderen Wissenschaften noch jungen Opfer-Wissenschaft, der Viktimologie, beweist die Organisation großes Engagement. Sie fördert Untersuchungen von Wissenschaftlern, wie denen des Max-Planck-Instituts für ausländisches und internationales Strafrecht, veröffentlicht Werke in ihrer Reihe »Mainzer Schriften« und veranstaltet beispielsweise selbst Opfer-Foren wie »Dasein für Opfer – Beruf oder Berufung«.

Da referierte unter anderen auch der Generalsekretär der »World Society of Victimology«, Professor Dr. Gerd F. Kirchoff aus Mönchengladbach, über »Probleme bei ehrenamtlicher und professioneller Opferhilfe in Institutionen«. Er kann sich – so sein Vortrag – eine weitreichende Opferhilfe kaum anders vorstellen als in einer Kooperation von Profis, »die den helfenden Berufen angehören und an direkter Opferarbeit das leisten, was Ehrenamtliche nicht können – von Therapie bis fachlicher Rechtsberatung – und Ehrenamtlichen, die Besuche zu Hause erledigen und alles Kompliziertere den Profis überlassen müssen, es sei denn, sie sind selbst speziell ausgebildet und superversiert.«

Mit überwiegend ehrenamtlichen Helfern zu arbeiten, das hat sich der »Weisse Ring« seit seiner Gründung vor 17 Jahren auf die Fahne geschrieben. »Der ›Weisse Ring‹ hat es sich zur Aufgabe gemacht, Opfern vorsätzlicher Straftaten zu helfen. Dabei steht die mitmenschliche Betreuung durch die ehrenamtlichen Helfer mit Gesprächen, Auskünften, Behördengängen, Hinweisen und so weiter im Vordergrund«, sagt der Generalsekretär des »Weissen Rings«, Dieter Eppenstein, »daneben kann auch durch direkte finanzielle Hilfen Unterstützung gewährt werden. Soweit professioneller Beratungs- und Betreuungsbedarf besteht, wird an die zuständigen Berufsgruppen wie Anwälte, Ärzte, Therapeuten und so weiter verwiesen, für die in der Regel eine Kostenträgerstruktur besteht. Sind die Kosten nicht gedeckt, können diese im Rahmen der finanziellen Möglichkeiten vom ›Weissen Ring‹ übernommen werden.«

»Ein Schwerpunkt der Arbeit des ›Weissen Rings‹

ist die menschliche oder die persönliche Betreuung. Das Gespräch anbieten, das Zuhören-Können, das ist wahnsinnig wichtig, denn wir sind oft die ersten Menschen, die mit den Leuten nach einer Straftat auch wirklich mal offen reden« berichtet Pressesprecher Rüster. »Wir können im Einzelfall allerdings auch Erholungsaufenthalte vermitteln und finanzieren oder Unterstützung durch andere Organisationen vermitteln. In tatbedingten Notlagen gewähren wir auch finanzielle Unterstützungen. Das ist ganz wichtig. Denn ich sage es mal ganz nüchtern, Händchen halten und gut zureden ist schön, reicht aber vielfach nicht aus. Die Leute haben materielle Verluste, materielle Einbußen und wissen oft nicht, wie es weitergehen soll. Wer hat beispielsweise schon 5.000 Mark auf der hohen Kante für eine Beerdigung. In den letzten Jahren hat sich auch stark das zweite Satzungsziel, die Prävention, herausgebildet. Da unterstützen wir in erster Linie die staatlichen Instanzen, beispielsweise mit dem Druck von Broschüren. Und wir haben uns in den letzten Jahren mehr dem wissenschaftlichen Bereich zugewandt. Das ›Mainzer Opferforum‹ wird seit einigen Jahren veranstaltet. Eine Schriftenreihe dokumentiert interessante Opfer-Themen.«

Im »Weissen Ring« sind heute rund 56.000 Mitglieder organisiert, 1.600 ehrenamtliche Mitarbeiterinnen und Mitarbeiter und rund 70 hauptberuflich Tätige betreuen die Opfer. Von den über 300 Außenstellen befinden sich über 50 in den neuen Bundesländern.

Der »Weisse Ring« ist ein zentral geführter Verein mit einer Bundesgeschäftsstelle in Mainz, der sich zu 100 Prozent aus eigenen Mitteln, Spenden und Mitgliedsbeiträgen in Höhe von rund 21 Millionen DM, finanziert.

Gut da steht beispielsweise auch der seit 1963 existierende »Verein Verkehrsopferhilfe e. V.«, der Geschädigten Entschädigungen bei Verkehrsunfällen zahlt, wenn das unfallverursachende Fahrzeug unbekannt geblieben ist. 75.000 Unfallopfer haben seit der Gründung der Organisation, die von den deutschen Autoversicherern finanziell getragen und vom HUK-Verband organisatorisch geführt wird, Entschädigungen erhalten. Allein 1991 wird rund 2.500 Opfern von Verkehrsunfällen mit Fahrerflucht, pflichtwidrig unversicherten Fahrzeugen oder durch vorsätzlich herbeigeführte Beschädigungen etwa 4,5 Millionen DM bezahlt. Für noch nicht abgeschlossene Fälle aus Ost und West stehen rund 44 Millionen DM bereit.

Wenn ein Fahrzeug bei einem Unfall nicht ermittelt werden kann und Personen verletzt oder getötet werden, zahlt die »Verkehrsopferhilfe« bis zu 1,5 Millionen DM. Allerdings wird ein Schmerzensgeld bei Unfallflucht des Schädigers nur bei besonders schweren Verletzungen gezahlt. Schäden am Auto und die damit verbundenen Folgekosten, wie zum Beispiel Mietwagen, Abschleppkosten oder Nutzungsausfall werden bei Fahrerfluchtunfällen nicht ersetzt. Schadenersatz erhält das Verkehrsopfer jedoch für sonstige Sachschäden, die über 1.000 DM hinausgehen, sei es für ruinierte Kleidung, demoliertes Gepäck oder für einen umgefahrenen Gartenzaun.

Kirmesopferhilfe und Lebensmittelopferfond

Manche Wirtschaftszweige sollten sich vielleicht an der »Verkehrsopferhilfe« ein Beispiel nehmen – es gibt schließlich viele Opfer ohne Hilfsangebote. Vielleicht wird es Zeit, von den deutschen Schaustellern, die gefährliche, hochtechnisierte Karussells und Achterbahnen über die deutschen Rummelpätze rasen lassen, die Einrichtung einer »Kirmesopferhilfe e.V.« zu fordern. Von Ärzten und Krankenhäusern eine »Kunstfehleropferhilfe«, auch die Pharmazeutische Industrie sollte – in Erinnerung an Contergan und andere Mangelpräparate, Bluter und Aids – eine »Medikamentenopferhilfe« einrichten. Auch die Lebensmittelindustrie – Salmonellen im Eis – sowie die chemische oder Bau-Industrie, aber auch andere Industriezweige könnten eine »Opferhilfe e.V.« ins Leben rufen.

In welcher Form solche Institutionen auch immer tätig werden können, einen Zweck sollten sie in jedem Fall erfüllen: Leistungen erbringen, wenn – wie bei der »Verkehrsopferhilfe e.V.« – kein Schädiger unmittelbar ausgemacht werden kann, und den Opfern ihr Los erträglicher machen und ihnen beispielsweise Prozeß-Kosten und -Leid ersparen. Auch der Staat dürfte sich da nicht ausschließen: Für seinen Bereich könnte es schließlich einen Opferfond für durch Behördenwillkür Geschädigte geben. Bei sovielen Fonds bleibt schließlich nur noch eine Überlegung: Ist es vielleicht sinnvoll einen großen Fond in Form einer »Opfer-Stiftung« zu gründen, an dem sich alle – Staat und Wirtschaft – finanziell beteiligen, und von der alle Opfer, die von keiner anderen Stelle Unterstützung bekommen, entschädigt werden?

Helfer benötigen selbst Hilfe

Wichtig ist, die bestehenden Hilfsorganisationen in ihrer Arbeit zu unterstützen.

»Die finanzielle und personelle Ausstattung der wenigen Beratungs- und Anlaufstellen bei sexuellem Mißbrauch entspricht nicht den Erfordernissen.« Zu diesem Fazit kommen beispielsweise Yasmina Bauernfeind und Marlies Schäfer, die Autorinnen des Buches »Die gestohlene Kindheit – Sexueller Mißbrauch an Kindern« und fragen: »Was wollen Politiker mit den Streichungsmaßnahmen erreichen? Daß man nicht mehr über sexuellen Mißbrauch diskutiert, geschweige denn, daß den Opfern und Tätern geholfen wird? Sind die deutschen Abgeordneten nur noch in der Lage – ob in den Ländern oder im Bund – ihre eigenen Diäten zu erhöhen? Warum verschließen die sogenannten ›Entscheidungsträger‹ ihre Augen vor der Realität?«

Die Autorinnen stellen fest, »es sind dringend ganz konkrete Beratungs- und Unterstützungsangebote erforderlich, und zwar flächendeckend für die Bundesrepublik um im einzelnen Fall ganz konkret Hilfe leisten zu können... Wir brauchen dringend eine bessere Ausbildung für Sozialarbeiter, Erzieherinnen und Pädagogen. Daß Ärzte, Juristen und Polizisten sich ebenfalls anders mit dem Thema ›Gewalt‹ auseinandersetzen müssen als bisher, ist ihnen weitgehend selbst klar. Die Initiative, etwas zu verändern, kann aber nur aus den jeweiligen Berufsgruppen kommen. Der Staat oder die im Moment an verantwortlicher Stelle Tätigen, sind nicht ausreichend dazu in der Lage, das Thema Gewalt oder sexuelle

Gewalt adäquat anzugehen oder auch nur das Ausmaß wahrzunehmen.«

Manche Helferorganisationen werden jedoch von neutralen Beobachtern mit Skepsis betrachtet. »Wenig übersichtlich ist auch das Terrain, auf dem sich allerlei Hilfsorganisationen für Kunstfehlergeschädigte tummeln«, schreibt beispielsweise »Test«. »Die Qualität des Leistungsangebots ist sehr unterschiedlich; bisweilen gibt es dubiose Vorkommnisse: Der Leiter des Instituts für Medizinschadenbegutachtung... ist wegen Betruges in sieben Fällen und der Geschäftsführer des Deutschen Patienten-Schutzbundes... wegen Betruges im Zusammenhang mit seiner Arbeit von Gerichten rechtskräftig verurteilt worden... Heute warnen die Verbraucherzentralen in Hamburg und Berlin vor Patientenvereinen, ›die – häufig in einem schriftlichen Verfahren – lediglich medizinische Gutachter und Rechtsanwälte benennen; hier laufen die Patienten Gefahr, viel Geld zu verlieren, ohne daß vorher die Aussichten für eine Klage ausreichend geprüft sind‹. Sogar seriöse ärztliche Schlichtungsstellen und Gutachterkommissionen, Einrichtungen bei den Ärztekammern von durchaus ungewissem Nutzen für die Patienten, sind nur unter Vorbehalt zu nennen«.

Auch wir wären fast einer dubiosen Organisation auf den Leim gegangen. In »Connexions – Adressbuch Alternativer Projekte« steht die Adresse der »Kommission für Verstöße der Psychiatrie gegen Menschrechte e. V.« in München. Bei Recherchen stellen wir fest, daß diese Organisation ebenso wie »Naconon« (Drogentherapie) nach »The Command Channels of Scientology« möglicherweise zu einer der Sektenorganisationen in Deutschland gehört.

Nicht auszudenken, wenn sich auf Empfehlung in unserem Buch Angehörige an diese Sekten-Unterstützertruppe mit Bitte um Hilfe gewandt hätten und an eine der Scientology Church verbundenen Initiative geraten wären.

Das kann, darf aber nicht passieren, träfe es doch gerade jene, die schon genug Sorgen haben. Doch selbst unsere staatlich angestellten Helfer, Polizei- und Strafvollzugsbeamte, können sich nicht davon freisprechen, »schwarze Schafe« in ihren Reihe zu haben. Unverantwortlich ist dann nur, wenn solches Fehlverhalten dann nicht umgehend aufgeklärt wird.

Amnesty International (AI), die weltweit tätige Menschenrechtsorganisation, führt im Juli 1993 in ihrem Jahresbericht auch Klage über Mißhandlungen von ausländischen Staatsbürgern in der Bundesrepublik: So kritisiert Amnesty unter anderem Übergriffe von Berliner Polizeibeamten gegen einen 27jährigen Tamilen, den sie beschimpft und geschlagen haben sollen. Unabhängige Ärzte haben später Verstauchungen, Zerrungen und Prellungen attestiert. Unverständnis zeigt Amnesty International auch über umständliche und zeitraubende Ermittlungsverfahren der Justiz gegen Beamte der Vollzugsanstalt München-Stadelheim. Den Wärtern wird vorgeworfen, einen türkischen Strafgefangenen nach handgreiflichen Auseinandersetzungen in eine Isolierzelle eingesperrt zu haben und sich dreieinhalb Tage nicht mehr oder nur flüchtig um ihn gekümmert zu haben. A.I.: »Auch wurden Vorwürfe laut, daß Vollzugsbeamte den Häftling während dieser Zeit geschlagen haben, was die betreffenden Beamten jedoch bestritten.« Fest steht, daß der Häftling in ein Koma gefallen und an den Folgen eines Nierenversagens in der Klinik München-Harlaching gestorben ist. Die Münchner Staatsanwaltschaft leitet bereits am 17. August 1989 gegen dreizehn Vollzugsbeamte ein Ermittlungsverfahren wegen des Verdachts auf Körperverletzung mit Todesfolge und unterlassener Hilfeleistung ein. Mitte 1993 äußert Amnesty International »Befremden darüber, daß für die Erstellung der drei Gutachten mehr als dreieinhalb Jahre benötigt worden sind.«

Es gibt jedoch eine ganze Reihe – wenngleich auch immer noch zu wenig – Initiativen von Staat, Privatpersonen oder Organisationen, die unbestreitbar viel Positives für die Opfer-Hilfe leisten. Einige Beispiele:

- »Streetworker« haben im Frankfurter Gerichtsgebäude ihre Arbeit aufgenommen. Die hessische Justizministerin Christiane Hohmann-Dennhard eröffnet im August 1993 einen Zeugenstützpunkt. Hier finden die rund 800 Zeugen, die monatlich vor Gericht erscheinen müssen, Beistand.

- Zu einem Sonderkurs zur Vorbeugung gegen sexuelle Gewalt finden sich in Düsseldorf 150 Schülerinnen des Rückert-Gymnasiums ein. Christiane Jablonowski, Sonderdezernentin zur Verfolgung von Straftaten gegen die sexuelle Selbstbestimmung, betreibt Vorbeugung vor sexuellem Mißbrauch, indem sie den jungen Mädchen sagt, wie sie richtig reagieren, wenn ein Junge oder Mann mehr von ihnen will, als sie bereit sind zu geben.

- Eine Anlaufstelle für drogenabhängige, minderjährige Prostituierte ist in Hamburg das Café »Sperrbezirk«. Hier finden die Mädchen, von denen die meisten schon in ihrer Kindheit sexuell mißbraucht worden sind, Ersatz für ein harmonisches Familienleben.

- Unter der Düsseldorfer Telefonnummer 487675 erhalten Mädchen in Not Hilfe beim Verein »Mädchenhaus«. Dort will man vor allem bei sexuellem Mißbrauch helfen. Betroffene, aber auch Bürger, die ein Mädchen in Not kennen, können sich an die Mitarbeiter des Mädchen-Haus-Vereins wenden.

Leider gibt es immer noch zu wenig Initiativen. Immer öfter schließen sich deshalb Betroffene in ihrer Verzweiflung zu Notgemeinschaften zusammen und versuchen, neben den eigenen, auch noch die Probleme von Mitmenschen zu lösen. In Nordrhein-Westfalen haben sich beispielsweise Mütter und Väter zusammengefunden, deren Kinder vom ehemaligen Ehe- oder Lebenspartner widerrechtlich entzogen, sprich: entführt, wurden. Da sind nicht nur die sorgeberechtigten Elternteile, sondern vor allem die Kleinkinder, die sich nicht wehren können, die Opfer.

Plötzlich sind Vater und Kind verschwunden

Erika Seele (der Name wurde vom Autor verändert) aus Neuss gehört zu den Gründungsmitgliedern dieser Gruppe, die ich im Rahmen meiner Arbeit als Autor der WDR-Fernsehreihe »Vermißt!« und Organisator des »Vermißten-Telefons« zusammengebracht habe. Im Juli 1992 verschwindet ihr Ehemann, der Arbeitslose Dieter Seele, mit ihren gemeinsamen Kindern David (15 Monate) und Monika (zwei Jahre) spurlos. Den siebenjährigen Sohn Jörg läßt der Vater zurück. Sehr schnell wird der Mutter klar, daß sie und vor allem ihre beiden Kinder Opfer einer Kindesentziehung sind, wie sie vermutlich in mehreren tausend Fällen jährlich in der Bundesrepublik stattfindet. Erika Seele berichtet über Stationen ihres Leidenswegs, an denen deutlich wird, wie wenig Hilfe Betroffene erwarten können:

Die Eheprobleme: »Das fing eigentlich schon an, als ich ihn geheiratet habe, im September 1989. Davor hatten wir eine tolle Zeit miteinander. Dann, nach der Heirat, hat er mich voll kontrolliert. Ich war so klein auf einmal. Ich hatte überhaupt kein Selbstvertrauen mehr. Das ging so weit, daß er mir eine Liste gemacht hat, auf der stand, wann ich wohin gehen mußte. Die Liste war auch schon praktisch in der Reihenfolge geschrieben, wann ich was zu erledigen hatte. In dieser Reihenfolge mußte ich das auch machen. Dann hat er anschließend, als er von der Arbeit kam, gefragt: ›Wo warst du, mit wem hast du gesprochen, wie lange, was hast du gesprochen, warum denn?‹ Ich kam mir nachher vor wie eine Duckmaus. Der hat quasi versucht, mich in einen Käfig einzusperren. Der wollte seine kleine Familie haben, hat er immer gesagt. Der hat mich total abgeschottet von der Außenwelt. Meinen Bekanntenkreis mußte ich komplett aufgeben. Ich durfte keine Kontakte mehr haben. Bis ich dann irgendwann wach wurde und contra gegeben habe. Dann kam eines zum anderen. Ich sagte: ›Die Kinder leiden unter den Spannungen mehr, als wenn wir uns jetzt trennen und sie sich von vornherein daran gewöhnen können, daß sie bei mir sind oder bei dir‹. Ich sagte, daß es ›auf Dauer gesehen für die Kinder einfacher ist, jetzt einen Schlußstrich zu ziehen, als ihnen zehn Jahre eine Ehe vorzuführen‹. Das hat er nicht eingesehen. Er ist ein Träumer, der nicht auf dieser Welt lebt.«

Die Trennung: Am 4. Oktober 1991 trennt sich Erika Seele von ihrem Mann offiziell mit Unterstützung eines Rechtsanwaltes. Bis dahin »sind weitere Sachen vorgefallen, u.a. hat er auf den Kleinen eingeprügelt, da war der vielleicht ein halbes Jahr alt. Der Kleine hat neue Zähne gekriegt und geweint, weil er Schmerzen hatte. Da prügelt er mit beiden Fäusten wie wahnsinnig auf ihn ein, bis ich dann dazukam. Ich habe ihn angeschrien, er würde den Jungen umbringen.«

Die Warnung: Nach der Trennung befürchtet die Mutter, daß ihr Noch-Ehemann mit den Kindern verschwinden wird, wenn er nicht das Sorgerecht bekommt. Sie warnt auch das Jugendamt, welches das allerdings später bestreitet. Bei einem Gepräch zwischen den Eheleuten beim Jugendamt, kurz vor der Kindesentziehung, wird Besuchsrecht vereinbart.

Das Besuchsrecht: Eines Tages kommt Dieter Seele »und fragte mich, ob er die Kinderausweise haben könnte. Er wolle mit den Kindern nach Holland fahren. Dafür bräuchte er die Ausweise.« Die Mutter will ihm die Ausweise nicht geben, doch das »Jugendamt meinte, ich sollte mich nicht so anstellen. Das wäre doch besser, wenn er wirklich mal an der Grenze kontrolliert werde, dann hätte er keine Ausweise. Man hat mich praktisch dazu getrieben, ihm die Kinderausweise zu geben. Ich meinte: ›Dann ist es ja noch leichter, mit den Kindern abzuhauen‹. Das wurde später alles als Lüge abgetan, ich hätte das nie gesagt.«

Das Verschwinden: Es ist Samstag, der 25. Juli 1992. Der Vater holt morgens die Kinder ab, will sie abends um 19.00 Uhr spätestens wieder zurückbringen. Erst im Nachhinein fällt Erika Seele auf, daß er den Kindern gesagt hat: »Dann sagt der Mama noch mal tschüß«. Erika Seele: »Das hat er so noch nie gemacht wie an dem Tag. Nur ist mir das in dem Moment nicht aufgefallen. Um halb sechs, sechs Uhr wurde ich schon unruhig, bin ich schon in der Wohnung hin- und hergelaufen und wußte mit mir nichts anzufangen, war hektisch und nervös. Ja, und dann wurde es sieben Uhr. Eigentlich war er immer auf die Minute pünktlich. Und dann hatte ich schon so eine Angst. Entweder ist ein Unfall passiert, irgendetwas ist passiert. Dann habe ich versucht, bei meiner Schwiegermutter anzurufen, dort hat sich keiner gemeldet. Vielleicht haben sie sich verspätet. Ich wollte mir selber einreden, die kommen schon noch. Aber ich habe das schon innen drin gespürt. Nach zwei Stunden, um neun Uhr, bin ich zur Polizei gefahren, um eine Vermißtenanzeige aufzugeben. Ich dachte, irgendwas muß jetzt passieren.«

Mehrmals vergeblich zur Polizei

Die Polizei: »Ich bin drei Tage hintereinander zur Polizei gegangen. Es wurde keine Vermißtenanzeige aufgenommen. Beim ersten Mal hieß es, ich müßte dafür Belege haben, daß ich das Sorgerecht besitze. Und: ›Fahren Sie nach Hause, der kommt wieder‹. Ich hab mich da nicht beruhigen lassen. Ich hab den Notdienst in Düsseldorf angerufen, aber der konnte auch nicht weiterhelfen. Die haben mir den Tip ge-

geben, ich sollte mit einer Aufsichtsbeschwerde drohen. Sonntags bin ich wieder hin. Wollte wieder eine Vermißtenanzeige aufgeben. Es wurde immer noch nichts gemacht, sollte noch warten. Und dann habe ich denen halt mit einem Aufsichtsbeschwerde-Verfahren gedroht und habe den Kripobeamten gebeten, er solle mir eine Bescheinigung darüber geben, daß er nichts unternommen hat. Da hat er sich natürlich geweigert, ist ja klar. Dann habe ich ihn noch gefragt: ›Warum verweigern Sie mir das? Vielleicht, weil Sie genau wissen, was Sie jetzt machen, ist nicht korrekt?‹ Der Beamte meinte nur, er würde sich mit dem Gesetzbuch auch nicht so auskennen und könnte mir keine genaue Auskunft geben. Ich habe gesagt: ›Dann geben Sie mir das Gesetzbuch, dann lese ich mir das jetzt hier auf der Stelle durch und dann zeige ich Ihnen die Stelle, wo es drinsteht, wenn es Ihnen zu viel Arbeit ist‹. Er hat seinem Kollegen das Buch in die Hand gedrückt und dann kamen sie anschließend mit dem Satz: ›Wenn eine Täuschung, List oder Gewalt dahintersteckt, dann liegt ein Kindesentzug vor‹. Das sei bei mir nicht der Fall. Dann hieß es, es wäre halt Wochenenddienst, ich müßte Montag wiederkommen.
Ich fragte, ob man nicht die Flughäfen sperren könne oder irgendwas. Mein Mann hatte die Kinder und die Ausweise, der konnte sich ins Ausland absetzen. Nichts wurde gemacht. Ein halbes Jahr später wurde dann gesagt, man hätte damals die Flughäfen kontrollieren sollen. Statt dessen wurden meine Bitten als Bagatelle abgetan. Es ist ja nur der Vater, diesen Spruch kriegt man immer wieder zu hören, es ist ja nur der Vater, der mit den Kindern verschwunden ist.«

Die Angst: »Ich hatte panische Angst, daß was passiert. Bevor er mir die Kinder geben würde, da tut er sich lieber was an. Da war ich mir sicher. Ich würde nicht ernst genommen. Ich würde mir das alles nur einbilden, ich würde überreagieren, und er tauche schon wieder auf«.

Das Jugendamt: »Montag. Jetzt sagt die Polizei: ›Gehen Sie zum Jugendamt‹. Ich zum Jugendamt. Die sagten: ›Gehen Sie zur Polizei, wir sind nicht zuständig‹. Dann bin ich zum Rechtsanwalt, zum Gericht. Habe dort ein Formular bekommen, einen Herausgabebeschluß. Ja, und mit diesem Bescheid konnte ich dann noch mal zur Polizei gehen, und dann konnte ich erst die Vermißtenanzeige aufgeben – am vierten Tag. Bei der Polizei wurde dann eine Vermißtenanzeige aufgenommen. Das wurde registriert, in dem Computer, und das war es dann auch.«

Die Presse: »Das war auch ein Drama für sich«, erinnert sich Erika Seele, »bei der Polizei hatte ich nachgefragt, ob ich mich an die Zeitungen oder Medien wenden könnte. Man meinte, das hätte wohl keinen Sinn, meine Geschichte wäre nicht blutrünstig genug. Man müßte erst ein Bein finden von einem der Kinder, dann würde man vielleicht was unternehmen. Ich habe mich dann trotzdem an eine Zeitung gewandt, die hat schließlich nach vielem hin und her geschrieben. Danach meldeten sich noch viele Redaktionen bei mir.«

Die Verzweiflung: Monate der Verzweiflung beginnen. Mit jeder Zeitungsmeldung, mit jedem Fernsehbericht über das Verschwinden des Ehemannes mit den Kindern, hofft Erika Seele – vergeblich. »Ich konnte gar nicht alleine sein. Warten, warten,

warten. Man wird wahnsinnig dabei. Ich wollte morgens nicht aufstehen, abends hatte ich Probleme ins Bett zu gehen, weil ich ständig Alpträume hatte. Ich wußte nicht, was machst du jetzt? Nimmst du Tabletten, sollst du vielleicht ein paar Bier trinken? Nur damit ich schlafen kann. Ich wollte mal abschalten, nichts hören, nicht sehen.

Die Kindesentziehungsgruppe: Erika Seele gründet schließlich zusammen mit anderen Betroffenen 1993 eine Gruppe »Kindesentziehung Düsseldorf«. Sie sammeln Informationen zum Thema, besprechen Erfahrungen in rechtlichen Fragen miteinander, helfen anderen, die ebenfalls von einem Tag zum anderen Opfer geworden sind. »In der Gruppe ist immer einer und hat ein offenes Ohr. Mit dem kann man dann über seine Probleme reden. Alle sind schließlich selbst betroffen, helfen sich gegenseitig, tauschen Erfahrungen aus.«

Die Zukunft: »Manchmal frage ich mich, warum machst du das überhaupt? Was erwarten die von dir? Daß ich mir einen Strick nehme, damit die alle ihre Ruhe haben, damit die ihre Akten zuklappen können? Man kann zwei, drei Schritte vorwärts gehen und dann kommt wieder ein Rückschritt. Es ist wie in der Unendlichkeit, es ist nirgendwo ein Ende abzusehen. Erst passiert wieder was, man wird zurückgeworfen, man kriegt immer wieder einen neuen Strohhalm zu greifen, und man findet einfach kein Ende.

Dann wiederum frage ich mich, was passiert, wenn mein Mann wieder mit den Kindern auftaucht? Selbst wenn ich das Sorgerecht hätte, dann habe ich noch lange keine Ruhe. Erst muß ich mit den Kindern klarkommen, das wird ein Problem für sich sein. Und wenn ich das schaffe, habe ich immer die Angst im Nacken, er kommt nachts noch mal wieder, er steht wieder an der Tür. Also bin ich entweder gezwungen abzuhauen, unterzutauchen, wenn ich die Kinder habe, wo ich dann wieder selber gesucht werde, was mir auch nichts bringt. Selbst wenn ich das Recht hätte, ich habe die Angst, daß das wieder passiert. Also es ist nirgendwo ein Ende abzusehen. Was ist, wenn er es wieder macht? Was habe ich dann erreicht? Und die Kinder, die müssen doch auch irgendwann mal lernen, was richtig und falsch ist. Man dreht sich immer im Kreis, das hört einfach nicht auf.«

Die Freude: »Also es gibt Momente, wo ich merke, Mensch jetzt hast du mal Spaß gehabt. Jetzt kannst Du über einen Witz lachen, ohne daß du dran gedacht hast. Doch das gibt Probleme: Man hat Leute, im Bekanntenkreis zum Beispiel, von denen hört man dann, daß die hinterm Rücken darüber reden: ›Meine Güte, der macht das ja überhaupt nichts aus, guck mal, die kann sogar lachen‹.

Ich meine, man kann diese Kindesentziehung nur begreifen, wenn man drinsteckt, wenn man es selber erlebt. Ein Außenstehender kann gar nicht mitreden. Man kann das nicht nachfühlen. Ich bin um jede Minute, in der ich nicht dran denke, froh. Ich würde liebend gern mal rausgehen, mal tanzen und unbeschwert sein. Aber ich kann das nicht. Es gibt immer Kleinigkeiten, die mich sofort dran erinnern. Ich kann noch nicht mal auf einen Trödelmarkt gehen. Ich sehe dort nur noch Kinderwagen und Kinder.«

Die Öffentlichkeit: »Manche Nachbarn haben dummes Zeug geredet. Es haben sich Rechtsanwälte gemeldet, Detektive, die mir helfen wollten. Dann habe ich teilweise sogar Heiratsangebote und solche Sachen bekommen. Ich habe darüber geschmunzelt, mich nicht aufgeregt. Die haben mich dann halt im Fernsehen gesehen und wollten mich trösten.«

Der Weisse Ring: »Durch den ›Weissen Ring‹ wurde ich unterstützt. Sie haben einen Flug nach Sri Lanka bezahlt. Ich hatte einen Hinweis, daß mein Mann in Sri Lanka wäre. Ich bin dann spontan von heute auf morgen runtergeflogen. Da stand ich dann mutterseelenallein in Sri Lanka, wußte nicht wohin, hatte kein Hotel, konnte kaum Englisch. Ich habe dann auch nette Leute kennengelernt, die mir weitergeholfen haben. Sie sind dann halt zur Botschaft, Interpol, und haben da alles menschenmögliche versucht. Nichts.«

Die Helfersuche: »Ich wollte schließlich eine Therapie machen. Es ging nicht mehr anders. Ich habe rumtelefoniert in Neuss, Düsseldorf und Umgebung und habe da fast überall Absagen bekommen. Es hieß immer, wir sind belegt, kein Platz frei, tut uns leid. Habe immer wieder eine neue Adresse bekommen: Versuchen Sie es hier und da. Und dann habe ich halt meine jetzige Psychologin gefunden.«

Die Therapie: »Anfangs hatte ich den Eindruck, es würde schlimmer werden bei der Einzeltherapie. Wenn ich da raus war, war ich total deprimiert. Den ganzen Tag konnte ich mit mir nichts mehr anfangen und habe abends nur noch geheult. Ich konnte nicht schlafen, bis ich ihr das geschildert habe. Dann hat sie es mir halt so erklärt, daß es daran liegt, daß ich alles wieder aufarbeiten muß. Alles was gewesen ist, wird kleinlichst auseinandergeklügelt. Die Beziehung zu meinem Mann, daß die Kinder weg sind.

Auf Dauer würde ich die Sachen halt verarbeiten und besser damit klarkommen.«

Die Familie: »Die ganze Familie ist nervlich am Ende. Und ich sehe schon, da passiert irgendwas. Irgendwann schafft meine Mutter das nicht mehr, und ich bin dann diejenige, die sich Vorwürfe macht. Und das belastet mich. Die ruft mich auch seit über einem Jahr jeden Tag, manchmal sogar zwei- oder dreimal täglich an und fragt: Gibt's was Neues?«

Die Scheidung: Im August 1993 findet der Scheidungstermin statt. Erika Seele: »Im Amtsgericht Neuss wurde mir gesagt, daß man mir das Sorgerecht abnehmen würde, weil ich es halt nicht ausüben könne, und ein Vormund würde bestimmt werden. Das hat mich geschockt. Ich hatte irgendwie das Gefühl, mir würde der Boden unter den Füßen weggerissen.

Ich habe dem Richter gesagt, daß das ja ein Freibrief für alle wäre, die ein Kind entziehen. Da verschwindet jemand mit dem Kind, für das er nicht das Sorgerecht besitzt, und wenn er ein Jahr nicht mehr auftaucht, spricht ihm das Gericht das Sorgerecht zu. Das würden mit Sicherheit andere nachmachen, zumal die ja nichts zu befürchten haben.«

Erika Seele verzichtet schweren Herzens auf ihre Rechte. Für sie ist es »die beste von allen schlechten Lösungen«. Die Mutter des Ex-Ehemannes erhält das Aufenthaltsbestimmungrecht, ein Vormund wird ernannt, und Erika Seele kann das Besuchsrecht einklagen. Die verzweifelte Mutter: »Aus Sicht der Kinder ist es natürlich auch besser, sage ich mir. Wenn mein Ex-Mann wieder da ist, dann kann ich durch das Besuchsrecht den Kontakt zu meinen Kindern wieder aufbauen.«

Polizisten als Opfer der Gewalt

Die einen sind Opfer und werden zu Helfern – die anderen sind Helfer und werden zu Opfern. Häufig, und das wird oft vergessen, geraten Mitglieder der wohl größten Helfergemeinschaft in der Bundesrepublik, die Polizisten, selbst ins Schußfeld. Seit 1945 starben über 350 Polizisten im Dienst – Menschen, deren Beruf es ist, Opfern zu helfen. Weil sich offensichtlich niemand besonders interessiert, sind Mitte 1993 gerade einmal die Zahlen bis 1991 erfaßt, mußte der »Bund Deutscher Kriminalbeamter« feststellen. Einige Beispiele:

- Drei Polizisten werden getötet, als 1972 ein Sozialhilfeempfänger in Oberhausen seine Wohnung gegen die Durchsuchung nach Waffen »verteidigt«.
- Im September 1981 sterben zwei Polizisten in Iserlohn, als sie einen Familienstreit schlichten wollen.
- Anfang September 1993 gelingt es in Schwerin einem entflohenen Häftling, einen Polizisten als Geisel zu nehmen – das Opfer kommt mit dem Leben davon.

Ein besonders spektakulärer Fall ist der Tod des GSG 9-Beamten Michael Newrzella bei der Verhaftung der mutmaßlichen Terroristen Birgit Hogefeld und Wolfgang Grams in Bad Kleinen. Später klagen die Eltern des Polizisten, Susanne und Peter Newrzella, »daß der Bundesgrenzschutz uns in Stich gelassen hat. Obwohl der Bundesgrenzschutz die Beerdigung von Michael übernehmen wollte, hat er die Rechnung bis heute nicht beglichen.« Vergeblich wartete das Ehepaar auf Hilfe von der Dienststelle des Sohnes – die Opfer wurden allein gelassen: »Wenn man da anfragt, läuft man gegen eine eisige Wand.«

»Der Polizist ist oft das einsamste Opfer. Alleingelassen selbst von Vorgesetzen. Damit hat sich bei der Polizei jeder abgefunden«, kann auch Eike Bleibtreu, der Bundesvorsitzende des »Bund Deutscher Kriminalbeamter« (BdK) bestätigen. »Erst nach fünf Tagen hat man durch eine Demonstration von dem GSG 9-Beamten in der Öffentlichkeit richtig Notiz genommen. Ein toter Polizist ist leider bei weitem nicht so sensationell wie ein toter Terrorist.« Im vergangenen Jahr hat der BdK-Boß einmal darauf hingewiesen, wieviele Polizeibeamte im Dienst sterben. Nirgendwo wird seines Wissens nach statistisch erfaßt, wieviele Polizisten verletzt werden – im Dienst als Helfer. Es interessiert offensichtlich auch kaum jemanden. Der 50jährige Bleibtreu kann da aus eigener Erfahrung sprechen – ihm wurde selbst einmal bei der Verhaftung eines Täters von diesem durch die Hand geschossen. »Niemand der Vorgesetzen kam, um mir Dank und Trost auszusprechen.«

Ohnehin scheinen bei der Polizei die Täter, Straftaten und Sachschäden – man betrachte sich nur einmal die Jahresstatistiken – eine größere Rolle zu spielen als die Opfer. Erschreckend: Der Mensch, um den es gehen sollte, tritt immer mehr in den Hintergrund – seine Verletzungen und Schädigungen spielen kaum eine Rolle.

»Der Opferschutz ist eigentlich kein Aufgabenbereich der Polizei mehr. Obwohl es durchaus private Initiativen von Polizisten gibt, die sich um Opfer kümmern. Dazu gehören dann auch die Aktivitäten des ›Weissen Rings‹, meint Bleibtreu. Dabei kann Helfen doch auch Vorbeugen sein. Bleibtreu: »Inwieweit sich die Polizei um Opfer kümmert, sieht man daran: Nur wenn es um Vorbeugungsprogramme geht, geschieht etwas, wenngleich auch meiner persönlichen Meinung nach bei weitem zu wenig getan wird. Es ist katastrophal, was heute für die Opfervorsorge getan wird, zum Beispiel im Bereich der Schulen, der Rauschgift- oder der Einbruchskriminalität. Da gibt es nicht viel mehr als die Beratungsstellen. Man geht also davon aus, daß sich der einzelne darum kümmert.«

Versagt die Polizei als der klassische Helfer der Menschen in Not? Sieht sie ihre neuen Aufgaben nicht? Viele – ob Industrieunternehmen, die Verkehrsbetriebe in München, Frankfurter Bahnhof oder Villen-Bewohner – haben sich bereits in Deutschland ein Heer von »Schwarzen Sheriffs«, von Privatpolizisten, aufgebaut. Mittlerweile verfügen sie über mehr Kampfstärke, als Deutschlands Polizeibeamte zusammen erreichen – allein in den alten Bundesländern stehen rund 280.000 Privatpolizisten rund 250.000 staatlich Uniformierten gegenüber. Doch diese Entwicklung der privaten Schutzdienste betrachtet der BdK-Bundesvorsitzende mit Argwohn: »Der Staat teilt da seinen Auftrag in einem Maß, das nicht zulässig ist.«

Die Polizei gibt Aufgaben ab, anstatt neue zu übernehmen. Eine »Erste Hilfe« bei der Polizei für die Opfer hält der BdK-Vorsitzende für »eine gute Überlegung». Damit sich die Opfer nicht im Dikkicht der Hilfsangebote und -möglichkeiten verlieren, müßte es jemanden geben, der »sich sehr zeitnah nach der Tat um das Opfer kümmert». Gleich, ob es nun um eine Schadensaufstellung, psychische Betreuung nach einem Sexualdelikt oder nach Wohnungseinbrüchen handelt, wenn die Geschädigten das Sicherheitsgefühl total verloren haben – jemand sollte den Opfern wenigstens Richtung weisen. Nicht selten sehen ja gerade die Polizeibeamten vor Ort darin, daß ein Opfer »ganz schön daneben ist« ein Signal, Hilfe zu leisten. Der »Opferberater« als Institution in jeder Polizeidienststelle ist aber leider noch eine Vision.

Das Sich-Kümmern um Opfer könnte letztlich auch dazu führen, daß sich das Image der Polizei in der Öffentlichkeit verbessert. Bleibtreu meint jedoch: »Wenn man das logisch weiterdenkt, sollte man überlegen, ob die Opferfürsorge dann nicht eher im Bereich der Justiz liegen sollte. Rechtspfleger könnten sich beispielsweise bis zur Verurteilung des Täters auch um Opfer sorgen. Die Polizei verliert doch die Opfer spätestens nach der Vernehmung aus den Augen.«

Mit 13 geht der Sohn in die Sekte

Wo professionelle Helfer versagen oder erst gar nicht zur Tat schreiten, sind die Angehörigen gefragt. Sie befinden sich – immer in der ersten Reihe der Problembewältigung – in der schlimmsten Situation. Ob Vater oder Mutter, Bruder oder Schwester, Onkel oder Tante – sie sollen dem Opfer Mut machen, es wirtschaftlich wie psychisch stabilisieren, Kummerkasten spielen, Zukunftspläne organisieren und realisieren.

Wie das dann aussieht, schildert die Mutter eines

ehemaligen Sektenmitglieds, die für ihren Sohn durch die Hölle gegangen ist:

Richard Rudorf ist 13 Jahre alt, als er von zuhause abhaut und in eine Sekte flüchtet. Er bleibt dort – mit Unterbrechungen – bis zu seinem 18. Lebensjahr. Als er »rausgeschmissen wird, ist es, als hätte man mir den Boden unter den Füßen weggezogen«. Richard kommt mit der Welt draußen vor der Tür des Sektentempels nicht mehr zurecht.

Immer wieder versucht seine Mutter, ihr Kind aus dem Einflußbereich der Sekte zu befreien. Marion Rudorf: »Ich bin hingefahren, habe ihn rausgeholt. Dann ist er wieder zurück. Einmal, er wohnte damals in einem Schloß der Sekte, wollte er auch gleich mit nach Hause kommen. Wir waren nachmittags um vier Uhr da und haben bis nachts darum gekämpft, daß sie mir den Jungen rausrücken. Die wollten ihn unbedingt behalten. Dabei haben sie ihn ja nur zum Koksschippen genommen. Er hat sechs Wochen im Keller gestanden und hat Koks geschippt. Die haben ihn ausgenutzt, haben ihn mit angebranntem Gries abgespeist. Darüber hinaus gab es nur viel Schlafentzug und Beten. Kein Bett, keine Decke, nur auf dem nackten Fußboden schlafen. Kein Schrank, keine Tasse, kein Becher. Er hatte nur so einen Napf.«

Richard erinnert sich an den Tagesbeginn: »Morgens um drei oder vier Uhr aufstehen, kalte Dusche, verschiedene Zeremonien mit Singen, Tanzen, Meditation.«

Die Mutter ist besorgt darum, daß ihr Sohn wenigstens Schulabschlüsse macht. Die Sektenleitung kümmert sich nicht darum. Doch alle Versuche schlagen fehl. Richard haut von Schule oder Internat immer wieder zur Sekte ab. »Und dann haben wir einen Vertrag mit denen gemacht, in dem sie sich verpflichten, daß er jeden Tag zur Schule geht. Der Zusammenbruch meines Sohnes kam natürlich: Schließlich mußte er weiterhin morgens um 3 Uhr aufstehen, beten und singen und anschließend noch zur Schule gehen.«

Auch dieses Experiment mißlingt. Immer wieder holt die Mutter den Jungen aus der Sekte heraus. Immer wieder besorgt sie ihm Schulplätze, damit er wenigstens seinen Hauptschulabschluß machen kann. Immer wieder geht Richard zur Sekte zurück, die ihn von einem Quartier zum nächsten quer durch Deutschland und Europa schickt, um ihn dem Einfluß der Angehörigen zu entziehen: Heidelberg, München, Berlin, Leer, Mailand, Amsterdam, Florenz, Lüttich sind nur einige der Stationen seiner Sekten-Tour.

Schließlich ist auch die Sekte den inzwischen 18 Jahre jungen Mann leid. Vielleicht, wie die Mutter sagt, weil sie immer hinter ihm her war und soviel Unruhe verbreitet hat. Als sie ihn rauswerfen, steht Richard mittellos da. Für ihn sind keine Rentenzahlungen geleistet worden, obwohl er für die Sekte arbeiten gegangen ist. Nach eigenen Schätzungen hat Richard ab seinem 16. Lebensjahr an die 100.000 DM im Jahr für die Sekte gesammelt; durch den Verkauf von Schallplatten auf der Straße, in der Fußgängerzone.

Er weiß nicht, wie er sich vernünftig einrichten soll in einem Leben ohne festen Tagesablauf. Die Sekte hat ihn in einer entscheidenden Entwicklungsphase seines Lebens nicht auf einen selbständigen bürgerlichen Alltag vorbereitet. Die Mutter: »Der Sekte ist nur ihre Sache allein wichtig. Da gibt es keine normale Schule. Die haben ihn als jungen Menschen ausgenommen. Keine Zeitung, kein Fernsehen, nichts von der Außenwelt haben sie erfahren. Wenn man da einmal in den Krallen von denen ist, dann ist alles im Leben verdorben.« Richard macht mehrmals eine Psychotherapie mit, um die Orientierung wiederzufinden.

Richard ist heute 30 Jahre alt. Ein Katastrophen-Leben: Seine Renten-Erwartung steht nach Zahlungen für vier Monate Arbeit bei Null. Er macht im Laufe der Jahre die Mittlere Reife nach, versucht das Abitur an der Abendschule. Das Arbeitsamt ist der Meinung, daß er auch eine Umschulung mitmachen kann, aber die Mutter soll das bezahlen. Bekannte eröffnen auf seinen Namen eine Bilder-Galerie und hinterlassen rund 24.000 DM Schulden, für die seine Mutter aufkommt. Die Krankenversicherung bezahlt sie auch heute noch für ihren Sohn; sie ist inzwischen 67 Jahre alt und geht weiterhin arbeiten...

200 Menschen sehen beim Todeskampf zu

Viele Opfer stehen allein. Dabei wird das Bedürfnis nach Hilfe in der Bevölkerung immer größer angesichts immer neuer gesellschaftlicher Probleme wie Ausländerfeindlichkeit, Gewalt in der Schule, jugendliche Bandenkriege, Umweltkatastrophen, Lebensmittelvergiftungen oder der gewaltig steigenden Kriminalitätsrate.

Die »Neue Zeit« aus Berlin schreibt im Juni 1993: »Beinahe ein Zehntel der Bevölkerung, nämlich die hier lebenden Ausländer, kann sich als geschlossene

Gruppe nicht mehr sicher fühlen. Aber auch die einzelnen Bürger müssen erleben, wie sie – vom Autoaufbruch über offenen Rauschgifthandel bis zum Demonstrationskrawall – betroffen sind... Schon im Schulalter wird erfahrbar, daß latenter Gewaltbereitschaft oft nicht mehr entschlossen entgegengetreten wird. Die Lehrer sind weitgehend überfordert...«

Kinder und Jugendliche, Homosexuelle oder Asylanten werden Opfer von Jugendbanden, deren Mitglieder gerade mal zwischen 13 und 20 Jahre alt sind. In vielen Schulen sind Lehrer wie Mitschüler nicht mehr sicher – jeder sechste Schüler wird nach einer 1993 veröffentlichten Umfrage des Bielefelder Soziologen Klaus Hurrelmann Opfer von Gewalttaten. Die Brandherde, so meint er, müßten schnellstens ausgetreten werden; mindestens ein Sechstel aller Schüler beteiligt sich mindestens einmal wöchentlich an gewalttätigen Aktionen. Nicht selten liege der Gewaltgrund in der Familie: »Wer geschlagen wird, schlägt selbst.«

Dazu kommt noch eine nachdenklich stimmende Entwicklung, die der Fernsehjournalist Claus Hinrich Casdorff schon 1992 in einem Kommentar für die »Aachener Volkszeitung« beschreibt: »Nach den Ermittlungen von NRW-Innenminister Schnoor schwindet immer mehr die Bereitschaft der Bürger, Opfern von Straftaten oder Unglücksfällen Hilfe zu leisten... Was fehlt, ist eine Veränderung der inneren Einstellung der Bürger und Bürgerinnen. Und wenn sie dadurch erreicht wird, daß sich jeder vor Augen führt, er selbst könne das nächste Opfer sein. Manchmal ist sogar die Angst ein guter Ratgeber.«

Desinteresse einer Gesellschaft. Provokativ betrachtet, lassen wir viele Opfer genauso hilflos im Strudel ihrer Probleme ertrinken, wie in Holland im August 1993 rund 200 Menschen zwei kleinen marokkanischen Mädchen ungerührt beim Todeskampf in einem See zusehen: Da kentern in Barendrecht zwei neun- und elf Jahre alte Mädchen mit ihrem Schlauchboot und schreien in Todesangst um Hilfe. Das jüngere Kind kann nicht schwimmen. Verzweifelt versucht die Schwester ihr zu helfen. Vergeblich. Auch als sich die Elfjährige mit letzter Kraft ans Ufer rettet, hilft ihr niemand der vielen Zuschauer, die gemütlich bei Bier und Grillfleisch das schöne Wetter genießen. Das Opfer muß selbst Polizei und Feuerwehr alarmieren. Selbst als die Polizei kommt, hilft kaum jemand. »Wir forderten die Leute dazu auf, bei der Suche nach der Leiche des Mädchens zu helfen«, sagt ein Polizist, »gerade mal vier oder fünf Personen machten mit.« Nur ein Zaungast ist beim Todeskampf der kleinen Marokkanerinnen aktiv: Ein Filmamateur hält die Schrekkensszenen auf Video fest und verkaufte das Band später ans Fernsehen.

7. KAPITEL

LEIDEN EIN LEBEN LANG

»Immer wieder habe ich Alpträume. Immer wieder denke ich: Wäre das Flugzeug doch auf unser Haus gestürzt. Dann wäre ich tot, dann wäre mir das alles erspart geblieben«, sagt ein Holländer, der nur knapp überlebt, als im Oktober 1992 in Amsterdam ein Jumbo abstürzt. 56 Menschen sterben dabei.

»Meine Frau und ich sind beide 70 Jahre alt und haben Krieg und Gefangenschaft miterlebt. Der Schmerz um unseren Sohn Helmut ist nicht weniger geworden, seit er bei der Schleyer-Entführung ermordet worden ist«, schreiben die Eltern eines Polizisten, der bei der Entführung des Arbeitgeberpräsidenten Hans Martin Schleyer ums Leben kam, an die »Süddeutsche Zeitung«.

»Ich werde mich immer, mein ganzes restliches Leben lang schuldig fühlen. Manchmal ist das Überleben schlimmer als der Tod«, sagt der ehemalige BMW-Chefdesigner Claus Luthe, nachdem er seinen drogensüchtigen Sohn in einer Verzweiflungstat mit mehreren Messerstichen tötete und dafür drei Jahre ins Gefängnis ging. Ein Vater – ein Täter als Opfer.

»Ich will keine Rache. Ich will nur wissen, warum meine Tochter sterben mußte. Vorher finde ich keine Ruhe«, sagt Harry Hempel, der Vater einer

28jährigen Bankkauffrau, die in Düsseldorf auf der Straße ermordet wurde, während der Gerichtsverhandlung gegen einen mutmaßlichen Täter. Der Vater – auch ein Opfer.

»Ich habe nie geglaubt, daß es für mich so schmerzlich wird«, sagt Karin Gueffroy nach dem Prozeß gegen die DDR-Grenzsoldaten, die ihren Sohn Chris in der Nacht vom 5. zum 6. Februar 1989 als letztes Maueropfer erschossen haben.

Fünf Opfer von vielen. Allerdings Opfer, die nicht einmal selbst direkt Leidtragende eines Verbrechens oder einer Katastrophe sind, sondern Augenzeugen, Angehörige und ein als Täter aktiver. Schon sie leiden so stark unter den Folgen, wie muß es denn dann erst den »echten« Opfern ergehen?

● Polizeihauptmeister Wolfgang Seliger überlebt als 20jähriger einen Anschlag des Terroristen Günter Sonnenberg 1977 in Singen. Der Attentäter schießt ein Pistolenmagazin auf ihn leer. Seliger überlebt schwer verletzt, doch jahrelang zittern ihm allein bei der Erinnerung an das Geschehene die Hände. Und er erzählt, immer wieder habe er eine große, ohnmächtige Wut auf den Täter verspürt.

● Die »Opferhilfe Hamburg« weiß von häufigen Spätfolgen bei sexuell Mißhandelten zu berichten: »Schlaflosigkeit, Alpträume, Konzentrationsstörungen, psychosomatische Erkrankungen wie zum Beispiel Magenleiden, Verfolgungs- und Todesängste, Schwierigkeiten beim Aufbau zwischenmenschlicher Beziehungen und Rückzug aus der sozialen Umwelt.«

● Fünf Tote und 38 Verletzte fordert die Tanklastzug-Katastrophe 1987 in Herborn. Ein LKW rast auf abschüssiger Straße in die Stadt: Flammeninferno, 17 Millionen DM Sachschaden. Elfriede Blau, eines der überlebenden Opfer, klagt noch 15 Monate später: »Es war so furchtbar. Ich träume immer wieder davon.«

• Der Uruguayer Carlos Miguel Paez, 38, der zusammen mit Sportsfreunden einen Flugzeugabsturz in den Anden überlebt, weil sie in ihrer Verzweiflung das Fleisch toter Mitpassagiere essen, hat noch heute, über 20 Jahre nach den Erlebnissen, »täglich ein schlechtes Gewissen denen gegenüber, die nicht überlebt haben; immerzu frage ich mich: Muß ich jetzt mehr leisten, um mein ›neues‹ Leben zu rechtfertigen?«

• »Den Betroffenen ist es unmöglich, das grauenvolle Erlebnis zu vergessen«, stellt Remscheids Sozialdezernent Karl-Manfred Halbach noch ein Jahr nach der Flugzeug-Katastrophe in Remscheid fest. Am 8. Dezember rast eine Thunderbolt A 10 in den Stadtteil, reißt eine Schneise von 300 Metern Länge in die Häuser – sieben Tote, vier Schwer- und 50 Leichtverletzte. Noch nach über einem Jahr treffen sich die Opfer regelmäßig zur psychologischen Nachbetreuung, die helfen soll, die schweren psychischen Schäden abzubauen: Angstzustände, Weinkrämpfe, Schlafstörungen, völlige Handlungsunfähigkeit, Aggression, ja sogar Hautausschläge.

Für Hunderttausende gibt es keine Hilfe

Opfern muß nicht nur unmittelbar nach der Tat geholfen werden. Manche Opfer können jahrelang, jahrzehntelang nicht vergessen. Manche spüren die körperlichen oder seelischen Folgen von Verbrechen, Katastrophen, Unglücken oder anderen schlimmen Ereignissen ihr Leben lang.

Leiden ein Leben lang: Still im Wohnzimmer, unbeachtet von der Öffentlichkeit, vergessen von Opferhelfern, die für ihr Seelenheil vielleicht einmal vorübergehend Feuerwehr gespielt haben.

Die Angehörigen von vermißten Menschen gehören beispielsweise zu jenen Opfern, denen meist selbst die Spontanhilfe versagt bleibt und die von unserer Gesellschaft weitgehend unbeachtet bleiben. Über 100.000 Bundesbürger werden jedes Jahr bei der Polizei als vermißt registriert; 50 Prozent davon sind Kinder und Jugendliche. Die meisten der Vermißten kommen zwar in den ersten Wochen und Monaten zurück, doch tausende von ihnen sind als Langzeitvermißte in den Computern der Polizei registriert; dazu kommen noch tausende Erwachsene, die aufgrund unserer Gesetzeslage von der Polizei nicht erfaßt werden, weil jeder Bundesbürger ein Grundrecht auf Freizügigkeit hat, ohne Einschränkung fortgehen darf, wie er will.

In meinem Buch »Vermißt! – Über Menschen, die verschwinden und jene, die sie suchen«, das 1993 erschienen ist und in der WDR-Fernsehreihe »Vermißt!« schildere ich erschreckende Fälle von psychischem und materiellem Leid, das Angehörige aushalten müssen. Nicht wenige Angehörige sagen nach Jahren des Wartens auf die Vermißten: »Und wenn er dann tot zurückgebracht wird. Die Trauer darüber ist mir lieber, als diese schreckliche Ungewißheit.« Nicht zu wissen, was mit der vermißten Person geschehen ist – ist sie ermordet, entführt wor-

den, freiwillig verschwunden? – das sind Höllenqua-
len für die Zurückgebliebenen. Seit 1992 betreibe
ich ein Vermißten-Telefon, um wenigstens einigen
Angehörigen von Vermißten Rat zu bieten. Meine
Forderungen an den Staat, endlich aktiv zu werden
und sich um die Vermißten-Problematik zu kümmern, blieben bis heute ohne Echo. Hunderttausende Angehörige von Vermißten stehen jedes Jahr,
von einer Sekunde zur nächsten ohne Hilfe da. Tausenden dieser Menschen droht lebenslängliches
Leid.

Manche Schäden entstehen nach Jahren

Opfer von Gewalttaten empfinden die seelischen
Verwundungen, die psychischen Schäden und Beeinträchtigungen oft als viel gravierender und fol-
genschwerer als die körperlichen Verletzungen.
Hier müssen bei der Unterstützung der Opfer fachlich qualifizierte Beratungsgespräche und eine gezielte, aber behutsame Angehörigenbetreuung ein-
setzen. Kompetenter Beistand durch Mitarbeiter
staatlicher Stellen sowie Gespräche mit Rechtsanwälten und Psychologen stehen an erster Stelle der
Bedürfnisse, stellt die Befragung »Das Opfer nach
der Straftat« der Autoren Michael C. Baurmann
und Wolfram Schädler fest. Über 30 Prozent der befragten Opfer gaben an, daß sie ihre Probleme nicht
allein überwinden konnten.
»Ein noch weitgehend unerforschtes Gebiet sind die
Schäden, die erst Jahre nach der Tat entstehen. Sie
sind deshalb besonders schwer auf die erlittene
Straftaten zurückzuführen, da die Opfer selbst meist

keinen Zusammenhang zwischen körperlichen, psychischen und sozialen Problemen und der Straftat herstellen können, die sich oft schon im Kindesalter ereignet hat. In vielen Fällen wissen die nunmehr erwachsenen Opfer gar nicht mehr, daß sie eine Straftat erlitten haben«, schreibt Evelyn Tampe in »Verbrechensopfer«. »Aufschluß über solche späten Opferschäden geben bisher nur Befragungen bestimmter Bevölkerungsgruppen. Diese Befragungen weisen darauf hin, daß es Zusammenhänge zwischen frühen Viktimisationen und später auftretenden Schäden geben muß.

Inzwischen kann man davon ausgehen, daß zwischen Inzest-Erfahrungen von Mädchen und einer späteren Mager- oder Eßsucht solche Zusammenhänge bestehen. Befragungen von Prostituierten haben ergeben, daß sie häufig in ihrer Kindheit oder Jugend sexuelle Gewalt erlebt haben. Ähnliche Ergebnisse gibt es auch bei der Befragung von Drogenabhängigen. Ein enger Zusammenhang besteht offensichtlich auch zwischen dem Erleben von Gewalt in der Kindheit und der eigenen Gewalttätigkeit im Erwachsenenalter. Eltern, die ihre Kinder mißhandeln, Männer, die ihre Bedürfnisbefriedigung mit Gewalt erzwingen, haben fast immer in ihrer eigenen Kindheit und Jugend Gewalt erlebt. Späte Opferschäden sind vor allem im Bereich der Gewaltdelikte zu beobachten. In anderen Kriminalitätsfeldern gibt es hierüber bisher keine empirischen Erkenntnisse.«

Psycho-Schock nach dem Einbruch

Manchmal entstehen Schädigungen, wo man sie auf den ersten Blick nicht vermutet. Beim Wohnungseinbruch zum Beispiel gehen nicht nur Türen und Mobiliar zu Bruch, auch die Seele der Wohnungsinhaber nimmt Schaden. BdK-Vorsitzender Eike Bleibtreu weiß von Wohnungsbesitzern zu berichten, »die nach einem Einbruch ausgezogen sind, weil sie sich einfach nicht mehr sicher gefühlt haben.« Kaum jemand nimmt die psychischen Folgen ernst, denen die Opfer von immerhin über 200.000 Wohnungseinbrüchen pro Jahr ausgesetzt sind. »Bei vielen Opfern sind die Langzeitfolgen erheblich«, weiß allerdings der Psychologe Günther Deegener von der Saarland-Uni. Der Pressesprecher der Darmstädter Polizei, Karl Kärchner, registriert: »Die Angst, es könnte wieder passieren, bringt die Leute fast um.«

Ein Ehepaar, das friedlich geschlafen und von einem Einbruch nachts nichts gemerkt hat, stellt später erschrocken fest: »Es war wie ein Schlag in den Magen, von dem wir uns lange Zeit nicht erholt haben. Fremde Menschen sind um unser Bett herumgeschlichen, hatten uns schlafen sehen und unsere Sachen angefaßt. Die Beklemmung und die Angst, es könnte wieder passieren, waren wie bei einem Herzinfarkt.«

In der Tat: Angst ist grausam. Psychologen empfehlen nicht ohne Grund: Wenn etwas passiert ist, versuchen, die Angst abzubauen. Nach dem Flugzeug-Absturz ins Flugzeug steigen, nach dem Autounfall wieder Autofahren. Bei Ängsten, gegen die man durch praktische Handlungen nichts tun kann, gibt es andere Lösungen: In Mainz rufen Passanten die Polizei, weil sie »markerschütternde Hilferufe« aus einem Gebäude hören. Als die Beamten den »Tatort« stürmen, treffen sie auf eine Selbsthilfegruppe von 20 Frauen, die gerade eine Angsttherapie mitmachen. Die einstündigen »Hilfe«-Rufe gehören zur Methode des Kursus.

Die wenigsten Opfer schreien sich allerdings ihre Angst von der Seele. Geschädigte – zum Beispiel von Wohnungseinbrüchen – bleiben meist mit ihrer Furcht und Verwirrung allein. Oft ist den Betroffenen nicht einmal bewußt, daß sie Opfer geworden und psychisch geschädigt worden sind.

Die Polizei kann Wohnungseinbrüche ohnehin fast nur noch statistisch verwalten, die Versicherungen sorgen für finanziellen Ausgleich des materiellen Schadens – die psychischen Folgen für die Opfer nehmen oft nicht einmal die professionellen Opferhelfer ernst. Dabei kommt es bei den Betroffenen zu Schlafstörungen, Angstzuständen und auch zu Sexualstörungen. »Die Menschen haben das Gefühl, ihre Intimsphäre ist befleckt worden«, meint der Münchner Psychologe Stephan Lermer, »die Leute fühlen sich in ihrer persönlichen Integrität beschädigt.«

8.000 Anzeigen wegen ärztlicher Kunstfehler

Aber: Es gibt ja viel Schlimmeres. Wenn Kripo oder Staatsanwaltschaft ohne aktuellen Anlaß – wie etwa für die Aufklärung eines Mords – eine Sonderkommission bilden, das wissen die Insider des Kriminalitätsgeschäfts, dann brennt es. Bei der Frankfurter

Staatsanwaltschaft ist ein »Sonderdezernat ärztliche Kunstfehler« eingerichtet worden, und das kann nur soviel heißen: Die Zahl der Opfer hat in einem Maße zugenommen, daß Einzelaktionen nicht ausreichen, um diesem Problem Herr zu werden. »Rund 30.000 Streitfälle zwischen Arzt und Patient«, so schätzt die Zeitschrift »Test«, »gibt es hierzulande pro Jahr«. Schätzungsweise 8.000 Anzeigen gehen deswegen jährlich bei den Staatsanwaltschaften ein. Zwei von tausenden von Beispielen:

- Mitte Juli 1993 geraten Hamburger Strahlenärzte im Universitätskrankenhaus Hamburg-Eppendorf (UKE) gewaltig ins Kreuzfeuer der Kritik, als ihnen vorgeworfen wird, daß sie bei ihrer Arbeit gleich Patienten in Kompanie-Stärke fehlbehandelt haben sollen. Über 100 Patienten sollen bei der Krebsbehandlung fehlerhaft bestrahlt worden sein – viele erlitten schwerste Verletzungen. Einer der größten Kunstfehlerprozesse beginnt...

- Vor dem Landgericht in Ansbach gesteht der Hals-Nasen-Ohren-Arzt eines Kreiskrankenhauses, zwölf Patientinnen erst ein Beruhigungsmittel gespritzt und sich dann an ihnen sexuell vergangen zu haben. Ein Nebenaspekt betrifft den Opferschutz vor Gericht: Während der Verhandlung stellt die Staatsanwaltschaft den Antrag, daß aus Gründen des Opferschutzes schon bei der Verlesung der Anklageschrift die Öffentlichkeit ausgeschlossen werden sollte. Das lehnt das Gericht ab, worauf der Staatsanwalt die Namen der Opfer besonders undeutlich vorliest.

Die Liste der Horror-Meldungen aus der Weiße-Kittel-Szene könnte endlos fortgesetzt werden. »Rund

100.000 ärztliche Kunstfehler ereignen sich nach Schätzung von Medizinern und Patientenschutz-Organisationen jedes Jahr in der Bundesrepublik«, schreibt der »Stern« im Spätsommer 1993, »25.000 Opfer überleben nach Ansicht von Experten nicht.«
Wer hätte gedacht, daß ein so angesehener Berufsstand offensichtlich soviele Opfer bei der Arbeit auf der Strecke statt im Krankenhausbett liegen läßt. Hippokrates, auf dessen berühmten Eid die Ärzte heute nur noch in Kurzfassung schwören, sicher nicht. Denn der forderte noch edles Engagement von seinen Standeskollegen:
»Ich schwöre bei Apollon, dem Arzte, bei Asklepios, Hygieia und Panakeia und bei allen Göttern und Göttinnen, indem ich sie zu Zeugen anrufe, daß ich diesen Eid und diese meine Verpflichtungen erfüllen werde, nach Vermögen und Verständnis:

1. Daß ich denjenigen, welcher mich in dieser Kunst unterwiesen hat, meinen Eltern gleich achten werde; sein Lebensschicksal zu teilen, ihm auf Verlangen dasjenige, dessen er bedarf, zu gewähren, das von ihm stammende Geschlecht gleich meinen Brüdern zu halten, sie diese Kunst, wenn sie sie lernen wollen, ohne Entgeld und ohne Vorbehalt zu lehren und die Vorschriften, Kollegien und den ganzen übrigen Lernstoff meinen Söhnen sowie denen meines Lehrers und den Schülern, welche eingetragen und auf das ärztliche Gesetz verpflichtet sind, mitzuteilen, sonst aber niemand.

2. Diätische Maßnahmen, werde ich treffen zu Nutz und Frommen der Kranken nach meinem Vermögen und Verständnis, drohen ihnen aber Fährnis

und Schaden, so werde ich sie davor zu bewahren suchen.

3. Auch werde ich keinem, und sei es auf Bitten, ein tödliches Mittel verabreichen, noch einen solchen Rat erteilen, desgleichen werde ich keiner Frau ein abtreibendes Mittel geben.

4. Lauter und fromm will ich mein Leben gestalten und meine Kunst ausüben.

5. Auch will ich bei Gott keinen Steinschnitt machen, sondern ich werde diese Verrichtung denen überlassen, in deren Beruf sie fällt.

6. In allen Häusern aber, in die ich komme, will ich gehen zu Nutz und Frommen des Patienten, mich fernhalten von jedem vorsätzlichen und schadenbringenden Unrecht, insbesondere aber von geschlechtlichem Umgange mit Männern und Weibern, Freien und Sklaven.

7. Was ich aber während der Behandlung sehe oder höre, das will ich, soweit es nicht außerhalb weitererzählt werden soll, verschweigen, indem ich es als ein Geheimnis bewahre.

Wenn ich nun diesen Eid erfülle, ohne ihn zu brechen, dann möge mir ein glückliches Leben und eine glückliche Kunstausübung beschieden sein und ich bei allen Menschen für immer in Ehren stehen. Wenn ich ihn aber übertrete und meineidig werde, dann möge das Gegenteil geschehen.«

Durch die Schönheitsoperation entstellt

Gut für manche Ärzte, daß Schwüre heutzutage nicht mehr für bare Münze genommen werden. Gut für eine ganz besondere Klasse unter den Ärzten, die Schönheits-Operateure. Deren Fehlgriffe führen fast immer zu lebenslänglichem – sogar sichtbarem – Leid. Drei Beispiele:

- Wegen vorsätzlicher Körperverletzung verurteilt das Düsseldorfer Amtsgericht 1993 einen Schönheits-Chirurgen zu sechs Monaten Freiheitsstrafe auf Bewährung und 30.000 DM Schmerzensgeld-Zahlung. Ein 21jähriger Student wird durch mehrere Zentimeter lange Narben im Gesicht entstellt, als der Arzt Augenbrauen, Nase, Lippen und Kinn »schön« operiert; eine 46jährige Kauffrau behält durch den Schönheits-Eingriff ein schiefes Kinn und ungleiche Wangenknochen zurück.

- Eine Rente in Höhe von 2.000 DM im Monat zahlt ein anderer Schönheitschirurg in Düsseldorf einer Patientin, der er eigentlich nur überflüssiges Fett am Bauch absaugen sollte. Das Ergebnis der normalerweise unkomplizierten Operation: Geh- und Sprachstörungen, nachdem es während des Eingriffs zu einer Hirnstörung durch Sauerstoffmangel gekommen ist.

- Eine 22jährige Patientin, die sich in Metz die abstehenden Ohren korrigieren lassen wollte, liegt seit sieben Jahren im Koma. Die Justiz in Lothringen hat gegen den Anästhesisten ein Strafverfahren eingeleitet. Die junge Frau erlitt während der Operation einen Herzstillstand, das Gehirn bekam für kurze Zeit zu wenig Sauerstoff. Das Opfer wird durch Geräte am Leben erhalten.

Man sieht, ärztliche Kunstfehler sind keine typisch deutsche Eigenart, sie sind grenzüberschreitend. Eine üble Variation, die jedem potentiellen »Versuchskaninchen« nur als Warnung dienen darf, erzählt eine Patientin aus Belgien in der RTL-Sendung »Explosiv«: Die Belgierin Claire Leva hat fast 30 Kilo abgenommen. Heute wiegt sie 57,5 Kilo, früher brachte sie über 90 Kilo auf die Waage: »Jetzt bin ich glücklich, ich kann wieder anziehen was ich will. Mit Kleidern habe ich nun keine Probleme mehr.« Doch der Preis, den die junge Frau dafür bezahlt, ist hoch. Denn heute hängt Claire Leva am Dialysegerät, ihre Nieren funktionieren nicht mehr richtig – sie schrumpften.

Um abzunehmen, verschreibt ihr ein Arzt eine chinesische Kräuter-Arznei in Kapselform auf Rezept. Die Belgierin: »Er hat mich nie gewarnt, im Gegenteil. Er sagte, es gäbe keine Gefahren, alles auf Pflanzenbasis. Das habe ich ihm geglaubt. Anfangs glaubte er das wohl selbst. Aber spätestens als die ersten Beschwerden kamen, da hätte er aufhören müssen, diese weiter zu verschreiben. Er hätte sich besser informieren müssen.«

Heute ist das Präparat in Belgien verboten, gegen den Schönheitsarzt läuft ein Ermittlungsverfahren. Der Professor, zu dem Claire Leva heute zur Dialyse geht, berichtet: »Von den 60 Frauen, die heute bei mir in Behandlung sind, müssen 25 an die Dialyse angeschlossen werden. Alle haben die gleiche Diät gemacht. Ihre Nieren sind irreparabel zerstört. Sie werden niemals wieder normal funktionieren können.«

Dreimal in der Woche muß Claire Leva jetzt an die Maschine, von der ihr Leben abhängt. Unbeschwert in Urlaub fahren kann sie nicht mehr. Ihren Beruf mußte sie vorübergehend aufgeben. Alles für die Schönheit. Für sie gibt es jetzt nur noch eine Hoffnung: »Entweder ich bekomme eine

Spenderniere, oder ich muß für immer an die Maschine.«

Lebenslängliches Leid – weil sie schlank und schön sein wollte. Neben der Dialyse-Behandlung muß die Patientin viele Tabletten nehmen. Sie darf auch nur einen halben Liter Flüssigkeit täglich trinken, mehr schafft die Niere nicht mehr, und sie darf nur noch wenig essen. Claire Leva mit Galgenhumor: »Ich habe schon viele Diäten gemacht, doch die, die ich jetzt machen muß, ist die strengste. Denn ich kann nicht einfach damit aufhören, weil mein Leben sonst auf dem Spiel steht.«

Eine Entschädigung hat das Opfer für ihr lebenslängliches Leid nicht erhalten. Erstaunlich: Sie hat dem Arzt sogar verziehen. »Anfangs wollte ich ihn umbringen, aber mit der Zeit vergehen solche Wünsche. Jetzt würde ich ihm nur noch gehörig die Meinung sagen.«

Man mag es kaum glauben, daß das Opfer Claire Leva ihrem Arzt verzeihen kann angesichts der Schäden, die sie erlitten hat. Allerdings hat sie hier vielleicht unbewußt die richtige Maßnahme ergriffen. Denn: Verzeihen hilft, weiß die Psychologie. Es ist aber schon bei leichteren Schädigungen schwer zu vollziehen. Der Hamburger Psychologe Professor Dr. Reinhard Tausch hat in einer Studie festgestellt, daß 23 Prozent schon wenige Tage nach einer schweren Kränkung verzeihen, 24 Prozent brauchen schon Monate, 27 Prozent tragen ihr Leid dem anderen ein Jahr und länger nach, und der Rest – rund jeder vierte – ist für immer nicht zur Versöhnung bereit.

»Wohl jeder von uns wird in seinem Leben durch andere Menschen beeinträchtigt, geschädigt, ungerecht behandelt, seelisch und auch körperlich verletzt. Hierdurch werden die Beziehungen zu Menschen, oft auch zu Familienmitgliedern, schwer belastet. Diejenigen, die verletzt wurden, empfinden häufig längere Zeit Bitterkeit, Demütigung, Ärger, Haß und Ablehnung. Sie klagen andere an, machen ihnen Schuldvorwürfe«, meint Tausch, »inneres Vergeben ist ein sehr bedeutsamer seelischer Vorgang der Bewältigung dieser seelischen Beeinträchtigungen, Verletzungen und Schuldgefühle«.

Medikamenten-Skandal mit Todesstrafe

Nicht immer aber bleibt den Opfern die Chance zum Vergeben. Oft hat es ein Geschädigter schließlich auch nicht mit einer Person aus Fleisch und Blut zu tun. Kann man einer juristischen Person, zum Beispiel einer pharmazeutischen Firma verzeihen? Einer juristischen Person, die einem oft nicht einmal durch Anteil nehmende Menschen Auge in Auge gegenübertritt? Einem gesichtslosen Gegner, der einem das Leben auf juristischem Gebiet dann auch noch so schwer macht? Wohl kaum.
Der aus Norddeutschland stammende Bauer Claas Claasen beispielsweise leidet heute unter einer unheilbaren Lichtallergie, die ihn zwingt, wie ein Astronaut in einem Lichtschutzanzug und mit Atemmaske bekleidet vor die Tür zu gehen. Das Spezialglas vor dem Gesicht verhindert, daß UV-Strahlen auf seine Haut treffen. Verursacht wurde die Lichtallergie vor über sechs Jahren durch ein Anti-Streß-Präparat, das in der Viehzucht verwendet wird. »Ich habe von dem Mittel etwas auf die

Haut bekommen. Von da an begann für mich die Hölle. Sobald ich draußen war, bekam ich die schlimmsten Verbrennungen und überall Blasen, als ob ich in Säure gefallen wäre.« 70.000 DM Schmerzensgeld zahlt die Versicherung aus Kulanz – der Landwirt prozessiert gegen die Herstellerfirma.

Medikamente – geliebt, gehaßt und gefürchtet. Die meisten bringen der Menschheit Heil. Doch immer wieder bleiben Opfer auf der Strecke; oft aus eigener Schuld, mal aus Fahrlässigkeit von Pharmaherstellern, mal aus Unwissenheit der Verursacher. Unvergessen sind die Opfer des Contergan-Skandals. 1.600 Menschen leben heute behindert – zwergwüchsig, mit verkrüppelten Armen und Beinen – unter uns, weil ihre Mütter während der Schwangerschaft Contergan-Tabletten schluckten.

Einer der schlimmsten Skandale der Nachkriegszeit ist für die Betroffenen nicht nur schmerzhaft. Der Medikamentenskandal um die Blutgerinnungsmittel, der im Herbst 1993 bekannt wird, endet für die meisten Betroffenen tödlich. Über 2.000 Bluter werden in den Jahren zwischen 1982 bis 1985 durch Blutgerinnungsmittel mit Aids infiziert. Lange Zeit wird der Skandal vertuscht, bis nach etwa zehn Jahren die Krankheit voll zum Ausbruch kommt und eine Todeswelle unter den Blutern zu beobachten ist. Im Juli 1993 sind bereits 400 Bluter an der Aids-Infektion gestorben. Alarmierend: Jede Woche stirbt ein weiterer Infizierter an der Immunschwächekrankheit.

Die SPD bezeichnet den »Bluter-Aids-Skandal« als den größten deutschen Arzneimittelskandal nach dem Krieg und fordert die Einrichtung eines nationalen Hilfsfonds mit Finanzmitteln von mehreren hundert Millionen DM. Der SPD-Bundestagsabgeordnete Horst Schmidbauer, stellvertretender gesundheitspolitischer Sprecher seiner Fraktion, macht sich im Juli 1993 zum Streiter für die Rechte der Opfer, die mit einer Verkürzung ihrer Lebenszeit um Jahrzehnte rechnen müssen. Plötzlich ist die Lebenserwartung der Bluter, die vorher völlig normal war, auf rund 30 Jahre beschränkt.

»Mit der Schaffung eines nationalen Hilfsfonds nach dem Vorbild der Contergan-Siftung, kann der Gesetzgeber die Voraussetzungen dafür schaffen, daß die Opfer, denen die Versicherer der Pharmaindustrie die Zustimmung zu Abfindungen (in den meisten Fällen nur ca. 65.000 DM) für den Verlust ihres Lebens abpreßten, eine längst überfällige angemessene Hilfe ›erleben‹ können«, stellt Schmidbauer fest. »Jetzt! Noch in diesem Jahr und nicht erst, wenn die Opfer, deren Lebenserwartung gering ist, tot sind! Statt die Verantwortung für den medizinischen Super-GAU reihum weiterzugeben, müssen Staat und Politik endlich ihre Vorreiterfunktion wahrnehmen.« Schmidbauer stellt im Bundestag einen entsprechenden Antrag und meint: »Mit der Annahme dieses Antrags trägt der Bundestag auch dem Lösungsantrag der Pharmaindustrie Rechnung, die die Schaffung des Fonds begrüßt hat. Zugleich wird der Druck auf deren Versicherungen erhöht, Mittel aus den geleisteten Versicherungsbeiträgen der Pharmaindustrie für den Fond bereitzustellen.«

Der Vorsitzende der Interessengemeinschaft Hämophiler, Winfried Bauer, verklagt im August 1993 die Bundesregierung vor dem Aachener Landgericht, »weil das Bundesgesundheitsministerium und das Bundesgesundheitsamt es Anfang der 80er versäumt

233

haben, möglicherweise Aids-verseuchte, aber nicht durch Hitze sterilisierte Blutpräparate aus dem Verkehr zu ziehen.«

Der Aids-Skandal bewirkt schließlich das »Aus« für das Bundesgesundheitsamt. Bundesgesundheitsminister Horst Seehofer schließt die Behörde und bietet den Opfern Renten- und Entschädigungszahlungen an.

SPD-Gesundheitsexperte Schmidbauer nennt den Bluter-Aids-Skandal eine »Katastrophe«, die vermeidbar gewesen sei: »Vor allem deswegen, weil die für Arzneimittel zuständigen Sicherheitsbehörden mit objektiv möglichen Sicherheitsmaßnahmen die meisten Fälle hätten verhindern können. Sie unterblieben teils aus Schlafmützigkeit, teils wegen des Drucks der Hersteller und Anwender von Blutgerinnungspräparaten, die viel Geld damit verdienten und es heute immer noch tun. Stattdessen läßt man in einer unheiligen Allianz mit der Pharmaindustrie und Behandlern sehenden Auges die Bluter – und wie wir jetzt wissen nicht nur diese – in den Tod laufen.«

Arztbericht wie ein Todesurteil

Einer von ihnen ist Frank Büchner aus Witten. Er ist erst vier Jahre alt, als die Ärzte feststellen, daß er Bluter ist. Von da an wird dem Jungen jede Woche mehrmals ein Blutgerinnungsmittel gespritzt, das eigentlich sein Leben retten soll. Jahrelang ist das auch so. Allerdings: Es gibt unterschiedliche Präparate. Teure – und preiswerte. Frank Büchner erhält meist die preiswerten Mittel: »Die Krankenkassen haben Schwierigkeiten gemacht, wollten die anderen nicht mehr bezahlen, weil sie meinten, sie hätten die gleiche Wirkung. Nur die Nebenwirkungen haben sie natürlich nicht interessiert.« Irgendwann Anfang der 80er Jahre wird Frank Büchner ein Aids-verseuchtes Blutgerinnungsmittel gespritzt.

Die tödlichen Nebenwirkungen werden erst Jahre später bekannt, als immer mehr Bluter an Aids erkranken – durch die Spritze mit den Blutgerinnungsmitteln infiziert. Schon 1985 werden die ersten Blutgerinnungspräparate vom Markt genommen, weil man die Gefahr erkennt. Doch für Frank Büchner ist das zu spät: »Im November 1986 hat man festgestellt, daß ich HIV-positiv bin.«

Eine Feststellung, die wie ein Todesurteil wirkt, auch wenn HIV-positiv noch nicht bedeutet, daß die Aids-Krankheit ausgebrochen ist: »Zuerst sagte der Arzt zu mir: ›Ihre Blutwerte sind nicht ganz in Ordnung.‹ Ich meinte noch zu ihm: ›Sie können mir das ruhig sagen, daß ich mich auch infiziert habe.‹ Ich dachte, ich könnte das irgendwie so wegstecken. Als ich dann erfahren habe, daß ich positiv bin, habe ich versucht, das erstmal zu verdrängen. Das tun die meisten. Erst nach und nach ist mir überhaupt bewußt geworden, vor allem durch die ganzen Aufklärungskampagnen, was ich da überhaupt habe. Man stirbt daran…«

Frank Büchner wird an Aids sterben. Damit hat er sich abzufinden. »Du hast nicht mehr viel Zeit zu leben. Was das für eine Sauerei ist. Ich meine, es ist schon schlimm genug, daß wir Bluter sind. Und jetzt haben wir uns auch noch den Virus eingefangen. Was hat das Leben denn jetzt noch für einen Sinn. Du wirst von manchen außerdem noch wie ein Aussätziger behandelt. Die Leute sprechen nicht mehr mit dir oder geben dir nicht mehr die Hand.«

Zum psychischen K.O. kommt bald auch das materielle Knock-out. »1988 mußte ich Schadenersatzansprüche gegenüber der Pharmaindustrie erheben. Man hat mir regelrecht die Pistole auf die Brust gesetzt. Wenn ich bis 1988 keine Ansprüche stelle, kriege ich gar nichts.«

Die Pharmaindustrie drängt darauf, daß die Bluter mit ihnen um Entschädigungen verhandeln. Die Abschlüsse gehen im Hau-Ruck-Verfahren über die Bühne: »Die haben jeden Fall einzeln abgewickelt. Mein Anwalt ist dahin, zum Versicherungskonzern, und der hat ein Angebot gemacht und wir haben das angenommen. Die Pharmaindustrie und auch unsere Rechtsanwälte sind davon ausgegangen: Zwei Jahre hat der Büchner noch zu leben. In zwei Jahren hätte er soundsoviel verdient in seinem Beruf, nach dieser Rechnung hat man bezahlt. Bei mir waren das 72.000 Mark: 15.000 Mark für besondere Bedürfnisse, 10.000 Mark Beerdigungskosten und 47.000 Mark Verdienstausfall.«

Frank Büchner findet es heute makaber, daß ihm schon die Beerdigungskosten zu Lebzeiten ausbezahlt wurden. Aber damals, im ersten Schock, im Angesicht eines nahenden Aids-Todes, ist dem 22jährigen Lageristen jede Mark recht. Er will noch einmal richtig leben, Urlaub machen, Spaß haben, man weiß ja nicht, wie lange man noch lebt. »Ich habe mir damals gedacht: Das Geld wird ausgegeben, mitnehmen kann ich sowieso nix«, erinnert er sich heute, mit 27 Jahren. »Hätte ich gewußt, daß ich länger lebe, dann hätte ich natürlich das Geld sinnvoll angelegt.«

236

Heute versucht sich Frank Büchner in ein Leben einzurichten, das von der Ungewissheit geprägt ist, morgen zu erfahren, daß er nicht mehr nur HIV-positiv ist, sondern daß die Krankheit ausgebrochen ist.

Regelmäßig trifft sich Frank Büchner mit anderen Betroffenen in der Blutergruppe der Aids-Hilfe. »Das ist da wie in einer großen Familie. Wir haben viel Spaß dabei«, sagt er, »wir können uns auch über unsere Probleme unterhalten, ein Psychologe ist meist dabei. Man kann mit den Eltern und Angehörigen teilweise gar nicht so darüber reden. Die wissen nicht, wie sie einen anfassen sollen. Meine Eltern beispielsweise benehmen sich nach dem Motto ›Das wird schon wieder‹.«

Aber Frank Büchner weiß: »Da wird überhaupt nichts. Und die Eltern können das irgendwo überhaupt nicht begreifen, was da abläuft. Sie sehen nur, daß es mir im Moment offensichtlich gut geht. Ich sehe blendend aus. Aber innerlich, wie es in einem aussieht, das weiß niemand. Ein Nachbar hat letztens gesagt: ›Ach Frank, siehst aber gut aus – ißt du zu viel oder säufst du zuviel?‹ Man kann äußerlich zwar ganz gut aussehen, aber was innerlich in einem vorgeht, die Psyche und überhaupt, da kann kein Mensch mitreden.«

Hoffnung auf Entschädigung

Frank Büchner würde auch gern wieder arbeiten gehen. Er hat den Beruf des Handelsfachpackers gelernt. »Ich würde gerne arbeiten, aber erzählen Sie das mal den Arbeitgebern. Wer stellt einen ein, der 100 Prozent behindert ist und dann noch Bluter?

Wenn ich mich irgendwo bewerbe und ich muß im Personalbogen angeben, daß ich behindert bin, dann fragen die erst mal: ›Warum haben Sie denn 100 Prozent?‹ Und dann muß ich sagen: ›Ich bin Bluter‹. Ich muß nicht angeben, daß ich HIV-positiv bin, aber die wissen doch heutzutage schon Bescheid. Und wenn sie Bluter hören, dann sind die sowieso erstmal ganz distanziert. Die haben Angst, daß man sich bei der Arbeit verletzt und dann blutet. Dann kommen die mit irgendwelchen Ausreden wie ›Wir rufen Sie an‹ oder so. Ich habe es auch aufgegeben, mich da irgendwo zu bewerben, weil ich weiß, wie das abläuft.«

Die Unterstützung durch die Aids-Hilfe, der Einsatz des SPD-Abgeordneten Schmidbauer und anderer Politiker haben bei Frank Büchner trotzdem neues Selbstbewußtsein bewirkt: »Auch meine Eltern müssen jetzt mal merken, daß ich ein bißchen selbständiger und aktiv werde. Ich habe zu ihnen gesagt, sie sollten mal nach Bonn oder nach Berlin zur Demonstration mitkommen. Aber meine Mutter ist da weniger bereit zu. Die hat irgendwie Angst davor. Die hatte auch damals Angst davor, daß die Nachbarn von meiner Krankheit was erfahren. Die Nachbarn wissen das aber inzwischen alle. Ich spreche da mit denen ganz offen drüber, und die meinen nur: ›Na Frank, wie geht's, was macht denn Deine Gruppe?‹«

Frank Büchner hofft jetzt auf die Politik. Er will weitere Entschädigungszahlungen. Er weiß: Geld macht nicht glücklich, aber es beruhigt. »Nein, wettmachen kann man mit Geld die Krankheit nicht. Man kann das Leben nicht bezahlen. Aber man kann seinen Lebensstandard, man kann sich das Leben verschönern. Ohne Geld fällt man doch in ein soziales Loch.«

Frank Büchner hat keine Vorstellung davon, wie lange er noch leben wird. »Keine Ahnung, aber wenn ich das so höre, wie die da experimentieren, vielleicht gibt es irgendwann ein Mittel, das hilft.« Bis dahin dreht sich sein Leben um die »Stichtage«, wie er es nennt. Dann wird ihm von seinem Arzt Blut abgenommen. Es wird untersucht, um festzustellen, wie es um sein Immunsystem steht. »Vorher macht man sich Gedanken, wie wohl die Werte sein werden. Hinterher ist man eigentlich ziemlich deprimiert, weil man merkt, es geht wieder bergab.«

So oder so ähnlich wie Frank Büchner geht es heute tausenden Blutern. Dazu kommen noch die vielen HIV-Kranken, die bei Blutübertragungen infiziert wurden. Erschütternd ist beispielsweise das Schicksal des kleinen Tobias aus Düsseldorf, der kurz nach der Frühgeburt durch Blutkonserven mit Aids infiziert wird. Sein Vater Raimund Fürst gründete die »Elterninitiative HIV-betroffener Kinder«. Über 60 Familien haben sich ihr bereits angeschlossen. Fürst: »Die Familien müssen untereinander Kontakt bekommen, müssen über ihre Probleme sprechen.« Manche Sorgen entstehen erst durch das Verhalten der Menschen in der Umgebung: Aus der Spielgruppe wurde der Junge ausgeschlossen, weil alle anderen Angst vor einer Ansteckung mit Aids hatten, in einer Kindertalentgruppe wollte man ihn nicht mehr akzeptieren, weil er – so der offizielle Grund – kein Talent habe.

Außenseiter fallen durch das Hilfe-Netz

Manche Opfer fallen aber auch durch alle Netze, die u.a. Opferschutzgesetz, Opferentschädigungsgesetz oder Hilfsorganisationen gezogen haben. Für manche gibt es keine Hilfsangebote, weil ihr Problem so ungewöhnlich ist, daß kaum jemand etwas damit anfangen kann. Das sind dann die Außenseiter unter den Opfern, um die sich niemand kümmert, und die von Anfang an einen aussichtslosen Kampf im Dschungel des Rechts um mehr Menschlichkeit kämpfen.

Margot Dovern aus Hagenburg ist so ein Opfer. Sie stellt eine ungeheure Behauptung auf: Ihr Sohn Klaus-Peter, laut Standesamt-Eintrag am 18. Dezember 1981 auf dem Marinestützpunkt Flensburg, Swinemünder Str. 26, verstorben und offiziell auf dem Friedhof von Hagenburg beerdigt, lebt – und in dem Grab liegt ein anderer.

Die Wahrheit hätte sich einfach feststellen lassen, wenn man den Toten exhumiert und seine Identität noch einmal überprüft hätte. Begründete Zweifel an der Identität des Toten im Grab liegen seit Jahren vor. Doch die Bemühungen der Mutter um Klärung der Angelegenheit gehen – wie in vielen anderen Fällen auch – in einem Wirrwarr von Behörden und Zuständigkeiten, Paragraphen und Desinteresse unter.

»Mein Sohn lebt, ich fühle es«, sagt die 60jährige Mutter auch heute noch. Margot Dovern muß sich jedoch nicht nur auf ihre Gefühle verlassen, sondern hat auch Beweise in der Hand, die zumindest starke Zweifel am Tod ihres Sohnes erlauben.

Was ist überhaupt geschehen? Am 18. Dezember 1981 findet auf dem Bundeswehr-Minensuchboot

»Pollux« ein Heizerfest statt. Die Soldaten trinken Bier, sind fröhlich und veranstalten offensichtlich auch ein Wett-Trinken. Im Verlauf dieses Gelages soll der Matrose Klaus-Peter Dovern, damals 20 Jahre alt, vollkommen betrunken vom Stuhl gefallen sein. Angeblich ist er nicht mehr in der Lage gewesen, noch ein Wort zu sprechen. Als die Notärztin eintrifft, ist der Soldat tot.

Einen Tag vor Heiligabend, am 23. Dezember 1981, wird der Matrose in seinem Wohnort Hagenburg bei Wunstorf beerdigt. Bald kommen bei der Mutter Zweifel daran auf, ob es sich bei dem Toten, dem die Familie die letzte Ehre erwiesen hat, wirklich um Klaus-Peter Dovern handelt. Sie entdeckt Widersprüche im Obduktionsprotokoll, das nach dem Tod des jungen Mannes angefertigt wurde. Ihr Rechtsanwalt schreibt im April 1982 an die Staatsanwaltschaft in Flensburg und bittet erstmals um eine Graböffnung, um den Toten einwandfrei zu identifizieren.

In seiner Begründung formuliert er die Widersprüche, die die Eltern im Obduktionsbefund entdeckt haben: »Die Eltern Dovern erklärten mir, daß deren Sohn nicht lediglich nur 1,84 Meter, sondern 1,92 Meter groß war. Auch wurde in dem Arztprotokoll die Angabe vermißt, daß ihr Sohn ein sehr großes bräunliches Muttermal auf dem Rücken zur Seite hin rechts besaß, das eigentlich den Ärzten hätte auffallen müssen. Dieses Muttermal hatte etwa die Ausmaße von drei nebeneinander gelegten Händen. Auch hat Dovern linksseitig über dem Auge eine immer noch sichtbare, allerdings verheilte Narbe... Meine Mandanten sind jetzt mißtrauisch geworden.«

Später weisen die Eltern auch noch darauf hin, daß Klaus-Peter Dovern kein normales Gebiß besaß, vielmehr standen die vorderen Schneidezähne sehr stark vor. In dem Obduktionsbericht steht jedoch kein Wort über all die besonderen, für einen Rechtsmediziner normalerweise unübersehbaren persönlichen Identifizierungsmerkmale. Das erkennt auch die Staatsanwaltschaft in Flensburg, die im Juni 1982 »Verständnis bekundet«, aber eine Obduktion der Leiche ablehnt: »Ich gebe ohne weiteres zu, daß angesichts der offensichtlichen Fehler und Nachlässigkeiten im Obduktionsprotokoll, was die äußere Beschreibung der Leiche angeht, auch hier Zweifel an der Identität des Toten entstanden sind.« Die Staatsanwaltschaft orientiert sich jedoch an Bekundungen von Kriminalbeamten, der Notärztin und eines Truppenarztes, die die Leiche von Klaus-Peter Dovern gesehen haben, den Toten aber entweder gar nicht persönlich kannten oder – wie im Fall des Truppenarztes – ihm nur einige Male flüchtig begegnet sind.

Der Staatsanwaltschaft kommen offensichtlich keine Zweifel an der Korrektheit des Obduktionsbefundes insgesamt. Dabei führt sie wegen des überraschenden, ungewöhnlichen Todes des Soldaten Dovern ein Ermittlungsverfahren gegen einen mitbeteiligten Soldaten wegen des Verdachts der fahrlässigen Tötung durch. Man muß sich doch fragen, warum bei einem so mysteriösen Tod keine detaillierten Angaben zur Verfassung des Leichnams gemacht werden, und warum so wichtige Details nicht notiert werden. Schlamperei? Oder mehr?

Die Familie Dovern gibt jetzt allerdings nicht mehr auf. Sie sieht nun weitere Ungereimtheiten unter anderem darin, »daß der Pfarrer, als auch andere mit der Beerdigung befaßte Personen strengstens darauf bedacht waren, hier die Eltern vom Sarg und von der Leiche fernzuhalten«.

Im November 1982 unternehmen die Eltern einen erneuten Versuch bei der Staatsanwaltschaft in Flensburg, eine Exhumierung der Leiche des Sohnes durchzusetzen. Inzwischen können sie mit weiteren Details, die im Widerspruch zum Obduktionsbericht stehen, aufwarten: Darin wird das Gewicht des Toten mit 91 Kilogramm angegeben. Er wog allerdings nur 75 bis 80 Kilogramm. Das Haar war nicht fingerlang und dunkelblond, sondern Klaus-Peter Dovern hatte fast schwarzes Haar, den Pony zu einer Tolle frisiert. Außerdem war dem Matrosen erst vierzehn Tage vor seinem angeblichen Tod ein Gipsverband am rechten Bein abgenommen worden, so daß das rechte Bein erheblich dünner war als das linke.

Ganz wichtig: Schließlich haben die Eltern auch herausgefunden, daß in dem Protokoll über die Leichenöffnung der einzige Zeuge der den Toten persönlich kannte, der Truppenarzt, nicht als anwesend registriert ist. Der Arzt bestätigt lediglich mündlich, daß er bei der Obduktion dabeigewesen sei – auch das ein grober Formfehler. Der Staatsanwaltschaft in Flensburg reicht diese Häufung von Fehlern, Nachlässigkeiten und Versäumnissen aber immer noch nicht um einzuschreiten. Desinteresse? Oder sind vielleicht nur zwei Leichen vor der Obduktion verwechselt worden – liegen in zwei Gräbern die falschen Toten?

Eine dramatische Wendung bekommt die Angelegenheit schließlich durch Zeugen, die den Toten gesehen haben wollen. Wie ein Gespenst geistert

Klaus-Peter Dovern bis heute im wahrsten Sinne des Wortes durch die Welt, und jeder neue Hinweis bedeutet vor allem für die Mutter, Margot Dovern, die Fortsetzung der Seelenqualen. Schon im August 1982 will man Klaus-Peter Dovern in dem schwedischen Ort Gävle gesehen haben. Eine junge Frau, die Dovern erkannt haben will, bestätigt der Mutter das in einem Brief.

Wie ein Schock überkommt es Margot Dovern, als sie am 4. Januar 1984 in einer Zeitung das Foto von geretteten Seeleuten nach einem Schiffsunglück vor Bilbao in Spanien sieht und darauf ihren Sohn wiedererkennt. »Ich schrie laut auf, das ist doch mein Pitti.« Doch die Recherchen der Mutter über die Reederei führen nicht zu ihrem Sohn. Die Identität des geretteten Seemanns, den die Frau als ihren Sohn erkannt haben will, bleibt ungeklärt.

Im Januar 1985 drängt der Rechtsanwalt der Familie Dovern erneut die Staatsanwaltschaft in Flensburg: »Ich rege nochmals an, den auf dem Friedhof in Hagenburg bestatteten Leichnam zu exhumieren und an Hand der vorhandenen medizinischen Unterlagen die Identität zu überprüfen. Damit wäre auf jeden Fall der Zweifel aus der Welt geschafft. Immerhin sind in dem seinerzeit gefertigten Obduktionsbericht einige Fehler und Widersprüchlichkeiten unterlaufen, und die Ähnlichkeit zwischen den Fotografien von Klaus-Peter Dovern und dem in der Presse veröffentlichten Foto der Überlebenden einer Schiffskatastrophe sind so verblüffend, daß ein derartiges Vorgehen gerechtfertigt ist.«

Doch die Staatsanwaltschaft in Flensburg bleibt stur, auch als weitere ernstzunehmende Lebenszeichen auftauchen: Neben anderen Zeugenaussagen aus Schweden erreicht die Familie Dovern schließlich im April 1986 der Hinweis eines Hamburger Seemannes, Joachim Probst, der gerade von den Philippinen zurückkehrt. Er will, so schreibt das »Deutsche Seemannsheim« in Hamburg, »Ihren Sohn mehrmals in einer Gaststätte auf den Philippinen getroffen haben. Ihr Sohn macht dort bereits seit mehreren Wochen Urlaub. Er macht einen gutgepflegten Eindruck.«

Zwei Monate später bestätigt der Suchdienst München vom »Deutschen Roten Kreuz«, daß seine Recherchen über das »Philippinische Rote Kreuz« Erfolg haben: »Wir haben beim ›Lilli Marleen Pub & Restaurant‹ Nachforschungen durchgeführt und konnten mit der Kassiererin sprechen... Wir wurden unterrichtet, daß seit zwei Monaten auf dem schwarzen Brett im ›Lilli Marleen Pub‹ ein Telegramm aus Deutschland für Herrn Klaus-Peter Dovern hängt, das dieser jedoch bis jetzt noch nicht abgeholt hat. Deshalb glaubt sie, daß er ihr Haus seit längerer Zeit nicht mehr besucht hat.«

Schließlich schreibt auch der Seemann Joachim Probst noch einmal, er habe Klaus-Peter Dovern häufig in dem deutschen Pub »Lilli Marleen« in Manila getroffen. Er lebe dort mit einem Mädchen zusammen und habe auch von einer früheren Freundin in Schweden erzählt. Seemann Probst: »Glauben Sie mir, vielleicht hat er seine große Liebe gefunden und möchte sie nicht mehr aufgeben.«

Margot Dovern weiß nicht, warum sich ihr Sohn bis heute nicht gemeldet hat. Vielleicht hat er Angst davor zurückzukehren. Vielleicht ist etwas geschehen, das ihn aus bürgerlichen Lebensbahnen geworfen hat. Sie ist allerdings sicher, daß ihr Sohn lebt und ein anderer Mensch im Grab in Hagenburg liegt; dort wo offiziell ihr Sohn begraben ist. Aber das kümmert keinen der Lebenden. Die Behörden sind offensichtlich der Meinung, daß die Ruhe der Toten wichtiger ist, als die der Lebenden. Auch Landesbischoff Dr. Joachim Heubach in Bückeburg, an den sich die Mutter mit Bitte um Unterstützung wegen der Exhumierung wendet, hat zwar Trost, aber ansonsten nur eine Absage zu bieten: »Ich habe Ihnen seinerzeit bei Ihrem Besuch bei mir im Amt versucht, eindeutig klarzumachen, daß eine Exhumierung des Grabes nur mit staatsanwaltschaftlicher Verfügung möglich ist. Es ist daher aussichtslos, sich an kirchliche Stellen wegen einer Genehmigung für die Exhumierung zu wenden.«

Man fragt sich, warum sich in diesem Land so selten Helfer finden, die sich einmal nicht nur an Rechtsvorschriften, Verordnungen, Dienstwegen, Regularien und offiziellen Behördenwegen orientieren, sondern die einfach einmal ein Opfer oder den Angehörigen eines Opfers an die Hand nehmen und sich persönlich engagieren, anstatt es mit belanglosen Absageschreiben abzuspeisen, wie sie Margot Dovern in Fülle bekommen hat.

Wenn wirklich der Sohn von Margot Dovern dort liegt, dann hätte er sicherlich nichts dagegen, daß sein Leichnam zur Sicherung des Seelenfriedens seiner Mutter noch einmal ausgegraben und begutachtet wird.

So aber bleibt Margot Dovern nur ein Schicksal, das sie mit vielen hunderttausend Opfern in aller Stille teilt – lebenslängliches Leid.

ANHANG 1:

DAS OPFER-ABC

Adhäsionsverfahren: Mit diesem Verfahren kann das Opfer – unter Umgehung eines zusätzlichen, ihn belastenden Zivilverfahrens – seinen Anspruch auf Schmerzensgeld oder Schadenersatz an den Beklagten bereits während des laufenden Strafverfahrens geltend machen. Hat der Beklagte durch seine Tat einen Vermögensvorteil (z.B. Diebesgut), wird vom Gericht üblicherweise der sog. Verfall angeordnet. D.h., die Tatvorteile werden eingezogen. Für die Chancen des Adhäsionsverfahrens ist es jedoch wichtig, den Verfall nicht anzuordnen, wenn das Opfer gegen den Täter einen Anspruch hat. Der Anspruch des Verletzten geht dann vor.

Antragsdelikt: Man unterscheidet zwischen relativen und absoluten Antragsdelikten. Bei den relativen Antragsdelikten (wie u.a. Ladendiebstahl, einfache vorsätzliche und fahrlässige Körperverletzung) kann das Opfer den staatlichen Strafanspruch nur bedingt beeinflussen. D.h., daß die Staatsanwaltschaft die Verfolgung auch ohne Strafantrag (s. auch Stichwort) bzw. nach Rücknahme desselben aufnehmen kann, wenn es das staatliche Verfolgungsinteresse verlangt. Im Gegensatz dazu kann das Opfer bei den absoluten Antragsdelikten (angefangen vom Hausfriedensbruch und Beleidigung bis hin zu Untreue in Haus- und Familienfällen) durch Stellung bzw. Rückzug des Strafantrags über die Verfolgung entscheiden. Nur in Ausnahmefällen (wie z. B. bei drohendem Verlust von Beweismaterial) ermittelt die Staatsanwaltschaft schon vorher.

Auskunftsverweigerungsrecht: Wenn die Gefahr besteht, daß ein Opferzeuge selbst strafrechtlich verfolgt werden könnte oder er durch einen Angehörigen bedroht oder verfolgt würde, kann er sich auf das Auskunftsverweigerungsrecht berufen. Über dieses Recht muß der Opferzeuge vor der Vernehmung von der Polizei aufgeklärt werden.

Berufsgenossenschaft: Die Berufsgenossenschaften sind Träger der gesetzlichen Unfallversicherung und Körperschaften des öffentlichen Rechts. Die Leistungen der Berufsgenossenschaften erstrecken sich von medizinischer (Heilbehandlung) und beruflicher (Berufshilfe) Rehabilitation, Krankengeld, Verletztengeld während der Heilbehandlung, Übergangsgeld während der Berufshilfe, Verletztenrente und Berufsunfähigkeitsrente über Erwerbsunfähigkeitsrente, Sterbegeld, Witwen- und Witwerrente, Rente an frühere Ehegatten, Waisen und Elternrente bis hin zu einmaligen Beihilfen. Anspruch auf diese Leistungen haben bei einem Träger der gesetzlichen Krankenversicherung versicherte Arbeitnehmer, freiwillig Versicherte, Familien-Mitversicherte und bei einem Träger der gesetzlichen Unfallversicherung versicherte Arbeitnehmer, Arbeitgeber und sonstige Personen, wenn sie durch einen Arbeits- oder Wegeunfall oder eine Berufskrankheit unter bestimmten Vorraussetzungen geschädigt worden sind.

Wer einen Arbeitsunfall erleidet, hat diesen sofort zu melden. Sofern die Unfallentschädigung nicht von Amts wegen festgestellt wird, muß der Anspruch bis spätestens zwei Jahre nach dem Unfall bei der Berufsgenossenschaft angemeldet werden. Diese Meldung muß an die für den Wohnsitz des Verletzten zuständige Stelle der Berufsgenossenschaft gerichtet werden. Bei Arbeitsunfällen und Unfällen auf einem mit der Tätigkeit zusammenhängenden Weg nach und von der Arbeits- oder Ausbildungsstelle und bei Berufskrankheiten muß der Geschädigte diese umgehend dem Unternehmer mitteilen und sich sofort in ärztliche Behandlung (möglichst Durchgangsarzt) begeben. Mitglieder der gesetzlichen Krankenkassen erhalten Heilbehandlungen und die zustehenden Geldleistungen zunächst von ihrer Krankenkasse. Besteht keine Mitgliedschaft, so muß der Arzt vor der Behandlung darauf hingewiesen werden, daß gesetzlicher Versicherungsschutz gegen Arbeits- und Wegeunfälle sowie Berufskrankheiten bei der Berufsgenossenschaft besteht.

Gerichtshilfe: Wenn es für das Opfer von Bedeutung ist, kann die Staatsanwaltschaft die Gerichtshilfe bitten, neben den Beschuldigten auch mit dem Opferzeugen zu sprechen. Die Gerichtshilfe hat auch den gesetzlichen Auftrag, dem Opferzeugen erforderlichenfalls zur Seite zu stehen, wenn er dies wünscht.

Gutachten: Wer körperlich oder geistig Schaden genommen hat und die Art und Auswirkung der Schädigung beweisen muß, der kann sich auf eigene Rechnung ein Privatgutachten bei einem Gutachter seiner Wahl (Arzt, Jurist) erstellen lassen. Die Kosten für ein Privatgutachten liegen bei 700 bis 2.500 DM. In Einzelfällen übernehmen auch die Krankenkassen die Gutachterkosten. Vor Gericht, z. B. bei Schadenersatzansprüchen nach ärztlichen Behandlungsfehlern, hat das Privatgutachten keine große Bedeutung (wobei ein positives Gutachten eines anerkannten Experten sicherlich wertvoll sein kann). An seine Stelle tritt das Sachverständigengutachten. Ihre eigentliche Beachtung finden die Privatgutachten bei einem außergerichtlichen Vergleich. Nähere Informationen zum Gutachten bekommt man von den Gutachter- und Schlichtungsstellen der Ärztekammern oder den Patientenschutzorganisationen (Adressen, s. Kap.: Adressen von Helfern und Organisationen).

Helfer: Zu der wohl bekanntesten Opferhilfsorganisation gehört der »Weisse Ring«. Darüberhinaus gibt es in der Bundesrepublik noch weitere Initiativen und Einrichtungen, die Opfer aus fast allen Bereichen helfen (s. dazu Kap.: Adressen von Helfern und Organisationen).

Kindesentziehung: Wer eine Person unter 18 Jahre durch List, Drohung oder Gewalt seinen Eltern, seinem Vormund oder Pfleger entzieht, macht sich der Kindesentziehung schuldig. Diese kann (nach § 235 StGB) mit einer Geldstrafe oder Freiheitsentzug bis zu fünf Jahren geahndet werden. Von Kindesentzug spricht man auch dann, wenn das nicht sorgeberechtigte Elternteil dem anderen sorgeberechtigten das gemeinsame Kind entführt. Auch in diesem Fall sollte man Strafanzeige (s. dazu auch Stichwort) bei der Polizei erstatten.

Kranken(haus)akten: Wer einen ärztlichen Kunstfehler gerichtlich verfolgen will, der sollte sich zuerst die entsprechenden Krankenunterlagen seines Falles besorgen. Um sich diese in Kopie von Arzt oder Krankenhaus zu beschaffen, kann man sich in seinem Anschreiben auf folgende exemplarische Gerichturteile beziehen:

- BGH-Urteil vom 23.11.1982 – VI ZR 222/79 (Der Patient hat gegenüber Arzt und Krankenhaus grundsätzlich auch außerhalb eines Rechtsstreits Anspruch auf Einsicht in die ihn betreffenden Krankenunterlagen.)
- OLG Köln, Urteil vom 12.11.1981 (Der Arzt ist verpflichtet, Fotokopien sämtlicher objektiver Krankenunterlagen zu fertigen und diese mit der schriftlichen Bestätigung der Vollständigkeit und Richtigkeit gegen Erstattung der Fotokopierkosten zu übersenden.)
- OLG Düsseldorf, Urteil vom 28.7.1983 – 8 U 22/83 und AG Bochum, Urteil vom 20.3.1985 – 43 C 489/84 (der Arzt/Krankenhaus ist verpflichtet, Namen und Ärzte und die tatsächlichen Dienstzeiten mitzuteilen.)

Nebenklage: Wer sich einer erhobenen öffentlichen Klage anschließen will, muß nebenklageberechtigt sein. Diese Berechtigung haben (bei rechtswidrigen Taten i. S. v. § 11 Abs. 1 Nr. 5 StGB) u.a. Opfer von Taten gegen die sexuelle Selbstbestimmung, die Ehre, die körperliche Integrität, die persönliche Freiheit, Opfer versuchter Tötung oder hinterbliebene Angehörige eines durch eine rechtswidrige Tat Getöteten. Das Opfer als Nebenkläger hat mehr Rechte als ein Opfer, das vor Gericht als Zeuge aussagt (Opferzeuge). Der Nebenkläger kann u. a. aus eigenem Recht Beweisanträge stellen, Erklärungen nach Vernehmungen anderer Zeugen oder nach der Verlesung von Schriftstücken abgeben, und sich an den Schlußvorträgen, den sogenannten Plädoyers, beteiligen. Nachdem die öffentliche Klage erhoben worden ist, kann man sich in jeder Lage des Verfahrens als Nebenkläger anschließen. Auch dann, wenn das Nebenklagedelikt nur im Zusammenhang mit dem angeklagten Delikt begangen wurde und nicht ausdrücklich angeklagt ist. Die sogenannte Anschlußerklärung wird schriftlich beim Gericht eingereicht. Wird ihr nicht stattgegeben, kann man dagegen Beschwerde einlegen. Unabhängig von der Staatsanwaltschaft kann der Nebenkläger auch Rechtsmittel gegen das Urteil einlegen. Eine Anfechtung des Nebenklägers, die eine andere Strafzumessung erreichen will, ist jedoch nicht möglich. Haben die Rechtsmittel keinen Erfolg, hat der Nebenkläger die Kosten hierfür zu tragen (zu Nebenklage s. auch Stichwort »Opferschutzgesetz«).

Nothelferentschädigung: Wer z. B. bei Unglücken, Straftaten oder allgemeinen Notlagen Hilfe leistet oder sogar zum Lebensretter wird, und wer bei der Festnahme und Verfolgung eines Straftäters hilft und dabei geschädigt wird, der kann Leistungen aus der gesetzlichen Unfallversicherung in Anspruch nehmen und auch Sachschäden können ihm ersetzt werden. Wer bei Tätigkeiten im öffentlichen Interesse (wie bei der Brandlöschung, bei Katastrophenschutz oder Unfällen) zu Schaden kommt, hat ebenfalls Anspruch auf Leistungen aus der gesetzlichen Unfallversicherung.

Opferanwalt: Die Polizei kann von sich aus einen Opferanwalt zur Zeugenvernehmung zulassen. Sie ist dazu jedoch nicht rechtlich verpflichtet. Der Opferzeuge kann jedoch die Auskunft verweigern (s. auch Stichwort »Auskunftsverweigerungsrecht«) oder seine Aussage von der Anwesenheit seines Anwalts abhängig machen. Vor der Staatsanwaltschaft beziehungsweise vor Gericht hat das Opfer jedoch das Recht auf einen Anwalt seiner Wahl (s. a. Stichwort »Opferschutzgesetz«).

Opferentschädigungsgesetz: Wer auf deutschem Boden schuldlos Opfer einer Gewalttat geworden ist und dabei körperliche oder auch seelische Schädigungen davongetragen hat, der hat Anspruch auf Entschädigungsleistungen nach dem Opferentschädigungsgesetz (OEG). Dies gilt auch für Personen, die nicht direktes Opfer einer strafbaren Handlung geworden sind – z. B. wenn man eine Straftat abwehren will und dabei verletzt wird, eine andere Person angegriffen wird und man dabei geschädigt wird oder wenn man Opfer eines mit »gemeingefährlichen« Mitteln begangenen Verbrechens (u. a. Brandstiftung, Sprengstoffanschlag) wird. Dies gilt auch für die Angehörigen von Menschen, die infolge einer Straftat gestorben sind. Die wichtigsten Versorgungsleistungen des OEG sind:

1. Die Beschädigtenversorgung, wie Heilbehandlung, Ersatzleistungen zur Ergänzung der Versorgung mit Hilfsmitteln, Haushaltshilfe und Leistungen bei Bedürftigkeit, Versorgungskrankengeld, Beihilfe bis zu 70 DM täglich, Krankenbehandlung, Hilfe zur beruflichen Rehabilitation, Grundrente, Schwerstbeschädigtenzulage, Pflegezulage, Berufsschadensausgleich, Ausgleichsrente zur Sicherung des Lebensunterhalts, Ehegattenzuschlag und Leistungen der Kriegsopferfürsorge.
2. Die Witwenversorgung, die u.a. Grund- und volle Ausgleichsrente sowie Witwenbeihilfe umfaßt.
3. Die Waisenversorgung, die bis zur Vollendung des achtzehnten Lebensjahres, bei Schul- und Berufsausbildung bis zum 27. Lebensjahr, gewährt wird und auch Erziehungs- oder Erholungsbeihilfe umfaßt.
4. Die Elternversorgung, die den Eltern von Gewaltopfern zusteht, sofern ihr Einkommen einen gewissen Betrag nicht übersteigt und sie entweder erwerbsunfähig sind, ihnen aus anderen zwingenden Gründen eine Erwerbstätigkeit nicht zugemutet werden kann oder sie 60 Jahre alt sind. Diese Elternrente umfaßt auch den Anspruch auf Krankenbehandlung.

Der Stichtag für das OEG ist der 16. Mai 1976. Für Straftaten, die vor diesem Termin liegen, gilt in besonders schweren Fällen eine Härteregelung bis zum 23. Mai 1945. Mit der Neuregelung des OEG im Juli 1993 haben auch Ausländer (rückwirkend zum 1. Juli 1990), die sich mindestens drei Jahre rechtmäßig in der Bundesrepublik aufgehalten haben, ein Recht auf Entschädigungen nach dem OEG. Wer das Gastland verläßt, dem wird eine einmalige Entschädigungssumme bezahlt. Eingeschränkte Leistungen können auch für Ausländer, die weniger als drei Jahre auf deutschem Boden verbracht haben (nicht jedoch Touristen oder Besucher), gezahlt werden. Touristen und Besucher haben generell nur dann einen Anspruch auf Versorgungsleistungen, wenn ihr Heimatstaat eine gleichwertige Gesetzesregelung verankert hat (und somit ein deutscher Tourist oder Besucher in diesem Land ebenfalls Versorgungsleistungen in Anspruch nehmen kann). In besonders schweren Fällen wurde allerdings auch hier eine Härtefallregelung eingeführt.

Opferschutzgesetz: Dieses Gesetz gibt dem Rechtsanwalt eines Opfers u.a. das Recht, schon im Vorverfahren bei der staatsanwaltschaftlichen Vernehmung des Opfers anwesend zu sein (§ 406 Abs. 2 S. 1 StPO). Weiterhin kann der Staatsanwalt auf Antrag des Opferzeugen die Anwesenheit einer Vertrauensperson bei der Zeugenvernehmung gestatten. Dies ist jedoch nur zulässig, wenn der Untersuchungszweck dadurch nicht gefährdet wird. Die staatsanwaltschaftliche Entscheidung darüber ist unanfechtbar. Weiterhin können Opfer, die ein sogenanntes »berechtigtes Interesse« geltend machen und solche, die nebenklageberechtigt sind, im Laufe eines Strafverfahrens Informationen aus den Akten oder Aktenteile in Abschrift erhalten. Während den Opfern die Akteneinsicht grundsätzlich verwehrt bleibt, muß dem Opferanwalt Akten- und Beweisstück-Ansicht gestattet werden. Wenn das Opfer jedoch nicht nebenklageberechtigt ist, muß der Opferanwalt auch hier ein »berechtigtes Interesse« seines Klienten nachweisen können. Unter gewissen Umständen kann der Staatsanwalt die Akteneinsicht versagen, wenn z. B. dadurch der Untersuchungszweck gefährdet erscheint. Zum Schutz des Opfers gehört weiterhin, daß die Hauptverhandlung unter Ausschluß der Öffentlichkeit erfolgen kann. Dies ist allerdings nur dann möglich, wenn es im Interesse der Allgemeinheit liegt oder dem Schutz des Angeklagten oder eines Zeugen dient. Der Opferzeuge kann den Ausschluß bindend verlangen, wenn Umstände aus seinem persönlichen Lebensbereich besprochen werden sollen, die in einer öffentlichen Erörterung seine schutzwürdigen Interessen, insbesondere seine Intimsphäre wie Sexual- oder Familienleben, verletzen würden.

Opferzeuge: Zur Hauptverhandlung wird der Opferzeuge geladen. Opfer, die weder als Zeugen noch als Nebenkläger auftreten, haben zwar keine spezifischen Pflichten, allerdings auch keine Rechte. Opferzeugen haben die Pflicht über die eigene Person und zur Sache auszusagen (solange kein Verweigerungsrecht vorliegt), nach Ladung – die auch erzwungen werden kann – zu erscheinen, den Sitzungssaal bis zur eigenen Vernehmung zu verlassen, bis zur Entlassung durch das Gericht am Verhandlungsort zu bleiben, zumutbare Untersuchungen zu dulden und auf Fragen der beisitzenden Richter und Schöffen, des Staatsanwalts, des Verteidigers und des Angeklagten zu antworten, wenn dies der Vorsitzende auf Verlangen der Betreffenden gestattet. Auch unangenehme Fragen (wie z. B. zum sexuellen Vorleben) muß der Opferzeuge beantworten, wenn es der Wahrheitsfindung dient. Der Opferzeuge ist in soweit geschützt, als daß er nicht vereidigt werden muß und der Vorsitzende dem Verteidiger oder der Staatsanwaltschaft im Kreuzverhör die Vernehmungsbefugnis (wg. Mißbrauch oder nicht zur Sache gehörenden Fragen) entziehen kann.

Petitionsausschuß: Nach Artikel 17 des Grundgesetzes hat jedermann das Recht, Bitten und Beschwerden an den Bundestag oder sonstige zuständige Stellen zu senden. Die richtige Adresse hierfür ist im Bundestag wie auch in Städten, Gemeinden und im Land der Petitionsausschuß. Wer sich in seinen Rechten eingeschränkt oder durch Behörden falsch behandelt fühlt, kann sich mit einer schriftlichen Eingabe an diesen Ausschuß wenden. Hier werden die Anliegen beraten und dem Bundestag (bzw. Landtag) in einem monatlichen Bericht in Form von Sammelübersichten mit Beschlußempfehlungen vorgelegt, die in aller Regel vom Bundestag bestätigt werden. In einigen wenigen Fällen werden die Petitionen im Plenum diskutiert. So hat der Petent eine Chance, daß sich der Bundestag öffentlich mit seinem Anliegen befaßt. Jeder Einsender einer Petition hat Anspruch darauf, daß der Bundestag seine Eingabe überprüft und ihm die Art der Erledigung schriftlich mitteilt wird.

Pflegekosten: Was Krankenhausarzt und Hausarzt verordnen, müssen die Krankenkassen normalerweise auch bezahlen. Der behandelnde Arzt kann für den Geschädigten häusliche Krankenpflege, einzelne Behandlungen oder auch Haushaltshilfen anordnen. Bei akuten Erkrankungen bezahlen die gesetzlichen Krankenkassen die Behandlungspflege,

Grundpflege (Körperpflege) und hauswirtschaftliche Versorgung für einen begrenzten Zeitraum von vier Wochen. Die Behandlungspflege wird auch für längere Zeit getragen, Grundpflege und hauswirtschaftliche Versorgung werden nicht automatisch weiterfinanziert. Dies wird von Kasse zu Kasse unterschiedlich gehandhabt. Für Schwerpflegebedürftige (Personen, die »für die gewöhnlichen und regelmäßig wiederkehrenden Verrichtungen im Ablauf des täglichen Lebens auf Dauer in sehr hohem Maße der Pflege bedürfen«) übernehmen die Krankenkassen hauswirtschaftliche Versorgung und Grundpflege bis zu 25 einstündigen Pflegeeinsätzen im Monat (bzw. 750 DM). Alternativ zahlen sie 400 DM, wenn der Betroffene selbst eine Pflegeperson beauftragt. Für eine jährlich höchstens vierwöchige Vertretung der Pfleger werden bis zu 1.800 DM gezahlt. Bei chronischen Erkrankungen und allgemeiner Pflegebedürftigkeit tragen die Krankenkassen die Kosten nicht. Wenn Rente oder Einkommen des Patienten entsprechend niedrig sind, kann das Sozialamt mit »Hilfe in besonderen Lebenslagen« einspringen.

Beamte und Angestellte im öffentlichen Dienst können Beihilfe in Anspruch nehmen. Bei Berufskrankheiten oder -Unfällen zahlt die Unfallversicherung. Kriegsopfer, Soldaten, Zivildienstleistende, Opfer von Gewalttaten, ehemalige politische Häftlinge aus der ehemaligen DDR und Impfgeschädigte haben Ansprüche nach dem Bundesversorgungsgesetz (für Opfer von Gewalttaten s. Stichwort »Opferentschädigungsgesetz«). In einigen Bundesländern gibt es spezielle Pflegegesetze oder besondere Programme, die man bei den jeweiligen Landesgesundheits- oder Landessozialministerien erfragen kann. Selbstzahler haben mittlerweile eine große Auswahl von privaten Pflegediensten. Die Gebührensätze dieser Dienste sind sehr unterschiedlich. Man sollte sich deshalb vor Inanspruchnahme gut informieren und Preisvergleiche anstellen.

Privatklage: Ohne vorherige Anrufung der Staatsanwaltschaft kann das Opfer bestimmte Delikte (wie z. B. Beleidigung, üble Nachrede, Verleumdung, einfache und gefährliche sowie fahrlässige Körperverletzung) auf dem Weg der Privatklage (§ 374 Abs. 1 StPO) direkt vor Gericht verfolgen. Dieses Verfahren ist für das Opfer jedoch nicht risikolos, da u.a. Gebührenvorschüsse zu bezahlen sind oder mögliche Kosten bei Klagerücknahme oder Einstellung des Verfahrens folgen können.

Prozeßkostenhilfe: Bedürftige Opferzeugen können (nach § 406g Abs. 3 StPO i. V. m. § 397a StPO) bereits für die Beiordnung eines Opferanwalts beim Vorverfahren bei Gericht einen Antrag auf Prozeßkostenhilfe stellen. Diesem Antrag kann jedoch nur stattgegeben werden, wenn ein Delikt vorliegt, das zur Nebenklage (s. auch Stichwort) berechtigen würde (§ 395 StPO).

Sozialamt: Für alle Probleme im sozialen Bereich, ob materieller (s. dazu Stichwort »Pflegegeld«) oder immaterieller Art, sind die Sozialämter von Städten und Gemeinden eine Anlaufstelle. Hier kann man sich über die Hilfsmöglichkeiten in Wohnortnähe informieren und sich gegebenenfalls an die zuständigen Stellen vermitteln lassen.

Strafantrag: Damit verlangt das Opfer, daß der Beschuldigte verfolgt und gegebenenfalls bestraft werden soll. Dieser Antrag kann bei Polizei bzw. Staatsanwaltschaft und vor den Amtsgerichten schriftlich oder mündlich gestellt werden. Antragsberechtigt ist zunächst das Opfer. Daneben sind auch einige andere berechtigt, wie z. B. die Angehörigen eines verstorbenen Opfers. Der Antrag muß innerhalb von drei Monaten erstattet werden. Er kann bis zum rechtskräftigen Abschluß zurückgezogen werden, wobei ein erneuter Antrag danach nicht mehr zulässig ist. Die entstandenen Kosten für die Rücknahme trägt der Antragsteller.

Strafanzeige: Die Anzeige einer Straftat kann bei der Staatsanwaltschaft, den Behörden und Beamten der Polizei wie auch bei den Amtsgerichten mündlich oder schriftlich erfolgen. Mündliche Anzeigen werden bei den genannten Stellen beurkundet. Es besteht keine Pflicht zur Stellung eines Strafantrags. Das Gesetz macht jedoch in vielen Fällen die Strafverfolgung davon abhängig.

TOA: Die Gerichtshilfe (s. auch Stichwort) kann schon früh aktiv werden, um in Einzelfällen einen sogenannten Täter-Opfer-Ausgleich herbeizuführen. Ziel des TOA ist die Vermittlung zwischen Schädiger und Geschädigtem, die Schlichtung des Konflikts durch direkte Schadenswiedergutmachung (auf deren Art sich die Beteiligten einigen) und – soweit es möglich ist – die Befriedung bis hin zur Aussöhnung. Die mit dem TOA beauftragte Ausgleichsstelle setzt sich mit den beteiligten Parteien in Verbindung, klärt im Einzelgespräch oder in einer gemeinsamen Besprechung Voraussetzungen und Bedingungen, um daraufhin einen möglichst abschließenden materiellen oder immateriellen Ausgleich festzusetzen. Die Durchführung, für die eine Frist gesetzt ist, liegt bei der Gerichtshilfe oder anderen autorisierten Stellen.

Versorgungsamt: Die Bearbeitung und gegebenenfalls Bewilligung der Anträge nach dem OEG (s. Stichwort »Opferentschädigungsgesetz«) obliegen den Versorgungsämtern (zu den Adressen der Versorgungsämter s. auch Kap.: Adressen von Helfern und Organisationen).

Verjährungsfrist: Wer eine Schadenersatz- oder Schmerzensgeldforderung verfolgt oder ein strafrechtliches Delikt zur Anzeige bringen will, der muß die Verjährungsfristen beachten, will er nicht seinen Rechtsanspruch verlieren.
Beim Schadenersatz (materieller Schaden) verjährt der Anspruch in einem Zeitraum von 30 Jahren. Stirbt der Geschädigte vor einer Einigung, geht der Anspruch automatisch auf die Erben über, die ihn im Rahmen der 30-Jahre-Frist geltend machen können.
Der Schmerzensgeldanspruch (immaterieller Schaden), der bereits nach drei Jahren verjährt, erlischt dagegen mit dem Tod des Berechtigten, wenn er nicht vorher rechtshändig gemacht wurde oder auf dem Wege der Anerkenntnis übertragen worden ist.
Bei beiden Ansprüchen werden die Verjährungsfristen im laufenden außergerichtlichen Vergleich solange gehemmt, bis eine der beiden Parteien die

Verhandlung für beendet erklärt. Droht dann eine Verjährung, kann sie mit der Einreichung einer Klage beim zuständigen Gericht beseitigt werden. Die Verjährung kann man auch verhindern, wenn man die gegnerische Partei zum schriftlichen Verzicht auf die »Einredung der Verjährung« bewegt.

Im strafrechtlichen Bereich richten sich die Verjährungsfristen nach der Schwere des Delikts. Leichte Körperverletzungen verjähren spätestens nach drei Jahren. Der Strafantrag (s. auch Stichwort) jedoch, der in der Strafanzeige (s. auch Stichwort) enthalten sein kann, muß jedoch innerhalb von drei Monaten nach Kenntnis der Tat – was bereits ein begründeter Verdacht bedeuten kann – bei der Staatsanwaltschaft erstattet sein, um eine Verfolgung zu ermöglichen.

Bei den sogenannten Offizialdelikten, d. h. schwerer und/oder gefährlicher Körperverletzung, Körperverletzung mit Todesfolge, fahrlässiger oder gar vorsätzlicher Tötung, müssen die Ermittlungsbehörden von Amts wegen tätig werden. Unabhängig von der Kenntniserlangung des Verletzten oder der Staatsanwaltschaft gelten hier die folgenden Verjährungsfristen: Bei der schweren und/oder gefährlichen Körperverletzung, der Körperverletzung mit Todesfolge sowie bei fahrlässiger Tötung beträgt die Frist fünf Jahre, bei vorsätzlicher Tötung zehn bis 30 Jahre.

Viktimologie: Diese Bezeichnung kommt vom lateinischen Wort »victima«, das Opfer. Viktimologie ist die Wissenschaft vom Opfer, wobei das Verbrechensopfer im Mittelpunkt der Forschungen steht. Diese Wissenschaft will das Verbrechen, seine Entstehung und Verhütung aus der Sicht des Opfer zeigen. Dabei gewinnt der Wechselwirkungsprozeß zwischen Täter und Opfer bei der Enstehung und Verhütung der (Rückfall-)Kriminalität immer mehr an Bedeutung.

Die Viktimologie will das Opfer aus der Vergessenheit holen, ihm einen respektierten und geschützten Platz in allen Phasen des Strafverfahrens einräumen und nicht zuletzt dafür sorgen, daß das Opfer eine angemessene Wiedergutmachung des ihm durch die Straftat entstandenen Schadens bekommt und seine durch den Rechtsbruch hervorgerufenen psychischen Schäden behandelt werden können. Einen großen Raum innerhalb dieser Wissenschaft nimmt die Opferbefragung ein. Auf dieser Grundlage werden Dunkelfelduntersuchungen durchgeführt und viktimologische Erkenntnisse gewonnen, die z. B. etwas über die Wirksamkeit der Strafverfolgung oder die gesellschaftliche Situation von Opfern aussagen können.

Während sich die Viktimologie u. a. in den USA und Japan in den letzten Jahrzehnten eine wichtige Stellung unter den Wissenschaften gesichert hat, spielt die Viktimologie in Deutschland bisher noch eine Nebenrolle.

Zeugenschutz: Wenn ein Zeuge unter 16 Jahren in Gegenwart des Angeklagten vernommen werden soll und dies einen »erheblichen Nachteil für das Wohl des Zeugen « befürchten läßt oder dies sehr wahrscheinlich leibes- oder lebensgefährlich werden könnte, kann der Angeklagte (gemäß §§ 274 S. 2 StPO) aus dem Gerichtssaal entfernt werden.

Dies kann auch erfolgen, wenn eine Konfrontation mit dem Angeklagten für den erwachsenen Zeugen

akute psychische Störungen (wie Nervenzusammen-
bruch) oder anhaltende Schädigungen (wie Angstzustände) mit sich bringen könnte. Zum Schutz des
Zeugen sind außerdem Ton- und Bildaufnahmen zur
Veröffentlichung während der Hauptverhandlung
generell verboten.

ANHANG 2:

ADRESSEN VON HELFERN UND ORGANISATIONEN

In diesem Anhang sind wichtige Adressen und Informationen zu Hilfsorganisationen und Initiativen aufgeführt. Wir haben insgesamt über 150 Adressaten angeschrieben und um Informationen zu ihrem Hilfsangebot gebeten. Nur ein geringer Teil folgte unserer Bitte und reagierte überhaupt. Unserer Meinung nach beginnt Hilfe von Organisationen und Initiativen damit, daß sie die Öffentlichkeit darüber informieren, daß es sie gibt und was sie tun. Denn wenn die Opfer nicht erfahren, daß für ihre Probleme Hilfe angeboten wird, können sie auch nicht aus ihrer Anonymität heraustreten und um Hilfe bitten. Aus den uns zugänglichen Informationen und Organisations-Beschreibungen haben wir nachfolgende Adressenliste aufgestellt. Wer gerne bei Nachauflagen aufgeführt werden möchte, wendet sich bitte an: Kathrin Lenzer und Peter H. Jamin, Leostr. 1a, 40545 Düsseldorf.

Aktion junge Menschen in Not e. V. (Aktion)
Beratung und Hilfe für junge Menschen mit besonderen sozialen Schwierigkeiten wie auch für Mädchen und junge Frauen in akuten Notsituationen: Die Aktion – die sich vorwiegend um die Resozialisierung

jugendlicher Sraftäter kümmert – hat die Erfahrung gemacht, daß Menschen, die in ihrer Jugend Opfer sozialer Schädigungen geworden sind (z. B. Mißhandlung, sexueller Mißbrauch, Vernachlässigung, Alkoholismus etc. innerhalb und außerhalb der Familie), nicht selten zu Tätern werden. Um diesen Teufelskreis zu durchbrechen, betreut der Verein in seinen Wohnheimen mit Hilfe von Sozialtherapeuten neben jugendlichen Straftätern auch junge Menschen mit besonderen sozialen Schwierigkeiten. Bei den Beratungsstellen der Einrichtung finden Opfer und Täter, die mit ihren Problemen nicht mehr alleine fertig werden, gleichermaßen Rat und Hilfe. Im Bereich der Frauenarbeit hat sich der Verein besonders auf die Opferhilfe spezialisiert. In den Anlaufstellen für Frauen im Alter von vierzehn bis 25 Jahren sollen durch Beratung, Information oder konkrete Einzelfallhilfe, Not- oder Krisensituationen jeder Art verarbeitet und bewältigt sowie neue Lebensperspektiven aufgebaut werden. Wer seine Probleme nur durch Distanz zu den Krisenherden – wie z. B. der Gewalt innerhalb der Familie – bewältigen kann, der findet hierfür in den pädagogisch betreuten Wohnheimen für Mädchen und junge Frauen einen geschützten Raum.

Adresse/Ansprechpartner: Aktion Junge Menschen in Not e. V., Frankfurter Str. 48, 35390 Gießen, Tel.: 06 41/7 86 60 und 7 43 49

Allgemeiner Patienten-Verband e.V. (apv)
Hilfe und Beratung für Opfer ärztlicher »Kunstfehler« und ihre Angehörigen: Der apv ist eine bundes-

weit tätige Vereinigung. Sie hat es sich zum Ziel gesetzt, Unzulänglichkeiten, Mißstände und rechtswidrige Gepflogenheiten im Gesundheitswesen zu beseitigen, den einzelnen Patienten über seine Rechte aufzuklären und bei der Durchsetzung dieser Rechte behilflich zu sein. Der Verband übernimmt für den geschädigten Patienten die Organisation der Hilfe und vermittelt ihm Ärzte und Anwälte, die mit dem schwierigen Spezialgebiet der Behandlungsfehler-Problematik besonders vertraut sind. Um Behandlungsfehlern vorzubeugen, berät der Verein vor ärztlichen Maßnahmen über gute Kliniken und vertrauenswürdige Ärzte. Darüber hinaus informiert der apv seine Mitglieder durch das jährlich erscheinende Patientenschutz-Jahrbuch u.a. über die Erhaltung der Gesundheit, die Rechte des Patienten im Krankheitsfall und über aktuelle Entwicklungen im Gesundheitswesen mit den Möglichkeiten zur Einflußnahme und Veränderung.

Adresse/Ansprechpartner: Allgemeiner Patienten-Verband e. V., Bundespatientenstelle, Zentrale Beratungs- und Dokumentationsstelle in der Universität Marburg/Lahn, Postfach 1126, 35001 Marburg, Tel.: 0 64 21/6 47 35

Allgemeine Orts-Krankenkassen (AOK)
Hilfe und Beratung für Opfer von ärztlichen Fehlbehandlungen: Die AOK hilft ihren Mitgliedern – und auch nur ihnen – bei der Durchsetzung von Schadenersatzansprüchen im Zusammenhang mit ärztlichen Kunstfehlern. Dazu erklärte der Geschäftsführer der AOK Hamburg, Dr. Behrend Behrends:

»Falls durch einen Behandlungsfehler gesundheitliche Schäden entstanden sind, sucht die AOK die
daraus für die Heilung folgenden Kosten ersetzt zu
bekommen. Zudem kann die AOK laut Gesund-
heitsreformgesetz ›die Versicherten bei der Verfolgung von Schadenersatzansprüchen, die bei der Inanspruchnahme von Versicherungsleistungen aus
Behandlungsfehlern entstanden sind... unterstützen‹ (SGB V, § 66). Wenn wir von ärztlichen Kunstfehlern erfahren, bieten wir unseren Mitgliedern an,
die Verfolgung von Schadenersatzansprüchen mit
uns abzustimmen. Wir prüfen die Haftungsvoraus-
setzungen und informieren das Mitglied darüber.
Wir führen auf Wunsch des Mitglieds die Verhand-
lungen mit der Versicherung. Im Streitfall gehen wir
mit einer Klage voran, um die Erfolgsaussichten gerichtlich klären zu lassen. Hat die Klage ganz oder
teilweise Erfolg, kann sich das Mitglied später anschließen. Ihm bleibt dann ein Prozeßkostenrisiko
erspart.« Fachlich unterstützt wird die AOK in diesen Fragen vom Medizinischen Dienst der gesetzlichen Krankenkassen. Unser Tip: Sollten Sie in einer
anderen Krankenkasse sein, versuchen Sie den oben
genannten Weg dort mit Hinweis auf die AOK.

Adresse/Ansprechpartner: Die Adressen der zuständigen örtlichen AOK-Geschäftsstellen können im
Telefonbuch oder Branchenverzeichnis nachgeschla-
gen werden.

Arbeiterwohlfahrt e. V.
Hilfe und Beratung in akuten Krisensituationen und
bei Familienproblemen: In Abgrenzung zu den

kirchlichen Institutionen hat die Arbeiterwohlfahrt den Gedanken der Selbsthilfe an die Spitze gestellt. Der Verein, der sich in Bundesverband, Landesverbände und Ortsgruppen gliedert, bietet vor Ort sehr verschiedene Hilfsangebote, so z. B. Ehe- und Familienberatung, Krisenberatung und praktische Hilfe für Ausländer. Auf Anfrage erteilt der Bundesverband Auskunft über die örtlichen Organisationen.

Adresse/Ansprechpartner: Arbeiterwohlfahrt e. V., Bundesverband, Marie-Juchacz-Haus, Oppelner Str. 130, 53119 Bonn, Tel.: 02 28/6 68 50

Arbeitskreis der Opferhilfen (ado)
Information und Engagement für Opfer aller Deliktarten und ihre Angehörigen: Der Arbeitskreis der Opferhilfen ist ein Zusammenschluß unterschiedlicher, professionell arbeitender Opferhilfeeinrichtungen in Deutschland. Zu den Arbeitsbereichen der angeschlossenen Einrichtungen gehören Beratungsstellen für weibliche und männliche Opfer aller Deliktarten, Beratungsstellen für vergewaltigte und sexuell mißbrauchte Mädchen und Frauen, Einrichtungen, die Opfer antihomosexueller Gewalt unterstützen und betreuen, Ortsvereine des Deutschen Kinderschutzbundes, Einrichtungen zur Betreuung von Zeugen in Gerichtsverhandlungen sowie Organisationen, mit deren Hilfe eine Konfliktschlichtung bzw. ein Ausgleich zwischen Täter und Opfer herbeigeführt werden kann. Ziel aller Einrichtungen ist es, die Opfer einer Straftat zu unterstützen – sei es in reiner Parteilichkeit für das Opfer oder im Bemü-

hen einer Konfliktschlichtung zwischen Tätern und Opfern. Der ado selbst trägt dazu bei, daß ein regelmäßiger Informations- und Erfahrungsaustausch zwischen den Opferhilfeeinrichtungen in der BRD stattfindet. Er setzt sich für die verstärkte Zusammenarbeit der verschiedenen Opferhilfeeinrichtungen mit internationalen, insbesondere mit europäischen Einrichtungen ein, will eine flächendeckende Beratung von Kriminalitätsopfern in Deutschland erreichen und die Gründung weiterer professioneller Einrichtungen zur Opferhilfe fördern. Nicht zuletzt bezieht der Arbeitskreis für die Belange der Opfer von Straftaten öffentlich Stellung. Opfer und ihre Angehörigen, die sich an den ado wenden, werden an die entsprechenden Gruppen, die dem Verein angeschlossen sind, weitervermittelt. Folgende Einrichtungen sind Mitglied des Arbeitskreises: »Bremer Hilfe «, »Die Waage« (Köln), »Frauenzentrum und -Notruf Mainz«, »Hanauer Hilfe«, »Integ« (Mönchengladbach), »Deutscher Kinderschutzbund« (Langen), »Konfliktschlichtung« (Oldenburg), »Mann-o-Meter« und »Gewalt gegen Schwule« (Berlin), »Notruf für vergewaltigte Frauen« (Düsseldorf), »Notruf für vergewaltigte und sexuell mißbrauchte Frauen« (Oberhausen), »Opferhilfe Berlin«, »Opferhilfe Hamburg«, »Opferhilfe Nordbaden« (Ilvesheim), »Projekt Zeugenhilfe« (Limburg) sowie der »Täter-Opfer-Ausgleich« (Bremen-Nord).

Adresse/Ansprechpartner: Arbeitskreis der Opferhilfen in der Bundesrepublik Deutschland e.V. (ado), Barbara Kanne (Vorstand), c/o Frauenberatungsstelle, Ackerstr. 144, 40233 Düsseldorf, Tel.: 02 11/68 68 79

Arbeitskreis Kunstfehler in der Geburtshilfe e.V. (AKG)

Hilfe und Beratung für Mütter und Kinder, die Opfer von medizinischen Schädigungen vor, während oder nach der Geburt geworden sind: Die Elternselbsthilfe-Vereinigung AKG – der auch nicht betroffene Therapeuten, Hebammen, Juristen, Ärzte und Sozialarbeiter angehören – unterstützt betroffene Eltern bei der Bewältigung des Alltags mit einem schwer behinderten Kind. Sie berät Opfer von Geburtshilfeschädigungen in allen rechtlichen und sozialen Fragen, wie etwa zum Thema Pflegegeld, Gerichtsprozesse, Entschädigungen oder Haushaltsentlastungen und fördert den Erfahrungsaustausch von Betroffenen im Bereich der Heil- und Hilfsmittel. Ein weiterer Schwerpunkt des Vereins ist die Öffentlichkeitsarbeit zur Aufklärung zukünftiger Eltern über Probleme und Gefahren der Geburtshilfe mit dem Ziel, Mißstände in der klinischen Geburtshilfe abzuschaffen. Zahlreiche Broschüren, die sich mit dem Schutz des Kindes im Mutterleib und während der Geburt beschäftigen, können beim AKG angefordert werden.

Adresse/Ansprechpartner: AKG e.V., Rosental 23–25, 44135 Dortmund, Telefon 02 31/52 58 72 u. 57 48 46

Beratungsstelle TABU e. V.

Hilfe und Beratung für Opfer und ihre Angehörigen, die mit ihrer Trauer nicht alleine fertig werden: Mit Trauer und Verzweiflung bleiben Betroffene in vielen Fällen allein. TABU bietet in diesen Situationen Trauerbegleitung und Lebensberatung. Auf Trauersemi-

271

naren sollen die Teilnehmer lernen, mit ihrer Angst, Wut, Verzweiflung oder Apathie fertigzuwerden und neue heilsame Wege der Bewältigung zu finden. Das sozialpsychologische Modellprojekt bietet Kindern, Jugendlichen und Erwachsenen Beratung und therapeutische Hilfe (in Einzel- und Gruppenarbeit, Gesprächen und Übungen) in Lebenskrisen, die entstehen können duch den Tod eines nahestehenden Menschen, Zerrüttung von Familien- und Lebensgemeinschaften, Krankheit und Behinderung, Arbeitslosigkeit oder Verlust der Heimat. TABU versteht sich als Ergänzung der psychologischen und medizinischen Versorgung und kooperiert mit anderen Institutionen und entsprechenden Fachleuten, wie Ärzten, Psychologen oder Seelsorgern.

Adresse/Ansprechpartner: TABU e.V., Trauerbegleitung – Lebensberatung, Tiegelstr. 23, 45141 Essen, Tel.: 02 01/32 87 77

Bundesinteressengemeinschaft Geburtshilfegeschädigter e. V.
Hilfe und Beratung für Opfer von Geburtshilfeschädigungen: BIG ist eine Selbsthilfegruppe, deren Mitglieder aktiv für die Rechte geburtshilfegeschädigter Frauen und Kinder eintreten. So unterstützt der Verein Betroffene bei der Aufdeckung der jeweiligen Schadensursache und verschafft den Opfern Hilfsmittel nach dem Bundes-Sozialhilfe-Gesetz. Daneben organisieren die Mitglieder in den einzelnen Ortsgruppen familienentlastende Dienste, beraten u.a. in Fragen der integrativen Ausbildung und Erziehung des geschädigten Kindes und veranstalten

regelmäßig Tagungen und Seminare zu medizinischen, juristischen und sozialpflegerischen Themen in Wohnortnähe. Auch Nichtmitglieder können sich mit ihren Fragen jederzeit an die regionalen Informations- und Beratungsbüros wenden. Neben den genannten Hilfsangeboten verfolgt die Interessengemeinschaft das Ziel, durch engagierte Öffentlichkeitsarbeit für die Belange Geburtshilfegeschädigter ein breiteres Forum zu schaffen.

Adresse/Ansprechpartner: Bundesinteressengemeinschaft Geburtshilfegeschädigter e.V., Bundesgeschäftsstelle, Nordsehlerstr. 30, 31655 Stadthagen, Tel.: 0 57 21/7 23 72

Bundesverband der Angehörigen psychisch Kranker e. V.
Information über Hilfsangebote für Opfer mit psychischen Schädigungen und ihren Angehörigen: Der Bundesverband hat die Aufgabe, Initiativen im Bereich psychosozialer Hilfen, psychiatrische Hilfsvereine und Einrichtungen mit ähnlichen Aufgaben zur gegenseitigen Förderung und Repräsentation zusammenzuschließen, Initiativen auf allen Ebenen zu informieren und unterstützen und auf die Verwirklichung bestehender Gesetze und auf die Gesetzgebung einzuwirken. Hilfesuchende können beim Bundesverband eine Adressenliste mit über 350 Initiativen und Angehörigen-Selbsthilfegruppen anfordern.

Adresse/Ansprechpartner: Bundesverband der Angehörigen psychisch Kranker e. V., Thomas-Mann-Str. 49a, 53111 Bonn , Tel.: 02 28/63 26 46

Deutscher Caritasverband (DCV)

Hilfe und Beratung für Opfer jeder Art und ihre Angehörigen: Der deutsche Caritasverband widmet sich allen Bereichen caritativer und sozialer Hilfe. Er unterhält eine Vielzahl von Einrichtungen, die u.a. bei Problemen in der Familie, Ehe, Umwelt oder bei Drogensucht beraten und unterstützen. Im Caritas-Adressbuch, das man beim DCV anfordern kann, sind sämtliche Organisationen der Caritas aufgeführt.

Adresse/Ansprechpartner: Deutscher Caritas Verband, Lorenz-Werthmann-Haus, Karlstr. 40, Postfach 420, 79104 Freiburg i. Br., Tel.: 07 61/20 00

Deutsche Gesellschaft für Suizidprävention – Hilfe in Lebenskrisen e. V. (DGS)

Hilfe und Beratung für Selbstmordgefährdete und Menschen in Lebenskrisen: Die DGS betreibt eine Telefonseelsorge, die Menschen, die nicht mehr weiterwissen, jederzeit in Anspruch nehmen können. Der Verein, in dem sich Mitglieder aus Heilberufen, Sozialwissenschaftler, Sozialpädagogen, Juristen und Theologen zusammengeschlossen haben, leistet selber keine Beratung, verschickt jedoch auf Anfrage Informationen zum Thema Selbstmord und Umgang mit Suizidgefährdeten sowie eine Adressenliste mit den örtlichen Beratungsstellen.

Adresse/Ansprechpartner: 1.) Deutsche Gesellschaft für Suizidprävention – Hilfe in Lebenskrisen e. V., Geschäftstelle: Dr. Manfred Wolfersdorf, Psychiatrisches Krankenhaus Weissenau, 88190 Ravensburg/Weissenau, 2.) Telefonseelsorge (bundesweit einheitliche Telefonnummer): 111–01/02

Deutscher Kinderschutzbund (DKSB)

Hilfe und Beratung für Kinder, die mißhandelt, sexuell mißbraucht oder anderweitig geschädigt wurden, und ihre Angehörigen: Beim DKSB finden Kinder, Jugendliche und Familien, die mit ihren Problemen – gleich welcher Art – nicht mehr alleine fertig werden, umfassende Beratung und Unterstützung. Der Einrichtung sind 12 Landes- und über 350 Ortsverbände angeschlossen, deren Aufgaben ein breites Spektrum sozialer Arbeit abdecken und insgesamt über 3.200 verschiedene Aktivitäten durchführen. Wer sich an den Bundesverband wendet, wird – seinem Problem entsprechend – an die zuständige Gruppe des DKSB oder einer anderen Einrichtung weitervermittelt. Darüberhinaus können sich Kinder und Jugendliche mit ihren Schwierigkeiten an das »Kinder- und Jugendtelefon« des Bundes wenden, das gebührenfrei von montags bis freitags von 15 bis 19 Uhr zu erreichen ist.

Adresse/Ansprechpartner: 1.) Deutscher Kinderschutzbund, Schiffgraben 29, 30159 Hannover, Tel.: 05 11/30 48 50, 2.) Kinder- und Jugendtelefon: 013 08/ 111 03

Deutscher Schutzverband gegen Wirtschaftskriminalität

Hilfe und Beratung für Opfer von Wirtschaftskriminalität: Wer einer Schwindelfirma aufgesessen ist, mit Krediten betrogen wurde, Auszeichnungs- oder Adressbuchschwindel zum Opfer gefallen oder in jedem anderen Bereich der Wirtschaftskriminalität geschädigt worden ist, der ist beim DSW an der richtigen Adresse. Der Verein informiert Betroffene über rechtliche Möglichkeiten und geht in vielen Fällen, in denen sich Personen, Vereinigungen oder Firmen illegaler Praktiken schuldig machen, gegen die Täter vor Gericht. Der Schutzverband unterstützt auch Betriebe, die von Wirtschaftskriminalität betroffen sind, indem er ihnen zum Beispiel in laufenden Forderungsprozessen unveröffentlichte Urteile, mit denen Forderungsklagen zurückgewiesen wurden, zu Verfügung stellt. Darüberhinaus ist der DSW bemüht, durch gezielte Öffentlichkeitsarbeit Betriebe und Einzelpersonen vor Wirtschaftskriminalität zu schützen. So publiziert der Schutzverein u.a. Listen, auf denen Firmen, die sich als Adressbuchschwindler betätigt haben, beim Namen genannt werden.

Adresse/Ansprechpartner: Deutscher Schutzverein gegen Wirtschaftskriminalität e. V. (DSW), Postfach 2555, 61348 Bad Homburg V. D. H.

dignitas e.V.
Zusammenschluß von Verkehrsunfall-Opfern, Beratung und Hilfe nach einem unschuldig erlittenen Verkehrsunfall. dignitas leistet Kontaktherstellung

276

zwischen Betroffenen untereinander und seinen Mitgliedern zwecks Erfahrungsaustausch und monatliches Treffen, unter anderem in den verschiedenen Regionalgruppen. Die seelische Unterstützung und Verständnis für die Leidtragenden liegt dignitas besonders am Herzen. Ferner bietet der Verein kostenlose Erstberatung bzw. gutachterliche Stellungnahmen für Unfallopfer und deren Angehörige. Beiratsmitglieder, die sich aus Psychologen, Rentenberatern, Medizinern und Rechtsanwälten zusammensetzen, stehen dafür zur Verfügung.

Adresse/Ansprechpartner: Angelika Oidtmann, Friedlandstraße 6, 41747 Viersen, Tel.: 0 21 62/2 00 32 Fax: 0 21 62/35 23 12

Elterninitiative zur Wahrung der geistigen Freiheit e. V.
Hilfe und Beratung für Sektenopfer und ihre Angehörigen: Die Initiative – ein Zusammenschluß von Betroffenen – informiert über den Umgang mit Sektenmitgliedern, Möglichkeiten der Hilfe für Sektengeschädigte und über Art und Ziel der einzelnen Sekten. Angehörige von Vermißten, die befürchten, daß sich die betroffene Person in einer Sekte aufhält, können sich ebenfalls an die EL wenden.

Adresse/Ansprechpartner: Elterninitiative zur Wahrung der geistigen Freiheit e. V., Ursula Zölpel (Vorstand), Geschwister-Scholl-Str. 28, 51377 Leverkusen, Tel.: 02 14/5 83 72

Fussgängerschutzverein Fuss e.V.
Erfahrungsaustausch für Verkehrsunfallopfer: Der
Arbeitsschwerpunkt des Fussgängerschutzvereins,
der als Bürgerinitiative auf kommunaler Ebene tätig
ist, liegt in der Einwirkung auf verkehrspolitische
und planerische Maßnahmen zur drastischen Verrin-
gerung von Verkehrsunfällen. In den zahlreichen
Ortsgruppen des Vereins engagieren sich sehr häufig
Verkehrsunfallopfer und deren Angehörige, um mit
ihren Erfahrungen die Verkehrssituation in Städten,
Dörfern und Gemeinden zu verbessern. Für alle, die
sich ebenfalls in diesem Bereich betätigen wollen,
hält der Verein Informationsbroschüren bereit, die
bei »Fuss« angefordert werden können.

Adresse/Ansprechpartner: Fussgängerschutzverein
Fuss e.V., Exerzierstr. 20, 13357 Berlin-Wedding,
Tel.: 0 30/4 92 74 73

**Gutachter- und Schlichtungsstellen für ärztliche Be-
handlung**
*Für Opfer medizinischer Behandlungsfehler, die ih-
ren Streitfall juristisch verfolgen wollen:* Wer mit seinem medizinischen Streitfall nicht sofort vor Gericht
ziehen will, der kann durch Schlichtungsverfahren
seine Ansprüche geltend machen. Diese Verfahren
sind – den Gutachter miteingeschlossen – kostenlos
und können von jedem beantragt werden. Das
Schlichtungsverfahren wird eröffnet, wenn alle Beteiligten zustimmen. Verglichen mit dem Zivilpro-
zeß wird das Schlichtungsverfahren meist sehr
schnell abgewickelt (etwa in neun bis dreizehn Monaten). Eine spätere gerichtliche Verfolgung der

278

Streitsache ist damit nicht ausgeschlossen. Die Gutachter- und Schlichtungsstellen findet man bei den Ärztekammern der Länder. Ihre Arbeitsweise ist meist sehr unterschiedlich, doch haben sie einige Gemeinsamkeiten: Die Schlichtungsstelle übernimmt die Sachaufklärung. Dafür werden die Krankenunterlagen angefordert und die Beteiligten schildern schriftlich ihren Vorgang. In Ausnahmefällen ist auch ein persönlicher Vortrag möglich. Die Schlichtungsstelle beauftragt meist einen externen Gutachter und entscheidet dann. Der Spruch ist für die Beteiligten jedoch unverbindlich. Das Verfahren ist offen und alle Stellungnahmen der Parteien sind den Beteiligten zugänglich. Wird der Schlichtungsspruch von allen Beteiligten angenommen, kann sofort die Schadensregulierung erfolgen. Die Höhe des Schadenersatzes kann die Schlichtungsstelle nur nach Antrag vorschlagen.

Adressen/Ansprechpartner: Gutachterkommission für ärztliche Haftpflicht bei der Ärztekammer Nordrhein-Westfalen, Tersteegenstr. 31, 40401 Düsseldorf, Tel.: 02 11/4 30 22 14 u. 250, Gutachterkommission für ärztliche Haftpflichtfragen bei der Ärztekammer Westfalen-Lippe, Kaiser-Wilhelm-Ring 6/4, 48022 Münster, Tel.: 02 51/3 75 03 56 u. 7, Gutachterkommission für Fragen ärztlicher Haftpflicht bei der Ärztekammer des Saarlandes, Faktoreistr. 4, 66111 Saarbrücken, Tel.: 06 81/4 00 30, Gutachterkommission für Fragen ärztlicher Haftung bei der Landesärztekammer Baden-Württemberg für den Bereich Nordwürttemberg: Jahnstr. 32, 70597 Stuttgart, Tel.: 07 11/6 98 10, für den Bereich Südwürttemberg: Wächterstraße 76, 72074 Tübingen,

Tel.: 070 71/20 80, für den Bereich Nordbaden: Keßlerstr. 1, 76185 Karlsruhe, Tel.: 07 21/5 96 10 und für den Bereich Südbaden: Sundgauallee 27, 79039 Freiburg, Tel.: 07 61/88 40, Gutachter- und Schlichtungsstelle für ärztliche Behandlung bei der Landesärztekammer Hessen, Broßstr. 6, 60478 Frankfurt, Tel.: 0 69/52 45 60 u. 70, Gutachter- und Schlichtungsstelle für ärztliche Behandlungsfehler bei der Landesärztekammer Rheinland Pfalz, Deutschhausplatz 3, 55116 Mainz, Tel.: 0 61 31/2 88 22 25, Schlichtungsstelle der Bayerischen Landesärztekammer, Elsenheimerstr. 37, 80687 München, Tel.: 0 89/57 27 33, Schlichtungsstelle für Arzthaftpflichtfragen der Norddeutschen Ärztekammer, Berliner Allee 20, 30175 Hannover, Tel.: 05 11/3 80 24 15 u. 416, Schlichtungsstelle der Sächsischen Landesärztekammer, Pohlandstr. 19, 01309 Dresden, Tel.: 03 51/3 36 81 39

Hanauer Hilfe e.V.

Hilfe und Beratung für Opfer und Zeugen von Straftaten: In der Hanauer Hilfe finden Opfer und Zeugen, gleich welcher Straftat, von erfahrenen Sozialpädagogen und einem Psychologen der Forschungsgruppe des Bundeskriminalamtes umfassende Beratung und Hilfe – kostenlos, vertraulich und anonym. Betroffene werden über rechtliche Möglichkeiten informiert, auf Wunsch zur Polizei und zum Gericht begleitet, auf finanzielle Hilfsmöglichkeiten hingewiesen und bei Bedarf an weiterhelfende Einrichtungen und Personen vermittelt. Nicht selten möchten Betroffene auch einfach nur ihr Herz ausschütten – auch dafür ist man bei diesem Verein an der

richtigen Stelle, die als erste deutsche Beratungsein-
richtung im Bereich Opferhilfe auf einen reichen Er-
fahrungschatz zurückgreifen kann.

Adresse/Ansprechpartner: Hanauer Hilfe e.V.,
Salzstr. 11, 63450 Hanau, Tel.: 061 81/2 48 71 u.
2 20 26

Helferkreis für verunglückte Touristen und Reisen-
de
Hilfe für Verkehrsunfallopfer und ihre Angehörigen:
In den Helferkreisen, von denen es in der Bundesrepublik mittlerweile siebzehn gibt, engagieren sich
mehrere hundert ehrenamtliche Mitarbeiter für das
körperliche und geistige Wohlbefinden von Menschen, die irgendwo in der BRD weit enfernt von ihrem Wohnort verunglückt sind. Die Helfer besu-
chen Verunglückte im Krankenhaus, machen Besor-
gungen, erledigen Telefonate und nehmen Angehörige bei sich zu Hause auf, wenn das Krankenhaus
weit entfernt vom Wohnort ist. Bei Verständigungs-
problemen mit ausländischen Verunglückten und ihren Angehörigen kann der Helferkreis auf Dolmet-
scher zurückgreifen.

Adresse/Ansprechpartner: Helferkreis für verunglückte Touristen und Reisende, Gisela Arp, Aza-
leenweg 9, 21218 Seevetal 1

Incest Survivors Anonymous
Hilfe und Beratung für Inzest-Opfer: Nach Vorbild
der anonymen Alkoholiker haben sich Inzestopfer –

Männer, Frauen und Kinder – zusammengeschlossen, um sich im Gespräch über ihre Ängste und Gefühle auszutauschen und sich auf der Grundlage der eigenen Erfahrung für die Behandlung der Folgeschäden Tips und Hilfestellung zu geben. Der Gesprächskreis ist offen und wird im Wechsel von einzelnen Gruppensprechern geleitet. Es besteht keine Pflicht zur regelmäßigen Teilnahme oder zu Äußerungen im Kreis – es ist auch möglich, nur zuzuhören. Täter bleiben allerdings prinzipiell ausgeschlossen. Nähere Informationen sind bei der unten genannten Adresse zu erfragen. Bitte legen Sie einen frankierten Rückumschlag bei.

Adresse/Ansprechpartner: Incest Survivors Anonymous, Christoph Heurich, Alte Freiheit 16, 42103 Wuppertal, Tel.: 02 02/44 48 40

Initiative Münchner Mädchenarbeit e.V. (IMMA)
Hilfe und Beratung für Mädchen und junge Frauen, die Opfer von Sexualdelikten geworden sind – sowohl innerhalb, als auch außerhalb der Familie: In der I.M.M.A., einem autonomen feministischen Projekt, haben sich Fachfrauen aus den verschiedenen Bereichen der pädagogischen Arbeit sowie Frauen und Mädchen aus anderen Berufsgruppen zusammengeschlossen, um sich gemeinsam für eine Verbesserung der weiblichen Lebenssituation sowohl im politischen als auch im sozialen Bereich zu engagieren. Die Initiative unterhält u.a. Wohngruppen und Zufluchtsstellen für Mädchen in Notsituationen, eine Selbsthilfegruppe für junge Frauen, die sexuell mißbraucht wurden, Beratungsstellen und

eine Kontakt- und Informationsstelle für Mädchenarbeit.

Adresse/Ansprechpartner: Initiative Münchner Mädchen Arbeit e.V., Jahnstr. 38, 80469 München 5, Tel.: 0 89/26 85 65

Kampagne gegen Kinderprostitution

Engagement für eine Verbesserung der rechtlichen Situation von Opfern sexueller Gewalt und gegen die Kinderprostitution in der Dritten Welt: Wer sich über die Hintergründe der sexuellen Ausbeutung von Kindern in der dritten Welt im Zusammenhang mit Sex-Tourismus informieren will, der kann sich an die Kampagne wenden. Die Initiative, die vor allem für diese Problematik ein öffentliches Interesse herstellen will, setzt sich darüberhinaus für gesetzliche Maßnahmen ein, die die Strafverfolgung der Täter ermöglicht und die Position der Opfer sexueller Gewalt verbessert – sowohl in der Dritten Welt, als auch in der BRD. In diesen Punkten informiert und berät die Kampagne ebenfalls Betroffene und Interessierte.

Adresse/Ansprechpartner: Kampagne gegen Kinderprostitution, Koordinationsstelle, Postfach 4126, 49031 Osnabrück, Tel.: 05 41/71 01-162

Kind im Zentrum e. V. (KiZ)

Sozialtherapeutische Hilfen für sexuell mißbrauchte Kinder und Jugendliche und deren Familien: Bei KiZ bemühen sich Erzieher, Juristen, Lehrer und

Psychologen, die Folgen von sexuellem Mißbrauch für Opfer und ihre Angehörigen zu lindern und Wege zur Bewältigung aufzuzeigen. In Einzelgesprächen und/oder Gruppenarbeit soll erreicht werden, die erlittenen psychischen Verletzungen der minderjährigen Opfer durchzuarbeiten und symptomatische Verhaltensweisen, wie etwa sexuelles oder aggressives Ausagieren, behutsam zu korrigieren. KiZ bezeichnet sich insbesondere als familienorientiert, doch geht es dem Verein nicht darum, die Familie – in der sexueller Mißbrauch durch einen Angehörigen stattgefunden hat – dahin zu bringen, wieder oder weiterhin zusammenzuleben. Im Mittelpunkt steht vielmehr die Bearbeitung der Familiendynamik und ihrer Verstrickungen, in denen alle gefangen sind und an deren Auflösung, so die Meinung von KiZ, alle zu beteiligen sind. Daneben können sich auch nicht direkt Betroffene, die sexuellen Mißbrauch von Minderjährigen in ihrem Lebensbereich vermuten, an die Beratungsstelle des Vereins wenden. KiZ bietet darüber hinaus Fachberatungen und Supervisionen für professionelle Helfer an, die in ihrem Arbeitsfeld mit dem Problem sexuellen Mißbrauchs konfrontiert werden.

Adresse/Ansprechpartner: KiZ e. V., Sybelstr. 30, 10629 Berlin 12, Tel.: 0 30/3 24 70 90

Krisenzentrum Dortmund-Hörde
Hilfe und Beratung für Opfer jeder Art und ihre Angehörigen: Wer in Krisensituationen schnelle und unbürokratische Hilfe benötigt, der sollte die Beratungsstelle des Krisenzentrums Dortmund-Hörde in

Anspruch nehmen. Geschulte Psychologen und Sozialarbeiter bieten therapeutische Gespräche und Beratung – gleich ob die Symptome einer Krise psychisch oder physisch auftreten. Je nach Indikation werden in der ambulanten Beratungsstelle auch verschiedene Psychotherapie-Methoden angewandt, wobei die systematische Familientherapie zum Schwerpunkt geworden ist. In der stationären Einrichtung des Krisenzentrums im Krankenhaus Bethanien können die Betroffenen während ihres Aufenthalts therapeutische Einzel- und Gruppengespräche sowie systematisch-therapeutische Familiensitzungen in Anspruch nehmen. Den Klinikaufenthalt bezahlt die Krankenkasse.

Adresse/Ansprechpartner: Krisenzentrum Dortmund-Hörde, 1.) Beratungsstelle und Sekretariat: Virchowstr. 10, 44263 Dortmund, Tel.: 02 31/43 50 77, 2.) Stationäre Einrichtung: Krankenhaus Bethanien, Station 2, Virchowstr. 4, 44263 Dortmund

Landesversorgungsämter
Bearbeitung von Anträgen nach dem Opferentschädigungsgesetz: Für die Bearbeitung und Bewilligung der Entschädigungsleistungen und Renten für Opfer und ihre Angehörigen bzw. Hinterbliebenen nach dem OEG sind die Versorgungsämter der Länder zuständig.

Adressen/Ansprechpartner: Landesversorgungsamt Baden-Württemberg, Rosenbergstr. 122, 70174 Stuttgart. Weitere Versorgungsämter des Bundeslandes gibt es in Stuttgart, Freiburg i. Br., Heidel-

berg, Heilbronn/Neckar, Karlsruhe, Radolfzell/Bo-
densee, Weingarten, Rottweil und Ulm. Landesamt
für Versorgung und Familienförderung Bayern,
Schellingstr. 155, 99438 München. Weitere Versor-
gungs- und Familienförderungsämter in Bayern sind
in Augsburg, Bayreuth, Landshut, München, Nürn-
berg, Regensburg und Würzburg. Landesamt für
Zentrale Soziale Aufgaben – Landesversorgungsamt
Berlin, Sächsische Straße 28, 10707 Berlin und Versorgungsamt I +II (zuständig für den ehemaligen
Ostteil) in Berlin. Versorgungsamt Bremen, Fried-
rich-Rauers-Str. 26, 28159 Bremen. Landesversorgungsamt Hessen, Adickstr. 36, 60318 Frankfurt/
Main. Weitere Versorgungsämter des Bundeslandes
finden sich in Darmstadt, Frankfurt/Main, Fulda,
Gießen, Kassel und Wiesbaden. Landesversorgungsamt Niedersachsen, Gustav-Bratke-Allee 2,
30169 Hannover. Weitere Versorgungsämter Nie-
dersachens sind in Braunschweig, Hannover, Hil-
desheim, Oldenburg, Osnabrück und Verden/Aller.
Landesversorgungsamt Nordrhein-Westfalen, Von-
Vincke-Str. 23–25, 48143 Münster/Westfalen. Weitere Versorgungsämter des Bundeslandes gibt es in
Aachen, Bielefeld, Dortmund, Duisburg, Düsseldorf, Essen, Gelsenkirchen, Köln, Münster/Westfa-
len, Soest und Wuppertal. Landesversorgungsamt
Rheinland-Pfalz, Baedeckerstr. 2–10, 56073 Ko-
blenz. Weitere Versorgungsämter finden sich in Ko-
blenz, Landau i. d. Pfalz, Mainz und Trier. Versorgungsamt Saarland, Hochstr. 67, 66115 Saarbrük-
ken. Landesversorgungsamt Schleswig-Holstein,
Steinmetzstr. 10–11, 24534 Neumünster. Weitere
Versorgungsämter des Landes gibt es in Heide/Hol-
stein, Kiel, Lübeck und Schleswig. Landesamt für

Soziales und Versorgung des Landes Brandenburg, Weinbergweg, 03050 Cottbus. Weitere Versorgungsämter Brandenburgs finden sich in Cottbus, Potsdam und Frankfurt/Oder. Sächsisches Landesamt für Familie und Soziales, Alt-Chemnitzer Str. 40, 09120 Chemnitz. Weitere Ämter für Familie und Soziales des Landes gibt es in Chemnitz, Dresden und Leipzig. Thüringer Landesamt für Soziales und Familie, Karl-Liebknecht-Str. 4, 98527 Suhl. Weitere Ämter für Familie und Soziales von Thüringen sind in Erfurt, Gera und Suhl. Landesversorgungsamt Mecklenburg-Vorpommern, Reifergraben 4, 18045 Rostock. Weitere Versorgungsämter des Landes findet man in Rostock, Stralsund, Schwerin und Neubrandenburg. Landesamt für Versorgung und Soziales Sachsen Anhalt, Reilstr. 72, 06114 Halle. Weitere Ämter für Versorgung und Soziales des Landes gibt es in Halle und Magdeburg. Die Adressen der zuständigen Versorgungsämter sind über die Stadtverwaltung zu erfragen.

Mann-o-Mann-Männerberatung e. V.
Hilfe und Beratung für männliche Opfer von (sexuellen) Gewalttaten: Bei Mann-o-Mann finden Männer, die Gewalt erlebt haben oder ihr noch immer ausgesetzt sind, umfassende persönliche wie auch telefonische Beratung und Information, die zur Bewältigung der schmerzhaften Erfahrungen beitragen sollen. Darüberhinaus bietet die Einrichtung zahlreiche Gesprächskreise, in denen sich Gewaltopfer über ihre Erlebnisse austauschen können. Schwerpunkt der Männerberatung sind Therapien, die Gewalt innerhalb von Familien und Beziehungen abbauen sollen.

Adresse/Ansprechpartner: Mann-o-Mann im Verein für Sozialtherapie, Gruppenarbeit und Beratung e.V., Teutoburger Str. 106, 33604 Bielefeld, Tel.: 05 21/6 86 76

Michael-Franke-Stiftung

Hilfe und Beratung für Menschen in schweren Konfliktsituationen: Die Michael-Franke-Stiftung bietet ihre Hilfe für jede Art von Konfliktsituation an. Ein hauptamtlicher Psychologe und vier ehrenamtliche Berater begleiten den Betroffenen (bis 30 Jahre) über das erste Gespräch hinaus, entwickeln zusammen mit ihm Zukunftsperspektiven und beziehen die Angehörigen mit in ihre Arbeit ein.

Adresse/Ansprechpartner: Michael-Franke-Stiftung, Prinz-Albert-Str. 11, 53113 Bonn 1, Tel.: 02 28/22 42 71

Nationale Kontakt- und Informationsstelle zur Anregung und Unterstützung von Selbsthilfegruppen der Deutschen Arbeitsgemeinschaft für Selbsthilfegruppen e. V. (NAKOS)

Hilfe und Beratung für die Gründung von Selbsthilfegruppen: NAKOS, eine bundesweit tätige Beratungsstelle, hat die Funktion einer unabhängigen, problemübergreifenden Informations- und Vermittlungsinstanz für Selbsthilfegruppen und -interessenten sowie für Fachleute, Verbände, Behörden, Medien und die allgemeine Öffentlichkeit. NAKOS gibt zielgruppenspezifische Informationen, um die Bedingungen, Chancen und möglichen Arbeitsschritte unterschiedlicher Selbsthilfegruppen aufzuzeigen und hilft, diese erfolgreich aufzubauen. Darüberhinaus bietet die Beratungsstelle allgemeine Informationen über Existenz und Arbeitsweise von Selbsthilfegruppen in der ganzen Bundesrepublik. Wichtige Hinweise und Tips zum Thema »Wie gründet man eine Selbsthilfegruppe?« und die »Grüne Liste«, die Adressen und Beschreibungen der Selbsthilfegruppen in der BRD enthält, können bei NAKOS angefordert werden.

Adresse: Nationale Kontakt- und Informationsstelle zur Anregung und Unterstützung von Selbsthilfegruppen, Albrecht-Achilles-Str. 65, 10709 Berlin, Tel.: 0 30/ 8 91 40 19

Opferhilfe Hamburg e. V.
Hilfe und Beratung für Gewaltopfer: Bei der Opferhilfe Hamburg finden Opfer, die körperliche oder geistige Gewalt erlebt haben, und ihre Angehörigen Hilfe von erfahrenen Psychologen und Soziologen. Menschen, die überfallen oder beraubt worden sind, können sich ebenso an die Opferhilfe wenden, wie vergewaltigte oder mißhandelte Frauen, Männer und Kinder – Anonymität wird für alle Hilfesuchenden garantiert. Das Angebot des Vereins umfaßt sowohl Soforthilfe, zum Beispiel die Begleitung zu Behörden und Gerichten, wie auch längerfristige therapeutische Begleitung in Einzel- oder Gruppengesprächen und Paarberatungen. Spezielle Hilfsangebote hält der Verein für männliche Gewaltopfer bereit, die mit ihren Erlebnissen – so die Erfahrungen der Beratungsstelle – oft anders als Frauen umge-

hen. Die Tätigkeit der Opferhilfe ist vertraulich und kostenlos.

Adresse/Ansprechpartner: Opferhilfe Hamburg e.V., Paul-Nevermann-Platz 2–4, 22765 Hamburg, Tel.: 0 40/38 19 93.

Patientenberatung der Verbraucherzentralen

Beratung und Hilfe für Opfer von medizinischen Behandlungsfehlern und ihre Angehörigen: Die Patientenberatungen der Verbraucherzentralen werden von Rechtsanwälten und Ärtzten geleitet. Sie helfen Patienten, die einen Verdacht auf Behandlungsfehler haben, die nötigen Krankenunterlagen zu beschaffen. Weiterhin informieren und beraten sie Hilfesuchende zu allen juristischen Aspekten ihres Problems, wie zum Beispiel außergerichtlicher Vergleich, Zivil- und Schlichtungsverfahren. Gutachter werden jedoch nicht vermittelt.

Adressen/Ansprechpartner: Verbraucherzentrale Berlin, Bayreuther Str. 40, 10787 Berlin, Tel.: 030/ 21 90 72 32, Verbraucherzentrale Hamburg, Große Bleichen 23, 20354 Hamburg, Tel.: 0 40/35 00 14 86

Pro Familia e.V.

Hilfe und Beratung für Opfer sexueller Gewalt: In den meisten Fällen haben Menschen, die sexueller Gewalt zum Opfer gefallen sind, große Probleme (wieder) ein intaktes Verhältnis zum eigenen Körper und der eigenen Sexualität aufzubauen. Der Verein Pro Familia – der in der Bundesrepublik über 140 Beratungsstellen unterhält – bietet in diesem Bereich medizinische, psychologische und soziale Beratung, die ganz nach Wunsch, in Einzel-, Paar- oder Gruppengesprächen durchgeführt werden kann. Frauen, die aufgrund einer Vergewaltigung schwanger geworden sind und keine der speziellen Opfereinrichtungen kontaktieren wollen, können sich mit ihren Problemen jederzeit an Pro Familia wenden. Alle Mitarbeiter der Einrichtung unterliegen der Schweigepflicht, auch wenn Minderjährige bei ihnen Hilfe suchen.

Adresse/Ansprechpartner: Pro Familia – Deutsche Gesellschaft für Sexualberatung und Familienplanung e. V., Bundesverband, Stresemannallee 3, 60596 Frankfurt am Main, Tel.: 0 69/63 90 02

Rechtsanwälte im Medizinrecht

Kostenpflichtige juristische Beratung und Unterstützung für Opfer von ärztlichen Kunstfehlern und ihre Angehörigen: Wer seine Schädigung durch ärztliches Versagen juristisch verfolgen möchte, der kann sich die Unterstützung von Rechtsanwälten holen. Diese können bei Zivil- und Schlichtungsverfahren tätig werden. Schlichtungsverfahren sind kostenlos. Auch beim außergerichtlichen Vergleich kann ein Rechtsanwalt eingesetzt werden: Mit einem positiven Gutachten kann er einen Vergleich mit der Haftpflichtversicherung des Arztes aushandeln.

Adressen/Ansprechpartner: »Arbeitskreis Rechtsanwälte im Medizinrecht e. V.«, Erfstr. 78, 41460 Neuss, Tel.: 0 21 31/9 20 50, »Anwalt-Suchservice«,

Köln, Tel.: 01 30/55 00, »Deutscher Anwaltsverein«,
Bonn, Tel.: 02 28/26 07–0

Selbsthilfegruppe Kindesentziehung

*Beratung und Hilfe bei angedrohter und erfolgter
Kindesentziehung:* In der Selbsthilfegruppe Kindesentziehung haben sich betroffene Elternteile zur gegenseitigen Unterstützung bei angedrohter und erfolgter Kindesentziehung zusammengeschlossen.
Psychologische und praktische Unterstützung steht
im Mittelpunkt der Arbeit. Zahlreiche Probleme
entstehen, wenn das entzogene Kind wieder beim
sorgeberechtigten Elternteil ist. Auch dann steht
die Selbsthilfegruppe den Betroffenen zur Seite.

Adresse/Ansprechpartner: Selbsthilfegruppe Kindesentziehung, Sabine Gabriel, Am Stadtweiher 8,
40699 Erkrath, Tel. 0 21 04/4 38 18

Täter-Opfer-Ausgleich

*Schlichtungsarbeit zwischen Tätern und Opfer
(TOA):* Der TOA, eine neue Form der Sozialarbeit, will die Folgen einer Straftat durch gemeinsame Gespräche zwischen Schädiger und Geschädigtem aufarbeiten und ohne Gerichtsprozeß auf der
Basis gegenseitiger Einigung die Schlichtung und
Wiedergutmachung des Konflikts erreichen. Die
Vermittler der TOA-Beratungsstellen stehen als
neutrale Schlichter zwischen den beteiligten Partei-
en. In der Bundesrepublik gibt es mittlerweile zahlreiche Einrichtungen, die das TOA-Programm
durchführen. Nicht selten verstehen sie sich auch

als erste Anlaufstelle sowohl für Opfer als auch für Täter.

Adressen/Ansprechpartner: u. a. »Die Waage«, Roonstr. 5, 50674 Köln, Tel.: 02 21/23 50 68, »Täter-Opfer-Augleich«, Gustav Heinemann Bürgerhaus, Kirchheide 49, 28757 Bremen 70, Tel.: 04 21/66 64 60, »INTEG«, FHS Niederrhein, Richard-Wagner-Str. 101, 41065 Mönchengladbach, Tel.: 021 61/20 77 57

Verband alleinstehender Mütter und Väter e. V. (VAMV)
Hilfe und Beratung für Alleinerziehende: Der VAMV berät in allen für Alleinerziehende relevanten Bereichen und hilft beim Umgang mit Behörden – z. B. Jugendamt, Sozialamt und Wohnungsamt. In Einzel- und Gruppengesprächen hilft der Verband, individuelle Probleme zu bewältigen, die für den zurückgelassenen, alleinerziehenden Elternteil entstehen.

Adresse/Ansprechpartner: 1.) Bundesverband alleinstehender Mütter und Väter e. V., Von-Groote-Platz 20, 53173 Bonn, Tel.: 02 28/35 29 95

Verband bi-nationaler Partnerschaften – Interessengemeinschaft der mit Ausländern verheirateten Frauen e. V. (IAF)
Hilfe und Beratung bei angedrohter oder tatsächlicher Kindesentziehung in bi-nationalen Partnerschaften und Ehen: Wer in einer bi-nationalen Beziehung mit gemeinsamen Kindern gelebt hat und wem

durch den Partner die Entziehung der Kinder (auch ins Ausland) angedroht wurde oder dessen Kind entführt worden ist, der sollte sich an die IAF wenden. Ein Team des Vereins – bestehend aus Rechtsanwälten, Psychologen, Soziologen und Sozialpädagogen mit interkultureller Erfahrung – informiert und berät über das Problem Kindesmitnahme und die rechtlichen Möglichkeiten einer Rückführung an den ursprünglichen Aufenthaltsort. Außerdem vermittelt die IAF geeignete Anwälte, stellt Besuchsmöglichkeiten in Anwesenheit von geschulten Fachkräften für den nichtsorgeberechtigten Elternteil bereit und bietet eine allgemeine rechtliche und soziale Beratung für beide Partner (einzeln oder gemeinsam) an, um einer Kindesentziehung vorzubeugen. Die spezielle Beratung für Eltern und Kinder aus gefährdeten oder getrennten bi-nationalen Beziehungen findet im Rahmen der IAF in Frankfurt und München statt. Bei der IAF kann man auch die Broschüre »Kindesmitnahme durch ein Elternteil, Ursachen, Lösungsmöglichkeiten und Prävention« anfordern. Die Hilfe der IAF kann jeder unabhängig von Geschlecht und Nationalität in Anspruch nehmen.

Adresse/Ansprechpartner: Verband bi-nationaler Partnerschaften – Interessengemeinschaft der mit Ausländern verheirateten Frauen e. V., Bundesgeschäftsstelle, Kasseler Str. 1a, 60486 Frankfurt/Main, Tel.: 0 69/7 07 50 88, Tel. der Beratungsstelle: 7 07 50 89

Verband Scheidungsgeschädigter – Bürgerinitiative gegen Kindesentzug und Unterhaltsmißbrauch e.V. (VSBI)

Hilfe und Beratung für Opfer von Kindesentzug und Unterhaltsmißbrauch: Im Mittelpunkt der Arbeit des Vereins steht der Schutz der Kinder und Elternteile. Zu diesem Zweck gibt der VSBI praktische und beratende Einzelhilfe bei der spezifischen Problematik der Kindesentziehung durch einen Elternteil und die damit verbundene Unterhaltsverpflichtung. Er bietet Informationsvermittlung über gesetzliche Ansprüche und eine zentrale Beratungsstelle an. Weiterhin bildet der Verein Ermittlungsausschüsse zur Wahrnehmung der Interessen von Kindern im Scheidungsfall. Um seine Aufgaben erfüllen zu können, unterhält der VSBI Kontakt mit Parlament, Regierung, Gerichten, Medien und Experten aus Wissenschaft und Praxis.

Adresse/Ansprechpartner: Verband Scheidungsgeschädigter – Bürgerinitiative gegen Kindesentziehung und Unterhaltsmißbrauch e. V., Wiclefstr. 37, 10551 Berlin, Tel.: 0 30/3 95 57 94

Verkehrsopferhilfe e. V.

Finanzielle Hilfe und Beratung für Verkehrsunfallopfer, bei denen der Schädiger nicht bekannt oder versichert ist: Die Verkehrsopferhilfe, eine Einrichtung der Haftpflichtversicherer (HUK-Verband), entschädigt Verkehrsunfallopfer in Fällen, bei denen die Versicherung des Schädigers nicht zahlen kann oder muß – zum Beispiel bei Fahrerflucht oder wenn beispielsweise der Unfall mit einem Kraftfahrzeug vorsätzlich herbeigeführt wurde. Die Verkehrsopferhilfe hilft jedoch grundsätzlich nur dann, wenn der Geschädigte von anderer Seite, d. h. von seiner Kranken-, Sozial- oder Schadensversicherung oder aus dem Vermögen des Schädigers keinen Schadenersatz bekommen kann.

Adresse/Ansprechpartner: Verkehrsopferhilfe e.V., Walter-Flex-Str. 3, 53113 Bonn, Tel.: 02 28/5 30 03 02

Vermißten-Telefon
Hilfe und Beratung für Vermißte und ihre Angehörigen: Das Vermißten-Telefon wurde vom Autor des Buches gegründet, um Angehörige von verschwundenen Menschen, die von staatlicher Seite oftmals keine Hilfe bekommen, mit praktischen Tips für die persönliche Vermißten-Suche und bei der Erledigung wichtiger Formalitäten zu unterstützen. Darüber hinaus besteht für Angehörige über das Vermißten-Telefon gegebenenfalls die Möglichkeit, ihren Fall in der West3 und ORB TV-Reihe »Vermißt!« zu veröffentlichen. Vermißte, die den Kontakt zu ihren Angehörigen wieder aufnehmen möchten, können sich ebenfalls an das Vermißten-Telefon wenden.

Adresse/Ansprechpartner: Vermißten-Telefon, Peter H. Jamin, Tel.: 02 11/556 08 94; Vermißten-Telefon der WDR und ORB TV-Reihe, Tel.: 02 11/30 81 84

Weisser Ring e.V.

Hilfe und Beratung für Opfer von Straftaten und ihre Angehörigen: Der Weisse Ring, die einzige bundesweite Opferhilfsorganisation, hilft Opfern und ihren Angehörigen. So unter anderem durch menschlichen Beistand und persönliche Betreuung nach der Straftat, Hilfestellung im Umgang mit Behörden, Erholungsprogramme für Opfer und ihre Familien, Übernahme der Kosten für einen Rechtsbeistand, Begleitung zu Gerichtsterminen und durch die Vermittlung von Hilfen anderer Organisationen. Dort, wo es infolge der erlittenen Straftat auch zu materieller Not gekommen ist, kann der Weisse Ring mit einer finanziellen Zuwendung über die schwerste Zeit hinweghelfen. Außerdem unterhält der Verein eine kostenlose Opfernotrufnummer, die Tag und Nacht in Anspruch genommen werden kann. Alle Leistungen des Weissen Rings sind weder an eine Mitgliedschaft noch an sonstige Verpflichtungen gebunden. Finanzielle Zuwendungen müssen nicht zurückgezahlt werden. Neben der Hilfe im Einzelfall tritt der Weisse Ring, der sich aus Spendengeldern und den Zuweisungen von Geldbußen finanziert, öffentlich für die Belange der Kriminalitätsopfer ein, mit dem Ziel, die rechtliche und soziale Situation der Opfer zu verbessern. Darüberhinaus unterstützt der Weisse Ring staatliche Bemühungen bei der Verbrechensvorbeugung.

Adresse/Ansprechpartner: 1.) Weisser Ring – Gemeinnütziger Verein zu Unterstützung von Kriminalitätsopfern und zur Verhütung von Straftaten e. V., Bundesgeschäftsstelle, Weberstr. 16, 55130 Mainz (Weisenau), Tel.: 0 61 31/83 03 0 2.) Opfer-Notruf: 01 30/34 99

Wildwasser e.V.

Hilfe und Beratung für heterosexuelle und lesbische Frauen, die in ihrer Jugend Opfer sexuellen Mißbrauchs geworden sind: Wildwasser bietet telefonische und persönliche Einzel – und Gruppenberatung für sexuell mißbrauchte Frauen und jene professionellen Helfer, die beruflich mit sexueller Gewalt konfrontiert werden. Daneben unterhält der Verein Zufluchtswohnungen für Mädchen, die dort so lange bleiben können, bis sie eine neue Lebensperspektive gefunden haben. Wildwasser bietet begleitete, offene Fortbildungs- und Selbsterfahrungsgruppen (z. B. für Mütter, suchtkranke Frauen oder Mädchen), sowie einen Frauenladen, in dem sich Opfer und ihre Freundinnen in geschützter Atmosphäre treffen können. Darüberhinaus organisiert Wildwasser die Gründung von Selbsthilfe – und Lebenshilfegruppen, Austauschtreffen und Selbsthilfeforen von in Selbsthilfegruppen arbeitenden Frauen. Mitarbeiterinnen des Vereins sind Erzieherinnen, diplomierte Sozialarbeiterinnen und -pädagoginnen, Psychologinnen und Frauen mit anderen beruflichen Qualifikationen. Im Mädchen- und Frauenbereich arbeiten betroffene und nichtbetroffene Mitglieder zusammen.

Adresse/Ansprechpartner: Wildwasser e.V., Friesenstr. 6, 10965 Berlin, Tel.: 0 30/6 93 91 92

Zartbitter e.V.

Hilfe und Beratung für sexuell mißbrauchte Kinder und deren Eltern: In Einzel- und Gruppengesprächen unterstützt der Verein minderjährige Opfer sexuellen Mißbrauchs und deren Angehörigen bei der Bewältigung des erlittenen Leids. Zartbitter unterhält außerdem Selbsthilfegruppen, in denen sich Betroffene austauschen und gemeinsam etwas unternehmen können. Weiterhin informieren die Mitglieder – die zum Teil in ihrer Jugend selbst Opfer von sexueller Gewalt geworden sind – auf Elternabenden in Kindergärten und Schulen, wie man Jungen und Mädchen vor sexuellem Mißbrauch schützen oder betroffenen Kindern helfen kann. Beschäftigte aus pädagogischen und sozialtherapeutischen Arbeitsfeldern können sich in diesem Bereich bei Zartbitter fortbilden lassen. Eine ausgewählte Literaturliste zum Thema, die auch auf Arbeitsmaterialien für Kindergarten und Grundschule hinweist, kann bei Zartbitter angefordert werden.

Adresse/Ansprechpartner: Zartbitter e.V., Stadtwaldgürtel 89, 50935 Köln, Tel.: 02 21/40 57 80

Weitere Adressen

Hilfe für Behinderte: »Arbeitsstelle für Behinderten-seelsorge der deutschen Bischofskonferenz«, Goebenplatz 7, 52351 Düren, »Bundesarbeitsgemeinschaft für Rehabilitation«, Walter-Kolb-Str. 9–11, 60594 Frankfurt/Main, »Fraternität der Körperbehinderten und Langzeitkranken«, Kastellstr. 14, 65183 Wiesbaden

Hilfe für die Hinterbliebenen von Opfern: Kontakt- und Informationsstelle »Verwaiste Eltern in Deutschland«, Esplanade 15, 20354 Hamburg

Hilfe für jugendliche Opfer: »Arbeitsgemeinschaft für Jugendhilfe«, Haager Weg 44, 53127 Bonn, »Bundesarbeitsgemeinschaft Aktion Jugendschutz«, Emmeranstr. 32, 55116 Mainz, »Bundeskonferenz für Erziehungsberatung e.V. – Gesellschaft für Beratung und Therapie von Kindern, Jugendlichen und Eltern«, Amalienstr. 6, 90763 Fürth

Hilfe bei Kindesentzug: »Rotes Kreuz«, Abteilung Jugend und Familie, Beratungsstelle bei Kindesmitnahme/Kindesentzug, Luisenstr. 45, 13505 Berlin

Hilfe für Opfer medizinischer Behandlungsfehler: »Patientenberatung der Patienteninitiative Hamburg e.V.«, Heidberg 42, 22301 Hamburg, »Patientenstelle Bielefeld im Gesundheitsladen«, Meller Str. 46, 33613 Bielefeld, »Patientenstelle Köln im Gesundheitsladen«, Vondelstr. 28, 50677 Köln, »Patientenstelle München im Gesundheitsladen«, Auenstr. 31, 80469 München, »Schutzverband für Impfgeschädigte«, Pf 1160, 57271 Hilchenbach

Hilfe bei psychischen Schädigungen: »Bundesarbeitsgemeinschaft Katholischer Einrichtungen der Hilfe für psychisch kranke und psychisch behinderte Menschen« (AG i. dt. Caritasverband), Lorentz-Werthmann-Haus, Karlsstr. 40, Pf 420, 79104 Freiburg i. Br., »Dachverband Psychosozialer Hilfsvereinigungen e. V.«, Thomas-Mann-Str. 49a, 53111 Bonn, »MASH – Münchner-Angst-Selbsthilfe e.V.«, Bayerstr. 77a Rgb., 80335 München

Hilfe für Sektenopfer: »Aktion für Geistige und Psychische Freiheit«, Graurheindorferstr. 15, 53111 Bonn, »Aktion Psychokultgefahren«, Ellerstr. 101, 40227 Düsseldorf , »Arbeitskreis Sekten. e. V.«, Karin Paetow, Auf der Freiheit 25, 32052 Herford, »Arbeitskreis für Sekten – Okkultismus – New Age«, Adenauerallee 37 (Haus der ev. Kirche), 53113 Bonn, »Arbeitsgruppe Scientology«, Behörde für Inneres, Ursula Caberta, Hachmannplatz 2, 20099 Hamburg 1, »Arbeitsstelle für Religions- und Weltanschauungsfragen«, K.-H. Eimuth, Saalgasse 15, 60311 Frankfurt/Main, »Elterninitiative in Hamburg und Schleswig-Holstein zur Hilfe gegen seelische Abhängigkeit und Mißbrauch der Religionen e. V.«, Brahmsstr. 20f., 23556 Lübeck, »Elterninitiative zur Hilfe gegen seelische Abhängigkeit und religiösen Extremismus e. V.«, Pf 874, 80804 München 1, »Robin direkt e.V.«, Zehenstadelweg 14, 74397 Pfaffenhofen/Berg. Weiterhin folgende Einzelpersonen: Dr. Wolfgang Behnk, Marsstr. 22, 80335 München 2, Pfarrer Thomas Gandow, Heimat

27, 13627 Berlin und Kaplan Gerald Kluge, Dr.-Wilhelm-Külz-Str. 43, 01796 Pirna.

Hilfe bei sexuellem Mißbrauch: »Arbeitsgemeinschaft Ärztlicher Beratungsstellen gegen Kindesmißhandlung«, Herrn Prof. Dr. Hermann Olbig , Universitätkinderklinik Essen, Hufelandstr. 55, 45147 Essen 1, »Dolle Deerns«, Juliusstr. 16, 22769 Hamburg 50, »Kinder und Jugend Notdienst Tag + Nacht«, Feuerbergstr. 43, 22337 Hamburg, »Verein zur Prävention von sexuellem Mißbrauch an Mädchen und Jungen«, Oberntorwall 11, 33602 Bielefeld, »Violetta e. V.«, Mädchenberatung, Wittelinstr. 17, 30179 Hannover

Hilfe für Silikongeschädigte: »Selbsthilfegruppe Silikongeschädigter Frauen«, Weißdornweg 39, 63225 Langen

Hilfe für Suchtopfer: »Deutsche Gesellschaft für Suchtforschung und Suchttherapie« und »Deutsche Hauptstelle gegen die Suchtgefahren«, Westring 2, 59065 Hamm 1, »Verband ambulanter Behandlungsstellen für Suchtkranke/Drogenabhängige e. V.«, Lorentz-Werthmann-Haus, Karlstr. 40, Pf 420, 79104 Freiburg i. Br.

Hilfe für u.a. Unfall-, Unglücks- und Katastrophenopfer: »Reichsbund der Kriegs- und Wehrdienstopfer, Behinderten, Sozialrentner und Hinterbliebene e.V.«, Beethovenallee 56–58, 53173 Bonn

Hilfe für vorgeburtlich Geschädigte: »Bundesverband Contergangeschädigter e. V., Hilfswerk vorgeburtlich Geschädigter«, Paffrather Str. 132–134, 51069 Köln

Hilfe für ZNS-Geschädigte: »Kuratorium ZNS für Unfallverletzte mit Schäden des ZNS e. V.«, Humboldstr. 30, 53115 Bonn

Weitere Kontaktstellen

Frauenhäuser, Psychotherapeuten, Jugendämter, Jugend- und Eltern-Beratungsdienste, Prozeßkosten-/Beratungshilfe, Sozialämter der Städte und Gemeinden, Telefonseelsorge, örtliche kirchliche Einrichtungen, Streetworker, Eltern- und Sekteninitiativen, Ministerien und Verbraucherzentralen. Viele Informationen über Organisationen der Opferhelfer gibt es auch bei den Stadt- und Gemeindeverwaltungen, die dafür oft auch spezielles Material zur Verfügung stellen.

ANHANG 3

LITERATURLISTE

Amnesty International (Hrsg.): Nicht die Erde hat sie verschluckt. »Verschwundene«- Opfer politischer Verfolgung, Frankfurt am Main 1982.

Amnesty International (Hrsg.): Bericht über die Folter, Frankfurt am Main 1975.

Bauernfeind, Y./Schäfer, M.: Die gestohlene Kindheit. Sexueller Mißbrauch an Kindern. Die Tatsachen und Wege zur Bewältigung, München 1992.

Baumann, Ulrich: Das Bild des Opfers in der Kriminalitätsdarstellung der Medien, Forschungsgruppe Kriminologie des Max-Planck-Instituts für ausländisches und internationales Strafrecht, Freiburg 1993.

Baurmann,M./Schädler,W.: Das Opfer nach der Straftat – seine Erwartungen und Perspektiven, BKA-Forschungsreihe Bd. 22, Wiesbaden 1991.

Blüchel, Kurt: Die Weißen Magier. Das Milliardengeschäft mit der Krankheit, Frankfurt am Main 1976.

Blüchel, Kurt: Das Medizin-Syndikat, Reinbek/
Hamburg 1978.

Bundesminister für Arbeit und Sozialordnung: Ratgeber für Behinderte, Bonn 1990.

Bundesminister für Arbeit und Sozialordnung: Der
Staat hilft den Opfern von Gewalttaten, Bonn 1991.

Bundesminister für Jugend, Familie, Frauen und
Gesundheit: Hilfen für mißhandelte Frauen , Bonn,
Bd. 124.

Bundesminister für Jugend, Familie, Frauen und
Gesundheit: Frauenhäuser im ländlichen Raum,
Bonn, Bd. 198.

Bundesminister für Jugend, Familie, Frauen und
Gesundheit: Gewalt gegen Frauen: Ursache und In-
terventionsmöglichkeiten, Bonn, Bd. 212.

Connexions – Adressbuch alternativer Projekte,
Klingelbach 1986.

Deutscher Caritasverband e.V. (Hrsg.): Mädchen-
sozialarbeit, in: Jugendwohl, Zeitschrift für Kinder-
und Jugendhilfe, Heft 10., Freiburg 1991.

Deutscher Caritasverband e.V. (Hrsg.): Menschen
brauchen Mit-Menschen, in: Caritaswerkheft 92,
Freiburg 1992.

Deutscher Caritasverband e.V.: Caritas Korres-
pondenz. Caritas-Adressbuch, in: Informations-

blätter für die Caritaspraxis, 15. Aufl., Freiburg 1992.

Dirks, Heinz: Der Mensch im Licht der Psychologie. Moderne Seelenkunde 1, Goldmann Bd. 9518, München.

Ebert, F.: Hilfe für Verbrechensopfer. Die Bewältigung einer staatlichen Aufgabe mit dem Gesetz über die Opfer von Gewalttaten, (Juristische Dissertation), München 1981.

Emnid-Institut: Einstellungen der Bundesbürger zu Fragen der Inneren Sicherheit Dezember 1992, Bielefeld 1993.

Endriß,R./Malek, K.: Patientenrechte. Ein Ratgeber für den Umgang mit Arzt und Krankenhaus, Freiburg 1984.

Hachs, Susanne u.a.: Schmerzensgeldbeträge. 900 Urteile zur Höhe des Schmerzensgeldes mit den neuesten Entscheidungen deutscher und ausländischer Gerichte, ADAC-Handbuch, München 1987.

Hindelang, M.: Opferbefragungen in Theorie und Forschung, in: Schneider, H.J.: Das Verbrechensopfer in der Strafrechtspflege, Berlin 1982.

Interessensgemeinschaft der mit Ausländern verheirateten Frauen e.V. (IAF) (Hrsg.): Kindesmitnahme durch einen Elternteil. Ursachen, Lösungsmöglichkeiten und Präventionen, Frankfurt am Main 1988.

Jamin, Peter H.: Vermißt! Über Menschen, die verschwinden, und jene, die sie suchen, Bergisch Gladbach 1993.

Kaiser, Michael: Die Stellung des Verletzten im Strafverfahren, Kriminologische Forschungsberichte des Max-Planck-Instituts für ausländisches und internationales Strafrecht, Freiburg 1992.

Klein, Klaus (Hrsg.): Der »gesunde« Umgang mit Ärzten, Krankenhäusern und Kassen. Ein Ratgeber für Patienten, Köln 1982.

Kury, H./Dörmann, U. u.a.: Opfererfahrungen und Meinungen zur Inneren Sicherheit in Deutschland, BKA-Forschungsreihe Bd. 25, Wiesbaden 1992.

Lewis, C.S.: Über den Schmerz, München 1978.

Minuchin, S./Nichols, M.: Familie. Die Kraft der positiven Bindung. Hilfe und Heilung durch Familientherapie, München 1993.

Mitscherlich, Alexander/Margarete: Die Unfähigkeit zu trauern, München 1977.

Narr, Helmut: Arzt. Patient. Krankenhaus, Beck-Rechtsberater, München 1987.

Opferhilfe (Hrsg.): 5 Jahre Opferhilfe 1986–1991. Arbeitsbericht und Dokumentation der Fachtagung, Hamburg 1992.

Raith, Werner: Opfer im Abseits. Die Gewalt des Schweigens, Köln 1991.

Reik, Theodor: Der unbekannte Mörder. Psychoanalytische Studien, Hamburg 1978.

Schneider, H.J.: Viktimologie – Wissenschaft vom Verbrechensopfer, Tübingen 1975.

Schramm, H.: Die Situation der Verbrechensopfer in der Bundesrepublik Deutschland aus der Sicht des Weissen Ringes, in: Göppinger, H. (Hrsg.): Das Opfer der Straftat / Resozialisierung, Tübingen 1982.

Schrömbgens, Hans-Heinz (Hrsg.): Die Fehldiagnose in der Praxis, Stuttgart 1987.

Stephan, E.: Die Stuttgarter Opferbefragung, Studie des Bundeskriminalamts Wiesbaden, Wiesbaden 1976.

Schuster, Leo: Opferschutz und Opferberatung – eine Bestandsaufnahme, Berichte des Kriminalistischen Instituts, Wiesbaden 1985.

Tampe, Evelyn: Verbrechensopfer. Schutz-Beratung-Unterstützung, Stuttgart 1992.

Tausch, Reinhard: Vergeben – ein bedeutsamer seelischer Vorgang, in: Logotherapie und Existenzanalyse, 1992, 1, S.61–92.

Watson, Lyall: Die Grenzbereiche des Lebens, Frankfurt am Main 1978.

Weidner, Jens: Anti- Aggressivitäts- Training für Gewalttäter. Ein deliktspezifisches Behandlungsangebot im Jugendvollzug, Bonn 1993.

Weisser Ring (Hrsg.): Opferrechte/Opferpflichten. Ein Überblick über die Stellung des Verletzten im Strafverfahren seit Inkrafttreten des Opferschutzgesetzes, 3. Aufl., Mainz 1992.

In der Reihe »Mainzer Schriften zur Situation von Kriminalitätsopfern« sind u.a. erschienen:

Weisser Ring (Hrsg.): Opferhilfe in Europa. Dokumentation der Jahrestagung des European Forum for Victim Services vom 13.-14. Juni 1991 in Mainz, Mainz 1993.

Weisser Ring (Hrsg.): Risiko-Verteilung zwischen Bürger und Staat. Dokumentation des 1. Mainzer Opferforums vom 14.-15. Oktober 1989, Mainz 1990.

Weisser Ring (Hrsg.): Kriminalitätsopfer im Spannungsfeld der Interessen. Dokumentation des 2. Mainzer Opferforums vom 15.-16. September 1990, Mainz 1992.

Weisser Ring (Hrsg.): Kommunale Kriminalitätsprophylaxe. Zusammenfassung und Analyse des Internationalen Kolloquiums »Gewalt in unseren Städten als Beispiel für Aufgaben der kommunalen

Kriminalpolitik« vom 26.-30. September 1988 in Münster, Mainz 1992.

Weisser Ring (Hrsg.): Bibliographie zum sexuellen Mißbrauch an Kindern und Jugendlichen, Mainz 1993.

Weisser Ring (Hrsg.): Orientierungshilfen bei Kindesmißhandlung. Tabellarische Übersicht zu kompensatorischen Bedingungen und Risikofaktoren, Mainz 1992.

Willems, H./Würtz, St./Eckert, R.: Fremdenfeindliche Gewalt: Eine Analyse von Täterstrukturen und Eskalationsprozessen, Forschungsbericht, vorgelegt dem Bundesministerium für Frauen und Jugend und der Deutschen Forschungsgemeinschaft, 1993.

An Informationsbroschüren des VdK Deutschland sind u.a. erschienen:

VdK: Die unentgeltliche Beförderung Schwerbehinderter im öffentlichen Personenverkehr.

VdK: Steuererleichterungen für Behinderte, Pflegebedürftige, Pflegepersonen.

VdK: Kriegsopferfürsorge.

VdK: Sozialhilfe.

VdK: Das Schwerbehindertengesetz.

VdK: Die Eingliederung behinderter Menschen in Arbeit, Beruf und Gesellschaft. Ein Programm des VdK Deutschland.

VdK: Armut wirksam bekämpfen. Ein Programm des VdK Deutschland.

Zimmermann, Eduard: Gib dem Verbrechen keine Chance. Ein Leitfaden für mehr Sicherheit, Bergisch Gladbach 1989.

DANKSAGUNG

Mein Dank gilt zunächst allen Opfern, ihren Familien, Freunden und Rechtsbeiständen und sozial engagierten Helfern, und zwar sowohl jenen, die in diesem Buch zitiert werden, wie auch jenen, die mich bei der Sammlung von Fällen und Fakten unterstützt und mir wichtige Hintergrundinformationen zum Thema geliefert haben.

Vor allem die Opfer und ihre nahestehenden Angehörigen nahmen die Qualen auf sich, sich noch einmal an das Geschehene zu erinnern, ihre Enttäuschungen zu formulieren und mir und Kathrin Lenzer davon in aller Offenheit und persönlicher Betroffenheit zu berichten.

Mein Dank richtet sich auch an alle Fachleute in Behörden, Institutionen, Organisationen und Initiativen – darunter Viktimologen, Kriminologen, Psychologen, Sozialarbeiter, Polizeibeamte, Gewerkschaftsvertreter und andere – die mit ihrem Fachwissen so bereitwillig zur Entstehung dieses Buches beigetragen haben.

Hervorheben möchte ich auch die Pressesprecher oben genannter Einrichtungen, die in ihrer Mehrheit tatkräftig zum Gelingen des Buches beigetragen haben. Stellvertretend für alle möchte ich in diesem Zusammenhang den Pressesprecher des »Weissen

Rings« in Mainz, Helmut K. Rüster, erwähnen, dem ich besondere Unterstützung bei meinen Recherchen verdanke, und der mir – wieder einmal – gezeigt hat, daß Pressesprecher nicht zwangsläufig Presseverhinderer sein müssen.

Mein Dank gilt auch meiner Mitautorin Kathrin Lenzer, die sich nicht nur – wie in meinem Sachbuch »Vermißt! – Über Menschen, die verschwinden und jene, die sie suchen« – der Helfer und Hilfsorganisationen und des Opfer-ABC annahm, sondern mich auch bei Interviews und Text unterstützt hat. Dank auch an Anja Billmann, die mir bei der Recherche und bei der Korrektur des Manuskripts half, sowie an den Journalisten Jürgen Spreemann für die fachmännischen Korrekturen des Manuskripts und Odilia Jamin-Schmitz-Gilles und Jürgen Schneider für die Leser-Kritik am Text.

Ganz besonders darf ich schließlich noch meiner Lektorin Christina Helmin vom Bastei-Lübbe-Verlag danken, der ich schließlich das Thema dieses Buches verdanke; ohne ihren Vorschlag, ich solle doch nach »Vermißt!« über Opfer schreiben, würde es dieses Buch nicht geben.

Der Autor

Band 60344

Peter H. Jamin
Vermißt!

Sie warten stunden-, tage- und jahrelang auf ein Lebenszeichen. Die eigentlichen Opfer in Vermißtenfällen sind die Angehörigen. Sie wissen nicht, ob sie trauern oder hoffen sollen, ob der Angehörige oder Partner einfach weggegangen ist, sie im Stich gelassen hat. Sie fürchten den Anruf, der ihnen mitteilt, daß der Vermißte als Leiche gefunden worden ist; aber manchmal wünschen sie auch, daß dieser Anruf bald kommt, damit die Ungewißheit ein Ende hat.

Der Journalist Peter H. Jamin, Autor und Moderator der Sendereihe »Vermißt« in West 3, hat mit den Angehörigen gesprochen, die Arbeit der Polizei beobachtet und Einzelfälle herausgegriffen, die auf bewegende Weise ein Schicksal schildern, das jeden von uns jeden Tag treffen kann.

BASTEI
LÜBBE

SHEILA ISENBERG

WENN FRAUEN MÖRDER LIEBEN

Hintergründe einer
rätselhaften Faszination

BASTEI
LÜBBE

Band 60351

Sheila Isenberg
**Wenn Frauen Mörder
lieben**

Im Jahr 1990 heirateten innerhalb von sechs Monaten im
Staat New York 210 von 500 lebenslänglich verurteilten
Häftlingen. Fast alle von ihnen sind Mörder, manche haben
sogar mehrere Menschen brutal umgebracht.
Was sind das für Frauen, die sich in Mörder verlieben? Erlie-
gen sie der Faszination des Verbrechens? Was bringt sie
dazu, einen Mann zu heiraten, mit dem sie nie ein normales
Eheleben führen können?

Sheila Isenberg hat viele Frauen und ihre Männer befragt. In
ihrer Studie – der ersten über dieses Phänomen – beleuch-
tet sie die psychologischen und soziologischen Faktoren,
die Frauen dazu bringen, sich ausgerechnet in einen Mörder zu verlieben.

BASTEI
LÜBBE

Band 60352

Wolfgang Stürzbecher
Entwurzelt

Ein Stricher, ein Mißbrauchsopfer, ein DDR-Heimkind, ein Wohlstandsverwahrloster, ein krebskrankes Pflegekind und andere erzählen ihre Geschichte, spannend und schockierend zugleich. Die einen, die schon verloren hatten, bevor sie geboren wurden, die anderen, die – obwohl umsorgt und umhegt – es dennoch nicht schafften, Fuß zu fassen. Sie leben unter uns, und doch mag sie niemand wirklich wahrnehmen.

In diesem Buch geben sie preis, was sie bedrückt, erzählen von ihren Hoffnungen und Ängsten.

Band 61223

Virginia Williams
**Dein Schmerz geht
durch mein Leben**

> Virginia Williams
>
> Erfahrungen
>
> **Dein Schmerz geht
> durch mein Leben**
>
> Alle Entbehrungen hat Virginia Williams auf sich
> genommen, um ihren Mann beim Aufbau seines
> erfolgreichen Formel-1-Rennstalls zu unterstützen.
> Endlich sind sie am Ziel ihrer Träume.
> Da geschieht ein tragischer Unfall.
>
> **BASTEI
> LÜBBE**

Schon früh in ihrer Ehe muß Virginia feststellen, daß sie
nicht nur ihren Mann Frank Williams geheiratet hat, sondern
auch dessen unstillbare Leidenschaft für Rennwagen und
für seinen Formel-1-Rennstall. Nach langen, entbehrungs-
reichen Jahren ist es endlich geschafft: Das Williams-Hon-
da-Team hat die Grand-Prix-Weltmeisterschaft gewonnen.
Doch dann verunglückt Frank schwer.

Plötzlich muß Virginia eine Rolle übernehmen, auf die sie
völlig unvorbereitet ist: die des Familienoberhaupts. Und sie
muß lernen, mit einem Mann zu leben, der zwar körperlich
vollkommen auf ihre Hilfe angewiesen ist, der aber seinen
ungestümen Drang nach Unabhängigkeit nicht verloren hat.
Eine ungeheure Belastungsprobe steht der Familie bevor.

Paul Hill

Erfahrungen

GESTOHLENE JAHRE

Fünfzehn Jahre lang sitzt Paul Hill, einer der „Guildford-Vier", als vermeintlicher IRA-Terrorist hinter Gittern. Außer seiner Familie glaubt niemand an seine Unschuld. Doch er ist fest entschlossen, nicht aufzugeben...

BASTEI LÜBBE

Band 61206

Paul Hill

Gestohlene Jahre

»Wenn es in England die Todesstrafe gäbe, wären Sie zum Tode verurteilt worden.« Mit diesen Worten beginnt der größte Justizskandal der englischen Geschichte: Der 21jährige Paul Hill und drei seiner Freunde werden wegen Bombenanschlägen auf zwei Pubs zu lebenslanger Haft verurteilt. Doch sie sind unschuldig.

Paul Hill rebelliert. Immer wieder beteuert er seine Unschuld. 1640 Tage sitzt er in Einzelhaft. Erst fünfzehn Jahre später stellt sich heraus, daß sein Geständnis erpreßt und die Beweise manipuliert waren. Doch die Zeit, die Paul Hill gestohlen wurde, kann ihm niemand wiedergeben.

BASTEI LÜBBE

Erfahrungen

Jane Vonnegut Yarmolinsky

ENGEL OHNE FLÜGEL

Obwohl sie selbst drei Kinder hat, nimmt Jane Vonnegut ihre plötzlich verwaisten vier Neffen zu sich. Wie sie es trotz vieler Probleme schafft, die nunmehr siebenköpfige Familie zu einer festgefügten Gemeinschaft zu verbinden, schildert sie in diesem bewegenden Bericht.

**BASTEI
LÜBBE**

Band 61153

Jane Vonnegut Yarmolinsky
Engel ohne Flügel

Im Sommer 1958 lebte Jane Vonnegut glücklich und zufrieden mit ihrem Mann und ihren drei Kindern in Cape Cod. Mitte September jedoch zerstörte eine schreckliche Tragödie die Idylle: Ihr Schwager kam bei einem Zugunglück ums Leben und 36 Stunden später starb seine Frau an Krebs. Sie hinterließen vier Kinder. Jane und ihr Mann beschlossen spontan, sie zu sich zu nehmen. Und damit beginnt die bewegende Geschichte einer bemerkenswerten Familie, die nach zahlreichen Problemen und Kämpfen schließlich zu einer neuen Identität findet.

**BASTEI
LÜBBE**